hänssler

BEATE UND WINRICH
SCHEFFBUCH

Mit Freuden ernten

Erfahrungen in Lebenskrisen

Beate Scheffbuch-Eichele, Referentin bei Frauentreffen, war viele Jahre als Kantorin tätig und arbeitet engagiert in den Diensten ihres Mannes mit.

Winrich Scheffbuch leitet seit der Gründung das weltweite Hilfswerk HILFE FÜR BRÜDER, den evangelikalen Entwicklungsdienst Christliche Fachkräfte International und den Dienst für Kurzzeiteinsätze CO-Workers International in Stuttgart. Er war 40 Jahre im württembergischen Pfarrdienst, die letzen 30 Jahre an der Ludwig-Hofacker-Kirche in der Stuttgarter Innenstadt.

hänssler-Hardcover
Bestell-Nr. 393.246
ISBN 3-7751-3246-5

3. Auflage 2003
© Copyright 1999 by Hänssler Verlag,
D-71087 Holzgerlingen
Internet: www.haenssler.de
E-Mail: info@haenssler.de
Titelfoto: Mauritius. Die Bildagentur
Innenillustrationen: Elisabeth Neun
Umschlaggestaltung: Stefanie Bunner
Satz: AbSatz, Klein Nordende
Druck und Bindung: Ebner & Spiegel, Ulm
Printed in Germany

Vorwort

Man spricht nicht gern von den dunklen Zeiten, die durchlebt werden müssen. Dabei sind es gerade die schweren Lebensabschnitte, in denen man die kostbarsten Erfahrungen machen kann. Sie sind kein sinnloses Verhängnis, sondern im Licht Gottes voll Mut machender Verheißung. Das haben viele Frauen und Männer vor uns erfahren.

In Krankheit erlebten sie oft keine Heilung. Sie wurden schwer geprüft, gingen durch große Not und unbeschreibliches Elend. Darüber zerbrach ihre Kraft. Allein wurden sie mit der Last nicht mehr fertig.

Ausgerechnet von diesen geschlagenen Frauen und Männern gingen ganz große Wirkungen aus. Bis heute. Hätten wir als Christen nicht gern solche Vorbilder, wie sie in der Welt bewundert werden: attraktive, strahlende Siegertypen, sportlich, hübsch, mit imponierenden Gaben?

Aber sehen die wirklichen Zeugen Jesu nicht viel mehr uns ähnlich: bedrängt und voll Angst, unsicher und schwach? Und gerade da haben sie Gottes Macht und Größe erfahren, als er genau das tat, was ihnen nicht passte. Ihr Glaube und ihr Vertrauen zerbrachen nicht unter Krankheit, Leid und Anfechtungen. Vielmehr fingen sie schon mitten in dieser armen Welt an, fröhlich zu sein und Gott zu danken, weil er Großes an ihnen getan hat.

Erst in der Ewigkeit wird einmal sichtbar werden, was Gott durch ihr Leben gewirkt hat. Sie säten zwar mit Tränen, aber mit unbeschreiblicher Freude werden sie einmal ernten. Und vieles davon ist heute schon sichtbar.

Ostern 1999   Beate und Winrich Scheffbuch

Die mit Tränen säen, werden mit Freuden ernten.

Psalm 126, 5

Wir haben aber diesen Schatz in irdenen Gefäßen,
damit die überschwängliche Kraft von Gott sei
und nicht von uns.

2. Korinther 4, 7

Inhalt

Als Corrie ten Boom unter den Nazis
ihre Angehörigen verlor
**Es gibt keine Tiefe, in der die Liebe von Jesus nicht
noch tiefer wäre!** 11

Georgi P. Wiens – acht Jahre in sibirischen Straflagern
Christus kann man nicht vernichten! 18

Was nur die unbegabte Gladys Aylward schaffte
Ihr Vertrauen in Gott war von niemand zu bezwingen . 22

Wang Mingtao – kompromisslos 23 Jahre in
chinesischer Haft
Mein Mut ist klein, aber Gott ist unvergleichlich größer . 30

Als Fritz Grünzweig schwere Lasten aufgelegt wurden
Das Volk Gottes in der letzten bösen Zeit zurüsten 35

Vom Rollstuhl aus hat Dr. Paul Müller am meisten gewirkt
**Ein Naturwissenschaftler mit dem Blick fürs
Wesentliche** 40

Als Pfarrer Julius von Jan für die Juden eintrat
**Der Bußruf in der schwäbischen Dorfkirche
von Oberlenningen** 45

Wie Jugendpfarrer Wilhelm Busch durch Tiefen ging
Was hat man denn von einem Leben mit Gott? 49

Der geschlagene Johannes Busch wurde Zeuge der
Herrlichkeit
Wir haben nicht die Verheißung, dass wir alt werden! .. 56

28 Jahre lag der Sportler Adolf Storz gelähmt im Bett
**»Die Menschen wissen gar nicht, wie herrlich
Gott ist!«** 63

Christa von Viebahn – in den letzten 17 Jahren völlig
erblindet
**Gott nimmt mir das Gute, um mir das Beste zu
geben!** 67

Gefoltert in der Bunkerzelle im KZ Buchenwald –
Paul Schneider
**Unter dem Kreuz – der schönste und beste Weg
auf Erden** 72

Wie Fürstin Sophie von Lieven als Flüchtling völlig verarmte
Gott kann über meinen Besitz verfügen, wie er will 76

Der indische Sadhu Sundar Singh –
ausgestoßen aus der Familie
Wenn nur Indien die Salzkraft des Evangeliums erfährt . 83

Jakob Vetter – der schwer lungenkranke Gründer
der Zeltmission
**Mit der letzten Kraft um die Rettung von Menschen
gekämpft** 89

Der verspottete, bekämpfte und gehasste William Booth
Wenn man Gott nicht mehr verstehen kann! 92

Curt von Knobelsdorff – ein Offizier besiegt den Alkohol
Ohne Jesus wie ein zerplatzender Luftballon 99

Als Eberhard von Rothkirch mit 18 Jahren ein Bein verlor
**Mit tausend Schmerzen die Not junger Männer
geschaut** 104

Friedrich von Bodelschwingh am Grab seiner vier Kinder
**Das Wunder der Liebe Gottes in einer
unheimlichen Welt** 109

Was die gichtkranke Lalla Hahn andern geben konnte
**Worte vom Rollstuhl aus sind mehr als hundert
Predigten** 116

Das schwere Leben der Arbeiterfrau Johanna Faust
Unermüdlich in den trostlosen Slums mit tätiger Liebe . 122

Professor Johann Tobias Beck in schwerem Leid getröstet
**Wenn Gott uns etwas nimmt, will er uns nur Größeres
geben** 128

Eine Mutter ringt um ihre Kinder – Beate Paulus
In völlig ausweglosen Stunden nie ohne Hoffnung 137

Als Vikar Eduard Wüst aus dem Kirchendienst flog
**Neues Leben unter den Siedlern in der Steppe
Südrusslands** 142

Als Charlotte Reihlen krank und völlig verzweifelt war
Bloß kein Stillstand im tätigen Dienst der Liebe Jesu! ... 150

Der baumlange Ludwig Hofacker plötzlich ein
nervenkrankes Wrack
Christus muss es tun – nicht ich! 155

Der stotternde Packhofverwalter Johann Georg Hamann
Was schwach ist vor der Welt, das hat Gott erwählt 160

Der geniale Mathematiker Blaise Pascal unter heftigen
Schmerzen
**Nicht die Vernunft, sondern das Herz entdeckt und liebt
Jesus** 168

Der predigende Kesselflicker von Bedford – John Bunyan
**In zwölfjähriger Haft entstand der weltbekannte
Bestseller** 175

Marie Durand und das Martyrium der französischen
Hugenotten
**Lebendig begraben im verriegelten Turm der
Standhaftigkeit** 180

Der vereinsamte und verarmte Rembrandt van Rijn
Ich will mich aufmachen und zu meinem Vater gehen! . 183

Amos Comenius – heimatlos, verfolgt und vertrieben
**Voll Zuversicht Neues wirken mitten im
30-jährigen Krieg** 189

Johann Valentin Andreä – über Nacht all seinen Besitz
verloren
Mit Gott gewagt – niemals verzagt! 199

Als Johannes Calvin seine eigenen Pläne begraben musste
**Ach, wäre nur mein Befinden nicht ein ständiger
Todeskampf!** 207

Wie gefesselte Kriegsgefangene ihre Bewacher beeindruckten
**Stolze germanische Krieger hören durch Wulfila das
Evangelium** 215

Literaturverzeichnis 221
Personenverzeichnis 225

Als Corrie ten Boom unter den Nazis ihre Angehörigen verlor

Es gibt keine Tiefe, in der die Liebe von Jesus nicht noch tiefer wäre!

Eigentlich hieß sie Cornelia, auch wenn alle nur Corrie zu ihr sagten. 1892 war sie geboren. Mit ihrem alten Vater Caspar ten Boom und ihrer Schwester Betsi lebte sie in einem typisch holländischen Haus in Haarlem. Die Mutter war schon gestorben. Unten im Haus war die kleine Uhrmacherwerkstatt. Dort reparierten sie die verschiedensten Uhren.

1940 marschierten die deutschen Truppen in Holland ein. Den Kanonendonner hörte man in der Ferne. Die Telefonleitungen wurden gekappt. Nach 18 Uhr durfte niemand mehr auf die Straße. Nachts war alles abgedunkelt.

Dann kam der 28. Februar 1944. Deutsche Soldaten stürmten ins Haus der Familie ten Boom und schleppten alle Bewohner auf die Polizeiwache. Obwohl Corrie krank im Bett lag, musste sie mitkommen. Am nächsten Morgen wurden sie auf Lastwagen verfrachtet und ins Gefängnis gebracht.

Einer, der um Hilfe gebeten hatte, hatte sie verraten. Das Haus der alteingesessenen Familie ten Boom in der Barteljoristraat war nicht groß, aber die Türen waren immer weit geöffnet für allerlei Gäste. Eines Tages waren plötzlich Juden dagestanden, wie gescheuchte Tiere. Sie baten, dableiben und untertauchen zu dürfen. So wurde das Haus in Haarlem, das alle nur Beje nannten, eine Untergrundadresse. Verängstigte Juden, die ihren Häschern entkommen konnten, wurden hier versteckt. Schließlich waren es über 80 Juden, die für kürzere oder längere Zeit hier Aufnahme fanden.

Hinter einem Schrank in ihrem Haus befand sich ein verborgener Raum, bis zu acht Menschen konnten sich darin verbergen. Sie nannten das Versteck *Engelskasten*. Selbst jetzt, als die deutschen Soldaten das Haus durchsuchten, wurden die Juden nicht gefunden. Nach zwei Tagen konnten sie sich selbst befreien. Zu diesem Zeitpunkt war die deutsche Geheime Staatspolizei abgezogen und die holländische Polizei, die der Widerstandsbewegung freundlich gesonnen war, hatte die Bewachung des Hauses übernommen.

Corrie ten Boom steckte man im Gefängnis zunächst in Einzelhaft. Grauenvoll empfand sie die Einsamkeit in der tristen Zelle. *O Heiland, du bist bei mir!*, betete sie. *Nimm mir diese Angst weg!*

Sie war jetzt 51 Jahre alt. Als die schlimmste Strafe empfand sie, dauernd den Launen der mürrischen und gehässigen Wärterinnen ausgesetzt zu sein. Die leitende Wachtmeisterin verbreitete Angst und Schrecken. Sie war eiskalt, ohne jede Gefühlsregung.

Nach Wochen erhielt Corrie die Nachricht, dass ihr Vater nach zehntägiger Haft im Gefängnis gestorben war. *Endlich frei im Himmel!*, dachte sie. Wie oft hatte er früher gesagt, *das Beste kommt noch!* Und auch: *Wenn ich im Gefängnis sterbe, wird es mir eine Ehre sein, mein Leben für das auserwählte Volk eingesetzt zu haben.* An ihre Zellenwand schrieb sie: *Nicht verloren, nur vorangegangen!*

Immer und immer wieder wurde sie verhört. Früher in Freiheit hatten sie das oft geübt, darauf Acht zu geben, keinen Namen zu verraten. Ein hoher Offizier horchte auf, als sie von der Liebe Jesu sprach: *Beim Herrn Jesus gelten andere Maßstäbe. Er liebt das Verlorene und Verachtete, alles, was klein, schwach und arm ist. Vielleicht ist in den Augen Jesu ein Schwachsinniger mehr wert als Sie oder ich.*

Am nächsten Tag kam der deutsche Offizier wieder. Er hatte nicht schlafen können. Er wollte mehr von Jesus wissen. Jetzt konnte Corrie ten Boom erzählen: *Jesus Christus ist das Licht, das in die Welt gekommen ist, damit jeder, der an ihn glaubt, nicht in der Finsternis bleibe.*

Dann wurde sie ohne Gerichtsverfahren in das Konzentrationslager Vught verfrachtet. *Machen Sie sich zum Abtransport fertig!,* hieß das Kommando. Alle Habseligkeiten wurden ihr abgenommen – außer ihrer Bibel. Die hatte sie in einem Kleid versteckt und wurde nicht entdeckt.

Unterwegs traf sie unter den anderen Gefangenen ihre Schwester Betsi wieder. Endlich – nach vier Monaten – waren sie wieder vereint. Die grausame Einzelhaft war zu Ende. Im Schlafsaal der Baracke im Konzentrationslager waren sie mit 120 anderen Gefangenen zusammengepfercht. Der Arbeitstag war lang und hart. Alles war trostlos.

Eine junge Jüdin bat: *Können Sie mich trösten? Ich fürchte mich so.* Betsi betete mit ihr. Und plötzlich merkten sie, dass dies ihre neue Aufgabe in diesem schrecklichen Lager sein würde. Sie sollten das schwere Leid und die vielen Sorgen der anderen teilen und auf sich nehmen. Und dann durften sie von dem Reichtum ihres Glaubens austeilen.

Als schon der Kanonendonner der Invasionstruppen zu hören war, mussten im benachbarten Lager hinter dem Stacheldraht die Männer antreten. Namen wurden aufgerufen. Viele marschierten zum Tor hinaus. Es wurde totenstill. Dann hörte man Schüsse. Jeder Schuss bedeutete das Ende des Lebens eines mutigen Holländers. Verzweiflung packte die Frauen. Niemand sprach ein Wort.

Wenig später wurde das Lager Vught aufgelöst. Corrie und Betsi ten Boom wurden in das Konzentrationslager Ravensbrück nach Deutschland verschleppt. Jetzt, da Holland bald befreit sein würde, mussten sie noch weiter ins Feindesland hinein. Viele dieser deportierten Gefangenen sollten nie mehr die Heimat sehen.

Im Viehwagen, der sie mit 80 anderen Häftlingen transportierte, war die Luft zum Ersticken. Die Wände, der Boden, alles war schmutzig. Drei Tage waren sie darin eingesperrt. Sie litten qualvollen Durst, bis endlich auf einer Station ein Eimer Wasser gereicht wurde.

Die erste Nacht im Lager mussten sie im Freien auf dem Boden schlafen. *Es ist wie in einer schwierigen Schulstunde,* sagte Corrie ten Boom zu ihrer Schwester. *Die Lektionen sind schwer. Aber Jesus ist der Lehrer. Er wird uns helfen. Mit seiner Hilfe wird es uns gelingen. Wenn wir uns nur ihm ganz hingeben und von ihm führen lassen.*

Dann standen sie in langer Schlange vor dem Duschraum. Alle Kleider wurden ihnen weggenommen. *Herr, wenn du von uns dieses Opfer verlangst,* betete Corrie, *dann gib du uns die Kraft, es darzubringen.* Es war entwürdigend, vor den Wachsoldaten nackt dazustehen. Später im Winter mussten sie wieder lange unbekleidet im Gang stehen. Corrie fühlte sich elend, erniedrigt und sinnlos gequält.

Da wurde ihr plötzlich bewusst, wie Jesus nackt am Kreuz hing. *Wie muss der Sohn Gottes gelitten haben, dessen Heimat beim Vater im Himmel ist! Er hat für mich gelitten. Deshalb steht auch mir der Himmel offen: Er hat den Weg für mich frei gemacht.*

Jetzt kam eine Ruhe über Corrie ten Boom. Sie konnte beten: *Ich danke dir für dein Leiden auf Golgatha. Hilf mir, dass ich standhalte und mein Kreuz auf mich nehme, wie du dein Kreuz für mich getragen hast. Gib du mir die Kraft dazu. Die irdische Qual wird in nichts zerrinnen, wenn die himmlische Seligkeit für uns anbricht.*

Immer wieder musste Corrie ten Boom an das Leiden von Christus denken, wenn sie das Schreien der Gequälten hörte, das Schlagen der Hiebe mit den geschwungenen Riemen, das Gekreische des Wachpersonals, das Schluchzen der Gefangenen. *All das machte Ravensbrück zur Hölle,* berichtete sie später. *Und auch Jesus hat einst solche Geräusche mit anhören müssen. Er, dessen Ohren die Klänge der himmlischen Musik gewöhnt waren. Wie gewaltig muss seine Liebe zu uns gewesen sein, dass er für uns dieses Opfer gebracht hat!*

Erst später wurde Corrie ten Boom bewusst, wie sie im KZ reich gesegnet wurde. Nicht nur, weil sie das Leiden von Jesus und seine Liebe neu begreifen durfte. *Ich lerne, mich unter allen Umständen nicht auf die eigene Kraft zu verlassen, sondern wie ein Kind alles mit Jesus zu besprechen, der Sieger ist über alle Schwierigkeiten. Ich sehe immer besser meine eigene Kleinheit und seine Größe und fühle, wie ich geläutert werde und wie mir neue Kraft geschenkt wird.*

Als sie ein gequältes, schwachsinniges Mädchen in einer Baracke sah, schrecklich abgemagert, konnte sie angesichts dieses Elends nur noch die Bibel nehmen und in der Offenbarung des Johannes lesen, wie Gott einmal alle Tränen abwischen und kein Leid und kein Schmerz mehr sein wird. Auch wenn sie viel nicht begreifen konnte, verstand sie doch: *Was da geschrieben steht, ist die Wahrheit. Gott irrt sich niemals. Er sieht den Kummer und das unermessliche Leid und verlangt, dass man sich ihm anvertraut. Er nimmt alles in seine Vaterhand, und wir sollen es dort lassen.*

Ich bin nicht dazu berufen, das Leid und die Sorgen der ganzen mich umringenden Welt zu tragen. Wenn ich das tun wollte, würde ich rettungslos untergehen.

Ich lerne hier beten. Beten ist: Alles, was uns bedrückt und beschwert, zum Herrn bringen. Den Koffer voller Sorgen auspacken und ohne Gepäck weitergehen. Heute aber bin ich dumm: ich packe meine Sorgen wieder ein, und nach dem Gebet ist der Koffer fast doppelt so schwer wie vorher. Ich bete: Herr, lehre mich, meine Bekümmernisse auf dich zu werfen und den Koffer leer weiterzutragen. Dazu ist nichts Geringeres nötig als dein Geist. Gib mir den, o Herr, dann werde ich den wahren Glauben haben. Ich werde so fest glauben, dass mein Koffer leer bleibt.

Dann starb Corries Schwester Betsi. Immer wieder war sie krank gewesen. Doch trotz Fieber war sie fröhlich und zuversichtlich. Nun war sie in wenigen Tagen total abgemagert. Selbst als sie nicht mehr gehen konnte, musste sie zum Appell geschleppt werden. *Auch Sterbende müssen antreten*, sagte der Kommandant. Corrie traf jetzt die ganze Trauer und Verzweiflung der Einsamkeit. Doch sprach sie: *Der Herr hat's gegeben, der Herr hat's genommen, der Name des Herrn sei gelobt!*

Oft hatte sie es sterbenden Mitgefangenen zugesprochen: *Für diejenigen, die dem Heiland angehören, ist der Tod keine Grube, in die man hineinfällt, sondern ein Tunnel, durch welchen man in die Herrlichkeit des Himmels eingeht. Der Zweck unseres Lebens liegt nicht in der kurzen Zeit zwischen unserer Geburt und dem Tod. Unsere Bestimmung ist der Himmel.*

Am 31. Dezember 1944, als die schwere Winterkälte einbrach, wurde Corrie ten Boom aus dem KZ Ravensbrück entlassen, krank und ausgemergelt.

Mit dem Ende des Krieges begann die neue Aufgabe für die 53-jährige Corrie ten Boom. Sie hatte ihr Leben zurückgewonnen. Jetzt bezeichnete sie sich selbst als *Vagabund für den Herrn*. In aller Welt wollte sie verkünden, wie Jesus in diesen dunklen Tagen immer bei ihr war. *Jesus ist Sieger!* 33 Jahre war sie unermüdlich unterwegs in 64 Ländern. Am liebsten besuchte sie Menschen in großer Not, auch in den kommunistischen Ländern. Sie sprach unverkrampft und fröhlich in vielen berüchtigten Gefängnissen vor verbitterten Menschen mit verhärteten Herzen. Und immer erzählte sie ganz anschaulich und praktisch von der großen Liebe Gottes, die ohne Ende ist. Das hatte sie dort im KZ mit ihrer sterbenden Schwester Betsi gelernt: *Kein Abgrund ist so tief, dass die Liebe Christi nicht noch tiefer wäre.*

Trübsal und Bedrängnis, Hunger, Nacktheit und Angst, nichts kann uns von der Liebe Gottes in Christus trennen. Durch Jesus sind wir Sieger, auch über Schwierigkeiten, die uns noch bevorstehen.

Es war im Jahr 1947, nach ihrem Vortrag in einer Kirche in München, da kam ein kahlköpfiger Mann auf sie zu. Langsam erinnerte sie sich wieder. Es war einer jener KZ-Schergen von Ravensbrück mit dem Totenkopf auf der Uniform und der Lederpeitsche am Gürtel. Jetzt reichte er Corrie ten Boom die Hand: *Das war eine wunderbare Botschaft. Wie gut ist es, wie Sie sagten, dass alle unsere Sünden auf dem Grund des Meeres liegen!* Bald nach dem Krieg war er Christ geworden.

Es waren schreckliche Sekunden, wie er die Hand ausstreckte. Corrie ten Boom kam es vor, als ob es Stunden wären. Ihre Hände waren wie gelähmt, eiskalt, sie nestelte an ihrem Geldbeutel. Die furchtbaren Bilder hatte sie vor Augen und die Erinnerung an ihre tote Schwester. Sie musste ihm die Hand reichen, das wusste sie. Über Vergebung hatte sie ja so eindringlich in ihrem Vortrag gesprochen. Sonst könnte ihr Jesus auch nicht ihre Sünden vergeben. Aber nun schaffte sie es einfach nicht, diesem Mann die Hand zu reichen. *Jesus hilf mir!*, betete sie still. In dem Augenblick wusste sie, dass Vergeben nichts mit Gefühlen zu tun hat, sondern allein mit dem Willen. Ihr Arm war gefühllos wie Holz, erzählte sie später, als sie die ausgestreckte Hand fasste. Aber in dem Augenblick ergriff sie Liebe. Sie konnte sagen: *Ich vergebe Ihnen.* Und sie begriff, wie stark Gottes Liebe ist.

Das wollte sie in allen Vorträgen und Büchern ganz stark herausstellen, wie schwach ihr Glauben und Leben und wie unendlich stark die Kraft und der Sieg Jesu ist. Wegsehen von sich selbst, dazu rief sie immer wieder auf. Unvergessen bleibt ihr oft benutztes Bild:

Ich sah auf Jesus, und die Taube des Friedens flog in mein Herz. Ich sah auf die Taube des Friedens und sie flog weg.

Wenn wir auf uns selbst sehen, können wir nicht vom Herrn gebraucht werden; aber wenn wir zu Jesus aufschauen, macht er uns zu seinem Spiegel. Wir haben kein Licht in uns selbst. Wir sind Monde, keine Sonnen. Wichtig ist, dass wir weg von uns und hin zu ihm blicken.

Am 15. April 1983 starb Corrie ten Boom an ihrem 91. Geburtstag in den USA, wohin sie sechs Jahre vorher übergesiedelt war. Durch mehrere Schlaganfälle konnte sie nicht mehr sprechen, nicht mehr schreiben oder lesen. Meist lag sie schwach und krank in ihrem Schlafzimmer. Ohne fremde Hilfe konnte sie nichts mehr tun.

Aber auch da wurde wahr, was sie oft gepredigt hatte: *In dem Tal des Todesschattens muss doch ein Licht sein, sonst gäbe es keinen Schatten. Jesus ist das Licht in diesem dunklen Tal für alle, die an ihn glauben. Das Beste kommt noch!*

Georgi P. Wiens acht Jahre in sibirischen Straflagern

Christus kann man nicht vernichten!

Es war im Februar 1967. In Solikamsk, der Salzstadt an der Kama im russischen Ural, steht ein Lastwagen vor dem Bahnhof. Man kennt den Wagen. Die Leute nennen ihn nur den *Schwarzen Raben*, das gefürchtete Fahrzeug der Polizei zum Transport von Häftlingen.

Auf der Pritsche nimmt eine Gruppe von Häftlingen Platz. *Straflager Tschepetschanke* heißt das Ziel. Auf dem Thermometer steht die Markierung bei minus 40 Grad.

Während der LKW über die vereisten Straßen nach Norden rollt, sitzen die Gefangenen nur wenig geschützt im kalten Zugwind.

Einer der Gefangenen ist der 39-jährige Georgi Wiens. Schon sein Vater Peter Wiens musste vor über 30 Jahren über die gleiche Straße nach Norden ins Straflager im Ural marschieren. Als unerschrockener Gemeindeleiter wurde er 1930 zu drei Jahren Haft verurteilt. Damals war Georgi noch keine zwei Jahre alt. Mit seiner

23-jährigen Mutter lebte er in der baumlosen Steppe am Fuß des Altai-Gebirges, nahe der mongolischen Grenze in der Verbannung. Mit acht Jahren sah Georgi Wiens seinen Vater zum letzten Mal. Die Geheimpolizei spürte damals in Omsk in Sibirien die Wohnung auf, wo Vater Wiens heimlich die kleine Gemeinde in der Bibel unterwies.

Nach einer weiteren Verurteilung des Vaters zu zehn Jahren Straflager in den stalinistischen Christenverfolgungen glaubte man lange Zeit, er sei 1943 in einem Lager im Bezirk Magadan an der Ostküste Sibiriens verhungert. Erst nach dem Zusammenbruch des Kommunismus fand sich in den Archiven des Geheimdienstes der Hinweis, dass Vater Peter Wiens schon 1936 im Alter von 39 Jahren von den Kommunisten erschossen worden war. Die Zahl derer, die damals unter Stalin gefoltert und umgebracht wurden, geht in die Millionen.

Ohne den Mann zog nun die Mutter mit ihrem Sohn Georgi nach Kiew in der Ukraine. Nach der Schule ließ Georgi sich am Polytechnischen Institut als Elektroingenieur ausbilden. 1962 wurde er als baptistischer Evangelist und Prediger im Nebenamt eingesetzt. Unerschrocken wirkte er in den Versammlungen der verfolgten Hausgemeinden. Deshalb nun wurde Georgi Wiens am 1. Dezember 1966 in Moskau zur Zwangsarbeit in Sibirien verurteilt. Man hatte ihn als einen der Leiter im Rat der unabhängigen Evangeliumschristen-Baptisten angeklagt. Diese bekennenden evangelischen Gemeinden trafen sich damals ohne staatliche Erlaubnis in Wohnungen oder auch in Wäldern im Freien zum Gottesdienst. Aber auch wenn sie sich um eine behördliche Registrierung bemühten, wurde sie ihnen verweigert.

Nachdem Georgi Wiens nach Abbüßung seiner Strafe entlassen worden war, verhaftete man seine Mutter. Abends um 22 Uhr griff die Geheimpolizei zu, als die 64-jährige Lydia Wiens gerade ihre Enkelkinder hütete. Georgi Wiens protestierte in einem fünfseitigen Brief an die Regierung:

Es wurde Ihnen berichtet über die zu Tode gequälten Christen, von Kindern, den Eltern entrissen, von aufgelösten Gottesdiensten, zerstörten oder beschlagnahmten Versammlungshäusern, von Hausdurchsuchungen, von Verhören kleiner Kinder, von Jugendlichen, die wegen ihres

Glaubens die höhere Schule nicht besuchen durften, von bösen Verleumdungen ...

Mit der Verhaftung meiner Mutter greift nun die Verfolgung auch sie als Vorsitzende des Rates der Angehörigen der Inhaftierten an, weil dieser den Mut hatte, Ihnen gegenüber alle Ungerechtigkeiten aufzuzeigen. Aber es ist noch nicht alles aufgedeckt.

Lydia Wiens wurde im Februar 1971 zu drei Jahren Straflager verurteilt, obwohl ihr Gesundheitszustand sehr schlecht war.

Auf einem Zettel schrieb sie aus dem Gefängnis: Seid tapfer und mutig, denn ohne den himmlischen Vater wird kein Haar von eurem Haupt fallen.

Weil Georgi Wiens auch nach seiner Entlassung aus dem Straflager weiter für den Bund der vom Staat nicht registrierten Hausgemeinden der Evangeliumschristen-Baptisten tätig war, wurde er 1974 erneut verhaftet und zu fünf Jahren strengem Straflager mit anschließender Verbannung verurteilt.

Diesmal ging die Fahrt mit dem Schwarzen Raben in den hohen Norden Sibiriens, nach Jakutien. Man hatte Wiens auf diesem Weg als Einzigem unter den Gefangenen Handschellen angelegt.

Auch im Straflager wurde er als besonders gefährlich mit einem roten Streifen markiert. In den harten Wintertagen, als der Frost auf minus 60 Grad fiel, wurden ihm die grauen Sperlinge zum Trost. Während die anderen Vögel längst in den Süden nach Japan oder auf die Philippinen gezogen waren, hängten sich diese Spatzen in der eisigen Kälte an die verhältnismäßig warmen Balken der Sträflingsbaracken.

Georgi Wiens dachte an die Worte von Jesus: Kauft man nicht zwei Sperlinge um einen Pfennig, dennoch fällt deren keiner auf die Erde ohne euren Vater. Nun aber sind auch eure Haare auf dem Haupt alle gezählt. Darum fürchtet euch nicht, ihr seid besser als viele Sperlinge.

Da kamen Georgi Wiens fröhliche Gedanken, wenn er diese Vögel anschaute. Wenn die vom Herrn nicht vergessen sind, vergisst er auch uns Menschen nicht! Gott gab seinen Sohn zu unserer Rettung. Welch eine Freude ist es, ihm zu gehören, ihn zu lieben, sein Streiter zu sein und ihm die Treue zu bewahren!

Auch während seiner Haft wuchsen die evangelischen Hausgemeinden in der Bedrängnis stark. Besonders viele junge Menschen kamen zum Glauben. Es war gelungen, eine Geheimdruckerei aufzubauen, in der Neue Testamente und Liederbücher in mehreren Sprachen gedruckt wurden. Zwei kleine Evangelien im Miniformat aus dieser Druckerei konnten ins Straflager geschmuggelt werden. 15 Kapitel des Johannesevangeliums versteckte Georgi Wiens in den Absätzen seiner Schuhe. Das Markusevangelium nähte er in den Saum seines Unterhemds. Wenn er diesen Rand mit der Hand festhielt, konnte niemand das Versteck bemerken. Beim Lesen im Schlafsaal konnte Georgi Wiens es so in der Hand halten, dass es nicht zu sehen war. Die Häftlinge verrieten sein Geheimnis nicht.

Ein Mithäftling, der wegen Mord eingesperrt war, wollte auch das Evangelium lesen. Nachdem er die 15 Kapitel des Johannesevangeliums gelesen hatte, fragte er: *Mehr hast du nicht?* Als Georgi Wiens ihm dann das Markusevangelium reichte, fragte er verwundert: *So klein! Ist das ein echtes Evangelium?*

Nachdem er das ganze Evangelium durchgelesen hatte, sagte er: *Die Wahrheit ist schutzlos, aber sie ist unbesiegbar! Christus hat man umgebracht, doch er lebt. Er lebt auch heute in denen, die an ihn glauben, ihn lieb haben und für seine Lehre leiden. Christus kann man nicht vernichten. Der Glaube an Gott ist eine große Kraft.*

Georgi Wiens begriff seinen Platz im Straflager als von Gott zugewiesen. Als Prediger des Evangeliums bekümmerte ihn das Schicksal von Tausenden von Häftlingen, die nichts von Jesus Christus wussten. *Das ist ein sehr verantwortungsvoller Dienst,* konnte Georgi Wiens sagen, *den mir Gott aufgetragen hat.*

Ganz überraschend wurde Georgi Wiens 1979 durch Bemühungen des amerikanischen Präsidenten gegen russische Spione ausgetauscht und nach Amerika abgeschoben. Von dort war sein Vater einst als amerikanischer Missionar nach Russland gekommen. Erst 1988 wurde der letzte baptistische Gefangene aus einem russischen Straflager entlassen.

Nach dem Zusammenbruch der Sowjetunion widmete sich Georgi Wiens mit großer Hingabe der Evangelisation in seiner alten Heimat. Ein Gehirntumor brach aber rasch seine Lebenskraft. Am 11. Januar 1998 rief ihn Jesus Christus, dem er diente, heim in seinen Frieden.

Was nur die unbegabte Gladys Aylward schaffte

Ihr Vertrauen in Gott war von niemand zu bezwingen

Davon war Gladys Aylward fest überzeugt: Gott ruft mich als Missionarin nach China.

Die Leitung der großen China-Inland-Mission in London aber war anderer Meinung. Auch ein persönliches Kennenlernen in der dreimonatigen Probezeit änderte nichts daran. Für die Missionsleitung stand eindeutig fest: Diese Frau ist nach ihren Fähigkeiten und Kenntnissen als Kandidatin nicht geeignet. Sie muss abgelehnt werden. Wie sollte diese unbegabte Frau mit ihrer geringen Intelligenz auch je die chinesische Sprache lernen können?

Gladys Aylward war damals 28 Jahre alt, nur 1,52 Meter groß und knapp 45 Kilo schwer. Sie wirkte vor dem Komitee der Mission nicht nur ziemlich unfähig und unbegabt, sie war es auch tatsächlich. Ihre schulischen Leistungen waren miserabel. Woher sollten ihre Kenntnisse auch kommen?

Gladys Aylward stammte aus einer einfachen Arbeiterfamilie. Gleich nach der Volksschule, schon mit 14 Jahren, musste sie als Haushaltshilfe in Stellung gehen und Geld verdienen. Sie arbeitete als ungelerntes Hausmädchen in mehreren Familien. Stumpf und ziellos lebte sie dahin und war froh, nicht arbeitslos sein zu müssen.

Nach einem eigentlich ganz zufälligen Besuch einer christlichen Versammlung wurde sie bewusste Christin mit allen Konsequenzen. Wenig später hörte sie von den Millionen Chinas, denen noch nie jemand das Evangelium von Jesus gesagt hatte. Ihr wurde klar, dass Gott sie in die Mission nach China rief.

Als aber dann die Missionsleitung sie ablehnte, waren alle ihre Pläne zunichte geworden. Wie sollte sie in dieses ferne, fremde Land gehen können, wenn keine Mission sie aussenden wollte?

Da wurde sie auf die 73-jährige Jeannie Lawson aufmerksam gemacht, eine verwitwete Missionarin in China. Die war in ihrem Alter noch einmal hinausgereist und suchte jetzt dringend eine Mitarbeiterin.

Schlag dir das aus dem Kopf!, sagten ihre Freunde. Immer wieder blieb Gladys Aylward aber in Gedanken an den Bibelworten hängen, die vom Hinausgehen und dem Verlassen der Heimat sprachen.

Aber sie selbst hatte ja kein Geld für die Reise nach China. Das Schiffsticket war unbezahlbar teuer. So arbeitete sie weiter als Hausmädchen oder bei gesellschaftlichen Veranstaltungen. Sie sparte eisern. Für die Reise mit der Eisenbahn quer durch Europa, Russland und Sibirien musste es reichen. Ohne jede Vorbereitung, dazu reichlich naiv und blauäugig, bestieg Gladys Aylward am 15. Oktober 1932 im Bahnhof Liverpool Street in London den Zug. *Ich gehe nach China!*, sagte sie fest überzeugt zu ihren Bekannten, die sie verabschiedeten.

Sie sah wirklich komisch aus in ihrem Aufzug. Über ihrem Mantel trug sie ein orangefarbenes Cape. Alles, was sie brauchte, hatte sie in ihre Koffer gesteckt. Einer war voll mit Lebensmitteln.

Damit wollte sie sich in den nächsten Wochen durchschlagen. Geld hatte sie keines mehr.

Ihre Bettdecke hatte sie zusammengeschnürt. In einer Tasche waren Töpfe, Pfannen und ein Spirituskocher verpackt.

Nach sieben Tagen erreichte die Bahn Sibirien, wo schon Schnee lag. Der Zug war seit Moskau vollgepackt mit Soldaten. Zwischen Russland und China wurde um die Mandschurei gekämpft. Deshalb war die Grenze nach China unpassierbar. Von ferne hörte man, wie geschossen wurde. Der Zug stoppte. Endstation! Gladys Aylward war im Osten Sibiriens gestrandet. Man wollte sie nicht mehr weiterreisen lassen, nahm ihr alle Wertgegenstände und auch ihren britischen Pass ab. Sie sollte in Wladiwostock als Arbeiterin bleiben.

Aber sie konnte den Auflagen der Behörden entkommen. Mit einem Schiff erreichte sie China auf dem abenteuerlichen Umweg über Japan. In diesen Wochen betete sie, kämpfte sie – und erlebte unglaubliche Wunder! Auch der britische Konsul musste noch behilflich sein, dass sie endlich ihr Missionsziel China erreichen konnte.

Dort angekommen, ging es tagelang mit dem Zug nach Norden. Mit alten, klapprigen Bussen fuhr sie weiter. Dann kam die strapaziöse Wanderung zu Fuß über mehrere Bergketten hinweg. Auf Saumpfaden erreichte sie schließlich die kleine Stadt Yang Cheng in Nordchina, wo die alte Missionarin Jeannie Lawson lebte und arbeitete.

Da es hier fast keine Straßen gab, musste alles mit Maultieren auf verschlammten Wegen transportiert werden. Frau Lawson hatte deshalb den Plan gefasst, für die durchziehenden Maultiertreiber ein Gasthaus zu errichten.

Gladys sollte zunächst mit allen Mitteln dafür sorgen, dass Gäste einkehrten. Das war eine schwierige Aufgabe. Wenn Karawanen vorbeizogen, musste sie das erste Maultier am Kopf packen und in den Hof zerren. Dann folgten die anderen Tiere. Waren die Treiber erst einmal im Hof, wollten sie meist auch die Tiere nicht mehr weiterscheuchen.

Wenn man heute das Leben von Gladys Aylward rückblickend betrachtet, kommt man aus dem Staunen nicht mehr heraus. Auf einer Sprachschule hätte sie wohl nie Chinesisch lernen können. Im alltäglichen Umgang mit den Treibern aber kämpfte sie tapfer um das Verstehen und lernte so verhältnismäßig schnell die Umgangssprache. Es war für sie tatsächlich die allerbeste Lehrmethode. Sie versorgte die schmutzigen Maultiere und bediente die Treiber mit einer Mahlzeit aus Hirse und Nudeln. Abends aber erzählte sie biblische Geschichten.

Als die alte Missionarin Jeannie Lawson im Sterben lag, legte sie Gladys Aylward das begonnene Werk ans Herz. Bald aber stellte sich heraus, dass die Herberge auch bei sparsamstem Wirtschaften nicht genügend Geld einbrachte, um zu überleben.

Da wurde Gladys vom chinesischen Mandarin der Provinz beauftragt, als *Fußinspektorin* umherzureisen. Nach alter chinesischer Tradition wurden den Mädchen damals schon bald nach der Geburt die Füße so fest eingebunden, dass sie ganz verkümmerten. Verkrüppelte, kleine Füße galten für Frauen in China damals als chic. Jetzt aber war das Einbinden der Füße gesetzlich verboten worden. Gladys Aylward sollte mit ihren großen Füßen nun die Frauen aufsuchen und die Einhaltung des neuen Gesetzes überprüfen.

Es berührte Gladys Aylward seltsam. Nach den Fähigkeiten ihres Kopfs beurteilt war sie ungeeignet und unbrauchbar zum Missionsdienst. Jetzt aber wurde sie um ihrer Füße willen berufen, weil sie als Europäerin die einzige Frau mit normal großen Füßen war.

Ein Maultier und zwei Soldaten wurden ihr für die Reisen zur Verfügung gestellt. Man nannte sie *Ai-weh-deh* (tugendhafte Frau). So zog sie von Dorf zu Dorf und klärte die Leute auf, wie schädlich das Einbinden der Füße wirklich sei.

Gladys kleidete sich wie eine Chinesin und gewann schnell das Vertrauen der Frauen. In den Gasthöfen, wo sie übernachtete, wollten die Leute immer noch mehr biblische Geschichten hören. Es war die Regierung, die es schaffte, dass sie überall Zutritt erhielt und willkommen war. Und am Ende bekam sie einen – wenn auch ganz geringen – Lohn, weil sie die Füße inspizierte und dabei das Evangelium predigte. So entstanden bald überall kleine Gemeinden mit bekehrten Leuten. Schon 1936 wurde Gladys Aylward die chinesische Staatsbürgerschaft zuerkannt.

Im Lauf der Zeit gewann sie viele Freunde unter den Chinesen. Dennoch hatte sie aber Gott immer wieder gebeten, dass jemand aus England kommen und sie in ihrer Arbeit unterstützen würde. Der Traum von der eigenen Familie war langsam dahin. War es Gottes Wille, dass sie ihr Leben ganz allein zubringen sollte?

Als sie eines Tages wieder unterwegs war, bemerkte sie am Straßenrand eine Frau mit einem kleinen Mädchen neben sich in der sengenden Sonne sitzen. Der kleine Körper des Kindes war schmutzig und mit Wunden übersät, ein erbärmlicher Anblick. In der Sonnenhitze würde das Kind nicht mehr lange überleben. Doch das war der Frau egal. An seiner Stelle konnte sie leicht wieder ein anderes bekommen. Kinder wurden billig verkauft. Das Geschäft mit ihnen blühte damals. Niemand nahm daran Anstoß.

Die Frau spürte das Mitleid bei Gladys und war froh, das kranke Kind für ein paar Münzen loszuwerden. Gladys Aylward nannte das Kind nach dem Kaufpreis *Ninepence,* neun Pfennige. Das Mädchen erholte sich bald von seinen Krankheiten und wurde ihr eine treue Gefährtin. Bald nahm Gladys weitere Kinder auf. Wenn sie die schreckliche Not der Kinder sah, musste sie einfach helfen.

Während des japanisch-chinesischen Krieges kamen immer mehr dazu. Kriegswaisen und andere vernachlässigte Kinder wurden zu ihr gebracht. Schließlich waren es über 100 Kinder.

Dann rückte die Front in ihre Nähe. Gladys hatte oft 30 oder 40 Verwundete im Hof, für die sie mit ihren Kindern sorgte. Die Kriegslage verschlechterte sich ständig. Was würde geschehen, wenn die Japaner die Stadt besetzten? Was sollte aus ihren Kindern werden?

Sie hörte von Waisenhäusern im freien China, wo die Kinder in Sicherheit sein könnten. Es gab zuverlässige Menschen, die die Kinder begleiten konnten. Sie selbst aber wollte nicht fliehen: *Christen weichen nicht zurück!* Sie wusste, ihr Platz war hier. Die Stadt Yang Cheng lag mitten im Kampfgebiet und wechselte immer wieder den Besitzer.

Da klopfte es in der Nacht an ihre Tür. Ein Bote des Generals brachte die Nachricht, dass die Japaner die Stadt heute oder morgen einnehmen würden und dass Gladys eine gesuchte Person sei, die tot oder lebendig gefangen genommen werden sollte. Für eine *gesuchte Person*, nach der gefahndet wurde, gab es bei den Japanern keine Gnade. Jetzt musste auch Gladys Aylward fliehen. Unter großen Gefahren und Schwierigkeiten gelang es ihr, die heftig umkämpfte Stadt Yang Cheng zu verlassen. Sie erreichte von dort aus den Ort, wo die meisten ihrer Kinder lebten. Sie durften nicht länger im Kampfgebiet bleiben. Wie aber sollte sie mit über hundert Kindern den weiten Weg in das freie China bis nach Xian schaffen? Die Japaner kontrollierten alle Straßen. Da blieben nur die kleinen Maultierpfade über die Berge, Hunderte von Meilen weit. Das war besonders gefährlich wegen Partisanen und kriminellen Banden, die dort hausten. Alle, die von den Fluchtplänen erfuhren, erklärten Gladys Aylward für verrückt. Doch sie machte sich auf den Weg – ohne Geld, ohne Essen. Ihre Kinder waren zwischen drei und sechzehn Jahre alt.

Sie kletterten über das Gebirge. Oft schliefen sie im Freien. Um sie her sah man immer wieder feindliche Soldaten. Das einfachste Essen, Haferschleim, erbettelten sie sich von der Bevölkerung. Je länger die Flucht sich hinzog, desto mutloser und verzweifelter wurden die Kinder. Sie waren hungrig. Viele Tränen flossen.

Endlich! Nach zwölf Tagen erreichten sie den Gelben Fluss. Wegen der Kämpfe aber war der Fährbetrieb eingestellt. Jetzt war selbst Gladys am Verzweifeln. Da erinnerte eins ihrer Kinder sie daran, wie Gott Mose und die Kinder Israel durchs Rote Meer geführt hatte. *Wir müssen Gott vertrauen, er wird es mit uns auch tun!* Und so empfanden es alle als unbegreifliches Wunder, als schließlich das chinesische Militär allein für Gladys Aylward und ihre Kinder die Überfahrt organisierte. Auf der anderen Seite des Gelben Flusses nahmen sich die Leute von der dortigen Stadt der Kinder an und gaben ihnen zu essen. Die abenteuerliche Flucht aber war noch nicht zu Ende. Es ging weiter über steile und gefährliche Wege. Oft mussten Kinder getragen werden. Und als der Treck endlich nach 27 Tagen Xian erreichte, ließ der Wächter sie nicht hinein: *Für Flüchtlinge geschlossen!*

Jemand erbarmte sich und wies sie weiter nach Fufeng, wo Gladys Aylward endlich ihre Kinder in einem christlichen Waisenhaus abliefern konnte. Wenige Stunden später brach Gladys Aylward erschöpft zusammen.

Im Missionskrankenhaus im Nordwesten Chinas kämpften amerikanische und skandinavische Mediziner um das Leben der besinnungslosen Frau. Chinesische Bauern hatten sie im Kuhkarren vor die Eingangstür einer Missionsstation transportiert. Zuerst dachten die Ärzte an Lungenentzündung und Typhus. Es waren aber wohl am meisten die völlig überforderten Nerven von Gladys Aylward, die am Ende waren. Immer wieder schrie sie in ihren Träumen: *Wo sind meine Kinder?* Erst ganz langsam kam sie wieder zu Kräften. Eine englische Missionarsfamilie pflegte sie zwei Jahre lang mit Geduld und Liebe.

Jetzt sammelte sie wieder verlassene und heimatlose Kinder um sich und lebte mit ihnen zusammen. In einer alten Fabrikhalle in Xian gründete sie mit Chinesen eine Gemeinde, die *Unabhängige Christliche Kirche*.

Viele Flüchtlinge strömten in die Stadt. Das kündigte das Nahen der Front an. Wieder musste Gladys fliehen. Sie fand neue Aufgaben in einem Gefängnis und in einer Leprakolonie.

Auch dann noch, als der Krieg zu Ende war, arbeitete Gladys Aylward weiter. Unter dem Druck der Kommunisten mussten die meisten Missionare das Land verlassen und waren wieder in ihre Heimat zurückgekehrt. Manche von ihnen steckte man in ein kommunistisches Konzentrationslager in China.

So erlebte Gladys Aylward noch die schrecklichen Exekutionen an mutig bekennenden Christen mit, die sich dem kommunistischen Umerziehen aus Glaubensgründen verweigerten. Zweihundert Studenten wurden enthauptet. Namentlich wurden sie aufgerufen und bekannten ihren Glauben: Jesus ist Wirklichkeit und die Bibel ist wahr!

20 Jahre war Gladys Aylward schon in China. Sie fühlte sich jetzt als Chinesin – dem Namen nach, der Kleidung nach und oft auch ihrem Denken nach. Sie hatte eigentlich kein Verlangen mehr, nach England zurückzukehren.

Es waren dann neubekehrte, junge Christen in England, die sie zum Berichten nach England riefen. Darin erkannte Gladys einen neuen Auftrag, den Menschen in ihrer Heimat von dem großartigen Glauben der chinesischen Christen zu erzählen und von allem, was Gott im Leben einer *unbegabten Frau gewirkt hatte*.

Ihr Lebenswerk fand die Aufmerksamkeit einer breiten Öffentlichkeit in England. Die Biographie *Eine von den Unbezwungenen* über ihr Leben wurde weit verbreitet und als *Die Herberge zur sechsten Glückseligkeit* verfilmt.

Gladys Aylward hatte aber immer große Sehnsucht, ihre Kinder und Freunde in China wieder zu sehen. Ins kommunistische China konnte sie nicht mehr zurück, wohl aber nach Hongkong. Viele waren dorthin geflüchtet. Im Flüchtlingsviertel von Hongkong begann sie noch mit einer Missionsarbeit und errichtete ein Waisenhaus in der Nähe von Taipeh, der Hauptstadt Taiwans. 1970 wurde die kleine Frau, die so viel Freude ausstrahlte, im Alter von 68 Jahren zu neuen Aufgaben in die Ewigkeit heimgerufen.

Wang Mingtao – kompromisslos 23 Jahre in chinesischer Haft

Mein Mut ist klein, aber Gott ist unvergleichlich größer

In einer kleinen Zweizimmerwohnung in Schanghai drängten sich oft mehr als 100 Personen zum sonntäglichen Gottesdienst einer illegalen Hausgemeinde. Im ärmlichen Hinterhaus saß man auf Hockern, Betten und Tischen, selbst in der Küche und im Flur. Erstaunlich viele junge Menschen waren dabei. Mehrere Stunden dauerte die Versammlung. Fast jeder hatte seine Bibel mitgebracht und schlug die zitierten Bibelworte auf. Denen, die offenbar keine Bibel besaßen, wurde sie immer wieder gereicht, damit sie sich selbst überzeugen konnten.

Diese staatlich nicht erlaubte Hausversammlung wurde von einem nahezu zahnlosen Mann mit eingefallenen Wangen geleitet. Es war der 90-jährige Wang Mingtao, von Jahren mit unsagbarem Leiden schwer gezeichnet und fast völlig erblindet.

Einst im Jahr 1921 hatte er zu predigen begonnen. Bald war er einer der größten Evangelisten Chinas. Auch gegen den totalen Widerstand der Kommunisten bekannte er eindeutig und kompromisslos das Evangelium von Jesus. Er predigte überhaupt nie etwas anderes als Gottes Wort in der Bibel. Allein durch diesen Verkündigungsdienst wurde er einer der bekanntesten chinesischen Märtyrer in unserem Jahrhundert. Um Jesu willen hat er die schmerzhaftesten Tiefen der Leiden von Christus unter schwersten Bedingungen ausgehalten.

Was war das für ein Mann, der unter Mao Tse-Tung zu lebenslanger Haft verurteilt wurde? Nahezu 23 Jahre musste er am Ende in schwerstem Straflager unter kommunistischer Herrschaft zubringen. *Ein Mann von Eisen* nannten ihn seine Freunde. Seine Verfolger behaupteten, er hätte ein *Herz aus Blei,* weil er nicht mit der Revolution des chinesischen Volkes mitfühlen könne. Was aber den langjährigen Leiter der freien und vom Staat unabhängigen evangelischen Gemeinden in China wirklich prägte, war seine kompromisslose Liebe zu Jesus. Darum nannte er sich Mingtao, was *der helle Weg* bedeutet.

Als junger Mann mit 21 Jahren ließ er sich an einem Wintertag taufen. Dabei war es so kalt, dass das Eis im Fluss erst mit Äxten aufgeschlagen werden musste.

Bis dahin waren seine Jugendjahre sehr unruhig gewesen. Sein Vater, ein Arzt, hatte sich in den Bürgerkriegswirren des Boxeraufstands aus Angst und Verzweiflung das Leben genommen. Das war im Jahr 1900, einen Monat bevor Wang Mingtao geboren wurde. Tausende von chinesischen Christen wurden um ihres Glaubens willen hingerichtet. Auch viele Missionare kamen um.

Wang Mingtaos Motto war: *Gehorche Gott, nicht den Menschen!* Um jeden Preis wollte er seinem Herrn treu sein. Unerbittlich hart blieb er gegen alle fremden Einflüsse, die neben Jesus Christus die Gemeinde prägen wollten.

Darum hat er auch zeitlebens nie eine Gabe von ausländischen Missionen angenommen, obwohl er doch viele freundschaftliche Kontakte zu Missionaren pflegte. Er wollte ganz bewusst als Chinese völlig unabhängig von Menschen bleiben. Und auch die chinesischen evangelischen Gemeinden sollten frei bleiben vom westlichen Einfluss und sich nicht im Vielerlei christlicher Konfessionen verzetteln. Er wandte sich auch gegen ein Studium im Ausland. Christen sollten in ihrer Heimat in China als Christen leben.

In seinen 44 Büchern und Schriften betonte Wang Mingtao oft den Gehorsam in der Nachfolge von Jesus. Jeder Christ muss das ganze Leben unter die Disziplin des Willens Jesu stellen. Immer wieder sprach er in seinen Predigten eindrücklich von der heiligenden Kraft des Geistes Gottes. Später hat er dabei immer auch eine eindeutige Trennungslinie zu charismatischen Gruppen gezogen. Er erzählte selbst aus seinem Leben, *dass ich mit dem Heiligen Geist nicht an dem Tag erfüllt wurde, an dem ich unverständliche Laute sprach, sondern an dem Tag, an dem ich meine Sünden bekannte, Gottes Geboten gehorchte und alles aufgab.*

An dieser kompromisslosen Position des absoluten Gehorsams hielt Wang Mingtao auch unter der harten japanischen Militärbesetzung fest, die nach dem Kriegsbeginn 1937 die totale Vereinnahmung und Kontrolle aller kirchlichen Aktivitäten forderte. Wang Mingtao teilte den japanischen Machthabern unerschrocken mit: *Ich gehorche allein dem Herrn, dem ich seit dem Tag diene, da ich die Wahrheit erkannt habe, an die ich glaube. Ich werde niemals irgendeinem menschlichen Befehl Folge leisten, der gegen Gottes Willen ist. Ich habe mich schon darauf eingestellt, jeden Preis dafür zu zahlen und jedes Opfer zu bringen. Aber in keinem Fall werde ich meine Entscheidung ändern, die ich getroffen habe.*

Rückblickend auf diese schweren Auseinandersetzungen des Jahres 1942 sagte Wang Mingtao, *dass wir mehr als 300 Tage im Feuerofen verbracht haben. Aber wir waren nicht allein. Der Sohn Gottes war mit uns. Lasst uns ihn gemeinsam loben!*

Das war nur der Vorgeschmack eines viel unheimlicheren Kampfes, der wenig später beginnen sollte. *Gebt nicht nach! Schließt keine Kompromisse!*, rief Wang Mingtao unaufhörlich den chinesischen Christen am Anfang der kommunistischen Machtübernahme 1949 zu. *Eine Kirche, die der schwache Diener einer atheistischen Regierung geworden ist, hat ihre Funktion als Kirche Jesu Christi verloren.*

Damit erregte Wang Mingtao den Zorn der kommunistischen Partei und ihrer Staatsführer, die mit großem Druck versuchten, alle christlichen Kirchen in einer patriotischen Organisation zu vereinnahmen und zu kontrollieren. Deshalb rief Wang Mingtao die chinesischen Christen auf, gegen diese Politik des weltlichen Staates und der gottlosen Regierung eindeutig Position zu beziehen. Mit einem großen öffentlichen Schauprozess schlug der kommunistische Staat zurück. Doch Wang Mingtao ließ sich nicht einschüchtern und predigte weiter in seinem überfüllten Versammlungssaal in Peking.

In der Nacht zum 8. August 1955 aber wurden der unerschrockene Wang Mingtao und seine Frau aus dem Schlaf gerissen und gefesselt abtransportiert. Ohne Gerichtsverfahren wurden sie eingekerkert und einer totalen Gehirnwäsche unterzogen. Bis auf eine kurze Unterbrechung war Wang Mingtao bis 1980 in Straflagern. Seine Frau war insgesamt 20 Jahre eingesperrt. Schon bald nach der Machtübernahme der Kommunisten wurden von den 65 Kirchen in Peking bis auf vier alle geschlossen. In Schanghai ließ die kommunistische Regierung von 200 Kirchen nur 23 übrig.

Insgesamt haben die 22 Jahre und zehn Monate chinesisches Straflager Wang Mingtao zwar körperlich schwer gezeichnet, aber nicht gebrochen. Das Schwerste für ihn war, dass er in all den Jahren keine Bibel besitzen und keine Gemeinschaft mit andern Christen haben durfte. Aber er hatte Gottes Wort auswendig gelernt. Das war seine Kraft und seine Freude.

Schon früher wollte er nur glauben, was in der Bibel stand. Kirchenlehren und menschlichen Vorschriften, die nicht in der Bibel standen, schenkte er keinen Glauben. Das Wort Gottes in der Bibel war für ihn unantastbare Autorität. Hart konnte er Missionare zurechtweisen, wenn sie die Gültigkeit und Zuverlässigkeit der Bibel in Frage stellten. Leidenschaftlich kämpfte er gegen liberale Theologie und modische Bibelkritik. Er rang um ein konsequent verwirklichtes Christenleben.

Das karge Leben hatte er schon in seiner Kindheit kennen gelernt. Da seine Mutter nach dem plötzlichen Tod des Vaters mittellos dastand und für zwei Kinder zu sorgen hatte, suchten sie damals in den Abfallkübeln der reichen Leute nach Brauchbarem. Seiner Schwester schrieb er: *Alles muss zum Besten dienen. Ich bin mehr als ein Sperling!* Leiden war für ihn ein notwendiges Glaubenstraining der Christen, Einübung in den Gehorsam und Vorfreude auf den Himmel.

Wang Mingtao konnte das Leiden deshalb annehmen, weil auch Jesus Christus Gehorsam lernen musste durch das Leiden. Und Wang Mingtao wusste aus der Bibel, dass Gott keine Fehler macht. *Denen, die ihn lieben, müssen alle Dinge zum Besten dienen.* Und er fügte hinzu: *Auch wenn sie mich zu Asche verbrennen, dennoch ist mein Leben geborgen in Jesus.*

Viele hielten ihn für furchtlos. Wang Mingtao aber verwies auf seinen Vater, der sich aus Angst das Leben genommen hatte: *Von Natur aus bin ich schwach und scheu. Wann immer ich Gerüchte über Böses hörte, wurde mein Herz von Angst ergriffen. Als sein Sohn bin ich meinem Vater sehr ähnlich. Ich kann mich nicht rühmen, ich rühme nur die Treue Gottes und seine Kraft und Macht, die sich denen zeigen, die ihm vertrauen. Ich habe von Natur aus keinen Mut. Wovor ich mich aber am meisten fürchte, ist, gegen Gottes Willen zu handeln. Mein Mut ist klein, aber Gott, dem ich diene, ist unvergleichlich größer.*

Ich danke meinem Gott, dass seine Kraft in meiner Schwachheit vollendet wird und dass er mich in Christus immer triumphieren lässt.

Am 28. Juli 1991, einem Sonntagmorgen, als wieder in den kleinen Zimmerchen des Hinterhauses eine große Gemeinde zum Gottesdienst beisammen war, holte Gott seinen treuen Diener heim in seinen Frieden, drei Tage nach seinem 91. Geburtstag.

Als Fritz Grünzweig schwere Lasten aufgelegt wurden

Jetzt gehört mein Leben nicht mehr mir selbst!

Es war damals die Zeit der großen *Gemeindetage unter dem Wort*. Im großen Oval des Stuttgarter Gottlieb-Daimler-Stadions oder im weiten Messegelände Killesberg sammelte sich das Volk Gottes mit vielen zehntausend Menschen. Dabei blieb Fritz Grünzweig meist bescheiden im Hintergrund. Ohne ihn aber wären alle diese Tage undenkbar gewesen.

Auch die Bedeutung der jährlichen *Ludwig-Hofacker-Konferenzen* in Württemberg hat unter seiner Leitung stetig zugenommen. An verschiedenen Orten sammelten sich oft mehr als 20 000 Menschen zum Studium der Bibel.

Was war die Autorität von Fritz Grünzweig? Zunächst vor allem seine Bescheidenheit und Demut, mit der er überall die echt gelebte Bruderschaft in Jesus Christus suchte.

Er, der bekannte Bibelausleger und Schriftsteller, wollte am liebsten nur Pfarrer der Brüdergemeinde in Korntal sein, Seelsorger und Hirte der ihm anvertrauten Menschen. Als so genannter Spätberufener hatte er unter den erschütternden Erlebnissen des sinnlosen Weltkriegs zum nachträglichen Studium der Theologie gefunden.

1914 war er in Bissingen am Rand der Schwäbischen Alb geboren worden. 1938 legte er zunächst das Examen als Notar ab.

Weil Grünzweig die Kraft des Wortes Gottes entdeckt hatte, litt er unsäglich an der Bibelkritik, die immer mehr das kirchliche Leben und ihr Zeugnis lähmte. Ihn beschwerte der in Kirche und Welt verbreitete Unglaube, aber auch die schreckliche deutsche Schuld an Israel.

Im Ringen um neues Leben in einer erstarrten Kirche konnte nur der gütige und liebevolle Fritz Grünzweig die verschiedensten Kreise um Bibel und Bekenntnis zusammenbringen. Er verstand sich als *Mörtel zwischen den oft kantigen Steinen.*

So wurde Fritz Grünzweig mit seiner außergewöhnlichen Arbeitsleistung der Motor einer fast unübersehbaren Anzahl von neuen Diensten und Aktionen. Über 20 Jahre lang leitete er die *Ludwig-Hofacker-Vereinigung*, eine Arbeitsgemeinschaft für Bibel und Bekenntnis. Unermüdlich war er im Land unterwegs. Dabei war ihm kein Dienst zu klein oder zu unbedeutend. Ihm ging es um jeden einzelnen Menschen.

Und Fritz Grünzweig war ein Beter. Oft saß er in Gremien, die Augen mit der Hand bedeckt. Er redete mit Gott, bevor er mit seiner klar formulierten Meinung eingriff. So wurde auch sein brüderlich verständnisvolles Wort in Synoden und Gremien gehört.

In seiner bilderreichen Sprache sagte Grünzweig: *Der »Baum« unserer Wirksamkeit muss als verborgenes, tragendes Wurzelwerk das Gebet haben. Recht beten heißt, in besonderer Weise mit Gott wirken.* Und er berief sich gerne auf das Wort vergangener Generationen, die wussten: *Die Vielbeschäftigten fürchtet der Teufel nicht, aber die Beter.*

Gleichzeitig war Fritz Grünzweig einflussreicher theologischer Schriftsteller und Bibelausleger, der mit der theologischen Ehrendoktorwürde der Tübinger Universität geehrt wurde. Man schätzte seinen Durchblick und seine Weitsicht in Fragen der Mission ebenso wie in der kritischen Begleitung des Kurses des Weltrats der Kirchen in Genf. Das Wichtigste war ihm aber die Einladung zu Jesus und der Aufbau missionarischer Gemeinden. Nicht zuletzt deshalb war Fritz Grünzweig über mehrere Jahrzehnte hinweg neben allen anderen Ämtern hauptamtlich Pfarrer der Brüdergemeinde Korntal und damit auch gleichzeitig verantwortlich für die großen diakonischen Werke dort.

Nur wenige, die ihn kannten, wussten auch um die schweren Belastungen und Anfechtungen, die er zu tragen hatte.

Sein Sohn Gerhard war behindert. Sicher waren bei der Geburt schwere Versäumnisse geschehen. Als das Kind nach einer lange verzögerten Geburt nicht richtig atmete, waren schon nicht mehr wieder gutzumachende Schäden eingetreten. Der Sauerstoffmangel hatte Gehirnzellen zerstört. Das Kind blieb geistig behindert. Fritz Grünzweig aber klagte niemand an.

Er erzählt selbst: *Wie viel hatten wir doch schon vor seiner Geburt für das Kind gebetet und es Jesus übergeben! Und so beteten wir auch jetzt anhaltend weiter. Auch die Großeltern und viele Gemeindeglieder und Freunde traten in treuer Fürbitte für das Kind ein.*

Mitten in diesen schweren Jahren bekam Fritz Grünzweig wieder verstärkt die Folgen einer alten Kriegsverletzung zu spüren. Im Juli 1943 war er in den Kämpfen südöstlich von Leningrad schwer verwundet worden. Eine Kugel hatte den Hals durchschlagen. Ein anderes Explosivgeschoss hatte die linke Hand getroffen. Die Heimtücke dieser Munition war, dass der Sprengstoff in die Blutbahn geriet und den Körper vergiftete.

Es war ein Wunder, dass Fritz Grünzweig nach schweren Leidenstagen mit hohem Fieber überhaupt überlebte. Er gewann den Eindruck: *Mein Leben gehört nicht mehr mir selbst!*

Jetzt, viele Jahre später, kamen die Migräne-Anfälle immer häufiger und heftiger. Offenbar kam es im Gehirn zu Gefäßkrämpfen und Nervenentzündungen, die vielleicht von äußeren Anlässen wie grellem Licht oder Gewitterschwüle ausgelöst wurden.

Besonders schlimm war, dass die Anfälle wie ein Blitz aus heiterem Himmel auftraten. Sie waren mit einer schweren Sehstörung verbunden. Fritz Grünzweig konnte dann schon auf wenige Meter Entfernung Menschen nicht mehr erkennen. Selbst bei größter Buchstabenschrift konnte er kein Wort mehr lesen. Das Denken war so heftig in Mitleidenschaft gezogen, dass er keinen vollständigen Satz mehr sprechen konnte.

Wöchentlich, ja oft mehrfach in einer Woche traten diese Anfälle auf. Die Ärzte waren ratlos. Medikamente halfen nicht. Nach der Anweisung des Apostels Jakobus wandte sich Grünzweig nicht an spektakuläre Wundertäter, sondern an die *Ältesten der Gemeinde*. Das waren in Korntal berufstätige Leute, ein Schriftsetzer, ein Betriebsschlosser und ein Zollbeamter. Gott schenkte das Wunder. Zwei Jahre lang gab es keine Anfälle mehr. Danach kamen sie wieder, aber sehr viel schwächer. Grünzweig meinte später, es sei für ihn sicher nötig gewesen, einen *Pfahl im Fleisch* zu haben.

Als sie bei dem behinderten Sohn in der gleichen Weise nach Jakobus 5 handelten, zeigte sich keine Besserung. Grünzweig schrieb: *Wir handelten genau so wie damals bei mir. Aber Gerhard behielt seine Schwachheit und wir Eltern die Sorge. Wir leben ja in dieser Welt noch in der Zeit des »Nicht-Sehens und Doch-Glaubens«. Da nimmt uns Gott noch nicht alle Not ab. Deshalb ist es wichtig, dass wir unseren Gebeten auch die Bitte um Korrektur unserer Wünsche anfügen, so wie Jesus das in Gethsemane tat: »Doch nicht wie ich will, sondern wie du willst.«*

Eine Familie in der Gemeinde, die auch ein behindertes Kind bekam, war für das Ehepaar Grünzweig eine große Hilfe. Die Eltern waren noch nicht lange zum lebendigen Glauben an Jesus Christus gekommen. Zunächst war es für den Seelsorger Fritz Grünzweig eine Anfechtung, warum Gott ihnen dieses Kreuz ausgerechnet dann auferlegte, als sie gläubig geworden waren. Das Kind musste zeitlebens wie ein Kleinkind versorgt werden. Die Eltern schrieben über das Bett das Bibelwort: *Wir wissen, dass denen, die Gott lieben, alle Dinge zum Besten dienen.*

Fritz Grünzweig und seiner Frau fiel es schwer, als sie ihren behinderten Sohn Gerhard nach 26 Jahren in eine Anstalt bringen mussten. Die Mutter war durch den großen, starken Sohn immer öfter an die Grenzen ihrer Kraft gekommen. Er war eigenwillig, unkonzentriert und oft auch disharmonisch.

Am Tag des Abschieds nach Stetten im Remstal sorgten sich die Eltern, wie Gerhard den schwierigen Schritt verkraften würde. Es war schon alles gepackt, da saß Gerhard auf seinem Stuhl und sang vor sich hin: *Bis hierher hat mich Gott gebracht durch seine große Güte.* Und dann das andere Lied: *Mein Wille gehört meinem Gott, ich traue auf Jesus allein.*

Grünzweig erzählte, wie er beim ersten Jahresfest der Anstalt Stetten sehr angefochten war. Seine Frau litt noch unter Erschöpfungs-Depressionen und war in einer Kur. Der kranke Sohn Gerhard wurde unter den vielen Menschen sehr unruhig. Da sprach ein Geschäftsmann, der immer wieder an Wochenenden in der Pflege der kranken Kinder aushalf:

Ich sehe hier viele schwache Menschen. Aber in Gottes Wort steht, dass die Zeit kommt, da »die Lahmen springen wie ein Hirsch und der Stummen Mund Gott Lob sagen wird. Darauf freue ich mich! Darauf freue ich mich mit euch, liebe Eltern! Was wird das einmal sein, wenn alle jetzt so schwachen Menschen mit uns – und vielleicht uns voran – Gott mit vollen Kräften in Ewigkeit selig dienen werden!

Das war das Wort, das Grünzweig tröstete. Und er dachte: *Was werden in der Rückschau die paar Jährlein der Schwachheit in diesem kurzräumigen Leben auch für Gerhard einmal sein im Vergleich zu der langen, großen Ewigkeit!*

Fritz Grünzweig lebte immer in fröhlicher Erwartung der kommenden Königsherrschaft Jesu. Weil wir der Auferstehung Jesu gewiss sein können, haben wir auch eine begründete Hoffnung, dass Gott sein Werk vollenden wird. *Jesus Christus spricht: Siehe, ich mache alles neu! Auch auf dieser Erde, die aus seiner Hand stammt und die Jesu Fuß berührt hat, lässt er dem menschlichen Wahn und dem grausamen Spiel der Dämonen nicht das letzte Wort. Es geht dem Tag entgegen und nicht der Nacht.*

Im Jahr 1989 rief Gott Fritz Grünzweig nach schwerem Leiden heim.

Vom Rollstuhl aus hat Dr. Paul Müller am meisten gewirkt

Ein Naturwissenschaftler mit dem Blick fürs Wesentliche

Geb 22.7.1896   Gest. 1983

Eben 28 Jahre alt war der junge Studienrat Dr. Paul Müller geworden, da eröffnete ihm der Arzt die furchtbare Diagnose: *Sie haben Multiple Sklerose!*

Vor zwei Jahren hatte er sein Studium in Tübingen mit einem Doktor in Paläontologie abgeschlossen. In diesem Forschungsgebiet der vergangenen Erdzeiten schrieb er über die Foraminiferen des Schwäbischen Jura. Das sind jene einzelligen Meeresbewohner, die in Versteinerungen gefunden werden. Mit großem Wissensdurst hatte Müller als Naturwissenschaftler weite Gebiete, vor allem der Chemie, durchforscht. Dann traten im Jahr 1924 – wie ein Blitz aus heiterem Himmel – die ersten Anzeichen der tückischen Nervenkrankheit auf. Der bis dahin so vitale, kerngesunde und sportliche Naturwissenschaftler Paul Müller war erschüttert und betroffen.

Als Lehrer wirkte er neben dem Lehrerseminar in Nagold an mehreren großen Oberschulen, etwa am Friedrich-Eugen-Gymnasium in Stuttgart. Nebenher schrieb er das Unterrichtswerk Dietrich-Müller, Lehrbücher der Chemie für Oberschulen, die mehrere Auflagen erlebten.

Paul Müller hatte das Studium der Naturwissenschaft deshalb ergriffen, weil ihn die Fragen, die mit Gottes Schöpfung und der Entwicklungslehre von Charles Darwin zusammenhingen, brennend interessierten. Er wollte die Wahrheit des biblischen Wortes auch durch seine Studien der Naturwissenschaft entdecken. Er suchte vor allem anderen, Gottes Weisheit und seine Wege verstehen zu lernen.

Schon als Heranwachsender mit 14 Jahren verlor er seinen Vater, den er so sehr liebte und verehrte. Er nannte es ein *schreckliches Ereignis,* das ihn schon als Jungen vor die letzten Fragen stellte: *Was beabsichtigt der himmlische Vater mit meinem Leben? Weshalb geht er mit seinen Kindern solche Wege? Wo bleiben jetzt seine Barmherzigkeit und Liebe?*

Schwer belastende Erlebnisse als Soldat im Ersten Weltkrieg folgten, nachdem er aus dem Studium heraus zum Militär eingezogen worden war: Trommelfeuer, Stellungskrieg, Tausende von Tote, schließlich Gefangenschaft.

Und jetzt überschattete diese unheilbare, rätselhafte Krankheit das weitere Leben von Paul Müller. Zunächst kämpfte er mit großer Energie und Ausdauer gegen die fortschreitende Krankheit an. Die Ärzte waren machtlos – seine Kräfte nahmen immer weiter ab. Obwohl er zeitlebens Kranken riet, nach der Anweisung des Apostels Jakobus erfahrene Christen um das Gebet und die Handauflegung zu bitten, blieb ihm selbst die heiß ersehnte Glaubensheilung versagt. 1945 musste er, im Alter von 49 Jahren, endgültig aus seinem Lehrerberuf ausscheiden.

Viele Jahrzehnte konnte er sich nur im Rollstuhl fortbewegen. Aber die Ausstrahlung dieses weit blickenden Mannes in fast 60 Jahren schwerem Leiden wurde immer stärker und tiefer. Durch seine

Schriften, aber auch durch Vorträge bei Freizeiten und Bibelwochen, soweit er sie noch wahrnehmen konnte, sprach er unzählige Menschen an.

Am wichtigsten wurden ihm drei Erkenntnisse, auf die er immer wieder zu sprechen kam:

1. Das gläubige Elternhaus genügt nicht. Es braucht eine persönliche Entscheidung für Christus. Nur so gibt es ewiges Leben.

2. Menschliches Wissen darf nie den Blick für Gottes Welt verdunkeln. Naturwissenschaftliche Kenntnisse brauchen kein Hindernis für den Glauben zu sein.

3. Eine unheilbare Krankheit kommt nicht aus dem Zufall, sondern aus Gottes Weisheit und Liebe. Allein unserem Gott gehört alle Ehre!

Alle jene erreichte Paul Müller besonders, die schwere Lasten wie Unglück, Krankheit, Einsamkeit oder Altersbeschwerden tragen mussten. Dass auch jedes noch so schwere menschliche Schicksal einen Sinn habe, war Grundlage seines Denkens. Der lebendige Gott möchte als der Meister das verlorene Ebenbild in jeden Menschen einprägen. Auf dieses Ziel hin bedeutet Krankheit und Schmerz kein Hemmnis, sondern kann besonders fördernd wirken.

Für Paul Müller war es das Höchste des Lebens, Gott zu loben und zu preisen. Realistisch sah er die unheimliche Nachtseite der Natur. Er litt an dem tiefen Riss, der sich durch die gute Schöpfung Gottes zieht. Es ist das Nein Gottes zur gefallenen Welt. Das erkannte Müller mit seiner weiten Naturbeobachtung an Bakterien und Viren und an unzähligen schmarotzenden Tieren, die grausam andere töten. Gleiches erkannte er auch an Naturkatastrophen wie Erdbeben, Vulkanausbrüchen und Unwettern. Schon viel früher als manch andere sah er, wie die kostbare Schöpfung Gottes von den reichen Industrieländern geplündert wird. Er beklagte, wie wenig die Wunder Gottes heute in seinen Werken erkannt werden. Darum sah er auch die Fortschritte im Materiellen, in Wissenschaft und Technik, immer mehr als ein »Fortschreiten« weg von Jesus Christus. Und er sah gleichzeitig, dass die geistige Verschmutzung der Umwelt des Menschen noch viel größer ist als die in der stofflichen Natur. Hoffnung und Heilung der ganzen Not der Welt gab es für ihn erst in der Umkehr und Heimkehr zum lebendigen Gott.

Müller hatte die große Gabe, leicht verständlich und ungemein anschaulich die wunderbaren Geheimnisse der Natur in Büchern darzustellen. An vielfältigen Beispielen konnte er die harmonische Ordnung der Schöpfung, aber auch die entzückende Schönheit des Kosmos zeigen. Er folgte dem geheimnisvollen Flug der Zugvögel und beschäftigte sich mit der unendlichen Weite des Weltalls, aber auch mit der unsichtbaren Welt. Was mit der Erlösung des Menschen beginnt, wird seine Erfüllung in der leidenden und voll Sehnsucht harrenden Kreatur dieser Welt finden. Die großen Geheimnisse der Natur waren für Paul Müller eben keine Zufälle, sondern Plan Gottes. Er konnte das unheilvoll gespaltene Spannungsfeld zwischen Naturwissenschaft und Christenglauben überwinden, indem er eindrucksvoll mit dem Zusammenspiel der ganzen Wirklichkeit, der sichtbaren und der unsichtbaren Welt, rechnete.

Dass der Zugang dazu allein durch den persönlichen Anruf Gottes im Gewissen des Menschen erfolgt, hat Paul Müller immer wieder herausgestellt. Die unsichtbare Hand, die uns ergreift, gestaltet unser Leben völlig um und gibt erst, was den Namen Leben wirklich verdient.

Am tiefsten erkannte Müller aber für sich selbst diesen Lebenssinn im Leiden. Er meinte, die Jahrzehnte der Krankheit hätten ihm nicht nur Verzicht und Hemmnis gebracht, sondern auch einen Reichtum an Glaubenserfahrung, wie er sonst nicht möglich gewesen wäre.

Unzählige Schriften hat Paul Müller darüber verfasst. Und vielen, die keinen Sinn mehr im Leben sahen und unter ihren schweren und rätselhaften Lasten zusammenbrachen, wurde er zum wirklichen Tröster und Befreier. Er kämpfte gegen das billige Bild vom lieben Gott ebenso wie gegen die Meinung vom edlen und guten Menschen, der über seinen Leiden Gott anklagt. Darum forderte er immer wieder Schwermütige und Verbitterte, Einsame und Schwache auf, das Evangelium ganz praktisch und persönlich für sich zu hören. Dieser Jesus hat den Kampf mit der dunklen und unheimlichen Nachtseite der Welt aufgenommen und hat sie besiegt. Das macht Mut, auch in allen Nöten einen tieferen Sinn zu sehen und sich das Gottvertrauen nicht rauben zu lassen. *Unser Herr kann auch*

durch geschwächte Menschen etwas Großes und Segensvolles ausführen,
so sprach es ein enger Freund an seinem Grab aus. Paul Müller ging
1983 im Alter von 87 Jahren heim zu seinem Herrn.

Als Pfarrer Julius von Jan für die Juden eintrat

Der Bußruf in der schwäbischen Dorfkirche von Oberlenningen

Es war in der Nacht vom 9. auf den 10. November 1938. Überall in Deutschland klirrten Fensterscheiben und brannten Synagogen. Die Feuerwehr griff nicht ein. Jüdische Geschäfte wurden verwüstet und johlend geplündert. Was da ablief, nannte man später die *Reichskristallnacht*. Braune Kampftruppen der Nazis, Hitlerjugend, SA und SS wüteten gegen alles Jüdische.

Die evangelischen Kirchen begingen eine Woche später ihren traditionellen allgemeinen Bußtag. In einem engen Tal am Rand der Schwäbischen Alb predigte in der alten Dorfkirche von Oberlenningen der Gemeindepfarrer Julius von Jan. Der Predigttext für diesen Tag war Jeremia 22, 29: *O Land, Land, Land, höre des Herrn Wort!*

45

Viele Prediger meinten, an diesem Tag besser von den schlimmen Übergriffen gegen die Juden schweigen zu müssen, um Schlimmeres zu verhüten. Julius von Jan aber predigte eindeutig und in großer Gewissheit:

Wo ist in Deutschland der Prophet, der wie Jeremia in des Königs Haus geschickt wird, um des Herrn Wort zu sagen? Wo ist der Mann, der im Namen Gottes und der Gerechtigkeit ruft: Tut niemand Gewalt und vergießt nicht unschuldig Blut!

Gott hat solche Männer gesandt. Sie sind entweder im Konzentrationslager oder mundtot gemacht. Die andern sind Lügenprediger, die nur Heil und Sieg rufen können, nicht aber des Herrn Wort verkündigen.

Wir haben die Quittung bekommen auf den großen Abfall von Gott und Christus, auf das organisierte Antichristentum. Die Leidenschaften sind entfesselt, die Gebote Gottes missachtet. Gotteshäuser, die anderen heilig waren, sind ungestraft niedergebrannt worden, das Eigentum der Fremden ist geraubt und zerstört. Männer, die unserem deutschen Volk treu gedient und ihre Pflicht gewissenhaft erfüllt haben, wurden in Konzentrationslager geworfen, bloß weil sie einer anderen Rasse angehören.

Wo ist der Mann, der im Namen Gottes ruft, wie Jeremia seinerzeit gerufen hat: ›Haltet Recht und Gerechtigkeit! Errettet den Beraubten von des Frevlers Hand! Schindet nicht Fremdlinge, tut niemand Gewalt an und vergießt nicht unschuldig Blut!‹

Wir als Christen sehen, wie dieses Unrecht unser Volk vor Gott belastet und seine Strafe über Deutschland herbeiziehen muss. Denn es steht geschrieben: ›Irrt euch nicht. Gott lässt seiner nicht spotten! Was der Mensch sät, das wird er ernten!‹

Ja, es ist eine entsetzliche Saat des Hasses, die jetzt ausgesät worden ist. Welch entsetzliche Ernte wird daraus erwachsen, wenn Gott unserem Volk nicht Gnade schenkt zu aufrichtiger Buße!

Wenn wir so von Gottes Gerichten reden, so wissen wir wohl, dass manche denken: ›Kann man heute von Gottes Gerichten und Strafen über Deutschland reden, wo es doch sichtbar aufwärts geht? Da sieht man doch Gottes Segen über unserem Volk!‹ Ja, es waltet eine erstaunliche Geduld und Gnade Gottes über uns. Aber gerade deshalb gilt: ›O

*Land, Land, Land, höre des Herrn Wort!‹ Höre jetzt endlich! Weißt du
nicht, dass dich Gottes Güte zur Buße leitet?*

Die Antwort ließ nicht lange auf sich warten. Schon am nächsten Tag hingen am Gartenzaun vor dem Pfarrhaus in Oberlenningen rote Plakate. Darauf stand: *Judenknecht!*

Acht Tage später sollte Julius von Jan einen Bibelabend in dem Albdorf Schopfloch halten. Ein Freund nahm ihn dazu auf dem Motorrad mit. Der für diesen Abend der Bibelwoche schon lange vorher ausgewählte Abschnitt steht im 1. Petrusbrief 4, 12-13:

Lasst euch durch die Hitze nicht befremden, die euch widerfährt ... als widerführe euch etwas Seltsames, sondern freut euch, dass ihr mit Christus leidet ...

Dort holten SA-Männer, ohne sich auszuweisen, Julius von Jan ab. Sie zwangen ihn in ihr Auto hinein und brausten nach Oberlenningen. Im Pfarrhaus war die Tür eingeschlagen, das Haus durchwühlt. Fremde Männer, die auf einem LKW hertransportiert worden waren, fielen über den wehrlosen Pfarrer her und misshandelten ihn schwer. Schließlich warfen sie den Bewusstlosen halbtot aus dem Fenster, wo er auf dem Dach eines Schuppens liegen blieb.

Die schnell herbeigeeilten Nachbarn bargen den schwer Verletzten und brachten ihn ins Krankenhaus. Anschließend hielt man ihn mehrere Monate im Gefängnis in Kirchheim/Teck fest. Immer wieder sangen Gemeindeglieder auf der Straße vor dem Gefängnis mutmachende Lieder des Glaubens. Das war wohl der Grund dafür, dass Pfarrer von Jan ins Gefängnis nach Stuttgart verlegt wurde.

Er sagte später von dieser Gefängniszeit: *In meinem ganzen Leben habe ich den Frieden Gottes und seine Gegenwart noch nie so greifbar gespürt wie in der Stunde, da sie mich zusammenschlugen. Christus ist bei den Seinen!*

Erst nach fünf Monaten wurde von Jan aus der Untersuchungshaft entlassen. Man erteilte ihm Redeverbot für Württemberg und wies ihn aus. In einer kleinen Gemeinde Niederbayerns bei Passau fand er schließlich mit seiner kranken Frau und seinem vierjährigen Sohn eine neue Aufgabe.

In der Verhandlung des Sondergerichts in Stuttgart wurde Julius von Jan zu 16 Monaten Gefängnis verurteilt. Begründet wurde dieses Urteil mit einem Vergehen gegen den *Kanzelparagraphen* und gegen das *Heimtückegesetz*.

Einen Teil der Haft verbüßte Pfarrer von Jan im Gefängnis in Landsberg am Lech. Der Rest wurde ihm auf Bewährung erlassen. Danach wurde er zum Militär eingezogen. Aber man degradierte den Offizier aus dem Ersten Weltkrieg und versetzte ihn in eine Strafkompanie im Osten, die in den gefährlichsten Gebieten eingesetzt wurde.

Es war ein Wunder Gottes, dass Julius von Jan diese schweren Jahre überlebte. Nach dem Krieg wirkte er noch mehrere Jahre in Oberlenningen, dann als Pfarrer in einer stark zerstörten Gemeinde in Stuttgart-Zuffenhausen. Den Ruhestand verbrachte er bis zu seinem Tod im Alter von 67 Jahren in Korntal.

Julius von Jan war ein stiller, treuer Seelsorger, besonders feinfühlig und mit großer menschlicher Güte. Als alle anderen schwiegen, musste dieser demütige Mann reden – um seines vom Wort Gottes geschärften lauteren Gewissens willen. Wie schwer ihm das fiel, das zeigt der Schluss jener Predigt am Bußtag in Oberlenningen:

Wahre Buße wird das Tor zum glücklichsten Leben schon hier auf Erden. Dieses Bekennen von Schuld, von der man nicht sprechen zu dürfen glaubte, war wenigstens für mich heute wie das Abwerfen einer großen Last.

Gottlob, es ist herausgesprochen vor Gott und in Gottes Namen. Nun mag die Welt mit uns tun, was sie will! Wir stehen in unseres Herren Hand. Gott ist getreu!

Wie Jugendpfarrer Wilhelm Busch durch Tiefen ging

Was hat man denn von einem Leben mit Gott?

Kein Tag in meinem Leben ist langweilig gewesen!

So begann Wilhelm Busch gerne seinen Lebenslauf. 31 Jahre lang war er Jugendpfarrer in Essen. Seinen sonntäglichen Gottesdienst hielt er zu einer unmöglich frühen Zeit: um 8.30 Uhr. Er tat das mit Rücksicht auf die anderen Gemeinden in der Stadt, denen er keine Konkurrenz machen wollte.

Der Gottesdienst fand im Weigle-Haus statt. Dieses im Zentrum der Stadt gelegene Jugendhaus war nach dem Vorgänger von Wilhelm Busch benannt. Der schlichte Saal war immer überfüllt, die Luft entsprechend. Hunderte junge Leute, viele von ihnen zwischen

14 und 18 Jahren, lauschten still. Busch predigte anschaulich und spannend.

Anschließend trafen sich mehrere hundert Mitarbeiter zur Gebetsgemeinschaft. Sie beteten kniend. Busch konnte sagen: *Wer vor Gott niederkniet, kann vor Menschen gerade stehen.*

Überall in Deutschland und weit darüber hinaus kannte man den originellen Pastor. Er sprühte vor Humor und Energie. Bei einer Evangelisation in einer deutschen Großstadt machte man damit Reklame: *Wilhelm Busch – Nicht der von Max und Moritz, aber genau so einer.*

Über den wichtigsten Abschnitt seines Lebens erzählt der 1897 in Wuppertal-Elberfeld geborene Sohn des später in Frankfurt am Main wirkenden Pfarrers Dr. Wilhelm Busch selbst:

1915! Der Weltkrieg tobte. Ich wurde Soldat und an der Front Leutnant. Schreckliche Ereignisse vor Verdun und Somme. Und in mir sah es noch schrecklicher aus. Fern von Gott lebten meine Kameraden und ich unter der düsteren Herrschaft der drei Götzen Bacchus, Venus und Tod. Das Christentum des Elternhauses war weggeschwemmt von der gottlosen Umgebung.

Dann aber kam der lebendige Gott! An der Leiche eines Freundes redete er schrecklich mit mir. Nun wusste ich: Es gibt eine Hölle – und ich bin auf dem Wege dorthin! Bis ich eine Bibel in die Hand bekam. Und da las ich: ›Jesus Christus ist gekommen in die Welt, die Sünder zu erretten.‹ Da will ich dabei sein! dachte ich. Und nun bin ich dabei.

Er war Evangelist und Prediger aus Leidenschaft. Man konnte ihm überall gespannt zuhören: In überfüllten Kirchen, unter freiem Himmel oder bei Kundgebungen. Immer sprach er klar und meisterhaft anschaulich. Seine Predigt war bildhaft mit vielen packenden persönlichen Erlebnissen. Nie redete er über die Köpfe der Zuhörer hinweg. Immer zielte er direkt und ohne Umwege in das Gewissen der Menschen.

Seine Bücher waren Bestseller und erreichten hohe Auflagenzahlen: Erzählbändchen, Biographien, Andachtsbücher und Predigten. Nach seinem Tod erschien das Andachtsbuch *365 mal Er*. Seine gesammelten Ansprachen unter dem Titel *Jesus unser Schicksal* erreichten bis heute Rekordauflagen in Millionenhöhe und wurden in mehrere Sprachen übersetzt.

Warum hörte man ihm zu? Wilhelm Busch gab selbst darauf die Antwort: *Weil ich eine ernst zu nehmende Botschaft habe. Jawohl, die habe ich.* Sie heißt: ›*So sehr hat Gott die Welt geliebt, dass er seinen einzigen Sohn gab, auf dass alle, die an ihn glauben, nicht verloren werden, sondern das ewige Leben haben.*‹

Ob bei Arbeitern oder Universitätsstudenten, unter Schülern oder Arbeitslosen oder in einem Zirkuszelt: Vor keiner Zuhörerschaft schreckte er zurück, auch wenn er ganz allein stand mit seiner Überzeugung und seiner Botschaft. Und er entdeckte dabei: *Je tiefer man mit dem Evangelium heruntersteigt in die Abgründe der Menschen, desto heller strahlt die Botschaft vom Erbarmen des Herrn Jesus.*

Unvergesslich bleibt die wohl kürzeste Ansprache bei der ersten Großkundgebung der *Bekenntnisbewegung ›Kein anderes Evangelium*‹. Das war 1966 in der riesigen, völlig überfüllten Dortmunder Westfalenhalle. Viele hatten in Sorge um die Verfälschung des biblischen Evangeliums gesprochen. Wilhelm Busch sollte auch noch ein Wort sagen. Er trat ans Pult: *Wenn mich die Verzweiflung an dieser Kirche packt und umtreibt, dann tröstet mich ein Wort der Heiligen Schrift, das unser Herr spricht: Ich will mich meiner Herde selbst annehmen!*

Wilhelm Busch lebte strahlend eine ausgelassene Lebensfreude. Da sagte einmal einer zu ihm, der sich darüber ärgerte: *Ach, Sie haben es gut. Sie haben eine robuste Seelenlage ins Leben mitbekommen.* Busch darauf: *Nein! Aber einen soliden Heiland!*

Es gehörte für ihn zum Schwersten, wie die Nationalsozialisten ihn mehrmals eingesperrt hatten. In seiner Stadt Essen wurde er wie ein Verbrecher gefangen genommen. Nur durch Zellenwände getrennt saß er neben Dieben und Zuhältern, Huren und Gaunern. Die Anfechtung drückte ihn nieder. Kein Trost des Glaubens erreichte ihn. Keine Bibel, keine Schriften waren ihm in der Gefängniszelle erlaubt.

Es war schrecklich da unten. Es war die Hölle!, erzählte Busch später. *Die trübselige Dunkelheit! Und vor allem – der Geist! Man hörte nur ab und zu das Knallen von Eisentüren, das Schimpfen der Beamten oder das Fluchen aus den Nachbarzellen.*

Da schickten ihm Freunde in die Haft ein Bild von Wilhelm Steinhausen: *Der verglimmende Docht.* Wilhelm Busch zerkaute ein Stück Brot und klebte damit das Bild an die dunkle Zellenwand. Und da predigte dieses Bild ihm das Wort Gottes: *Der Herr, dem wir dienen, löscht den glimmenden Docht nicht aus. Der Herr, dem wir dienen, tut mit zerbrochenen Stäben seine Wunder.*

Das hat Wilhelm Busch erfahren. Dieser Herr Jesus steigt herunter in die Tiefen. Wenn wir am Ende sind und nicht mehr weiter wissen, wirkt er auf wunderbare Weise.

In diesen schweren Tagen des Kampfes hatte er es sich in seinem Studierzimmer auf ein Blatt Papier geschrieben: *Du bist teuer erkauft, darum werde nicht der Menschen Knecht!*

Ja, Christen haben einen Trost!, schrieb Busch im Blick auf sein eigenes Leben. *Und doch bleibt der Schmerz.*

Wilhelm Busch hatte als Jugendpfarrer mit unzähligen jungen Männern zu tun. Wie schwer war es für ihn, dass seine eigenen Söhne ihm so früh durch den Tod entrissen wurden. Als er mit einem Freund darüber sprach, dass er nicht darüber hinwegkomme, meinte der: *Wenn man nicht drüber kommt, muss man drunter bleiben.*

Als Wilhelm Busch im herrlichen Frühling 1923 heiratete, sagte er in fröhlichem Übermut zu seiner Frau: *Ich möchte gerne sechs Söhne haben. Und alle sollen Posaune blasen. Das wird herrlich, solch ein eigener Posaunenchor!*

Die junge Familie Busch in Essen hatte schon vier Kinder, als Eberhard geboren wurde. Busch erzählt:

Ich kann nicht beschreiben, wie dies Kind die Freude der Eltern und Geschwister war. Manchmal frage ich mich, ob nur die Erinnerung so stark verklärt? Aber wenn ich an dies Kind denke, ist mir, als sehe ich lauter helle Sonne.

Als wir eines Abends spät zu Bett gingen, nahm meine Frau den kleinen 14 Monate alten Jungen noch einmal aus dem Bettchen. Und da erschrak ich bis ins tiefste Herz, als er, scheinbar schlafend, das Köpfchen auf die Seite fallen ließ. Ich höre es noch – manchmal träume ich davon –, wie meine Frau zuerst lachend, dann immer ängstlicher das Kind anredete: Eberhard, wach doch auf! Komm, lach den Papa an!

Ich schrie auf: Das Kind ist doch tot! Ich riss es meiner Frau aus den Armen und rannte mit ihm los zu dem nahen Krankenhaus. O diese entsetzlichen Augenblicke, als ich mit meinem geliebten toten Kind durch die Nacht lief! Man machte im Krankenhaus Versuche zur Wiederbelebung, vergeblich! Die Ärzte vermuteten eine Drüsenkrankheit als Ursache für den plötzlichen Tod.

Wilhelm Busch arbeitete weiter – wie betäubt. Viele versuchten ihn zu trösten, aber kein Trost konnte in die Tiefen seines Schmerzes hineindringen. Bis Jesus selbst ihn tröstete mit seinem Wort: *Meinen Frieden gebe ich euch!* Das richtete ihn wieder auf. Und er ließ in das Kreuz am Kindergrab einmeißeln: *In des Hirten Arm und Schoß.*

Aber da war noch Wilhelm, sein ältester Sohn. Er konnte so wundervoll Klavier spielen und wollte Musik studieren. Der Vater hatte seine Freude daran, wie sein geliebter Wilhelm in den oberen Klassen des Gymnasiums ganz in den Bibelkreis hineinwuchs. Die Nationalsozialisten hatten damals schon die kirchliche Jugendarbeit verboten. So gingen die jungen Leute heimlich auf Fahrt. Da passierte es. Wilhelm bekam plötzlich Nasenbluten. Es ließ sich nicht mehr stillen. Der Junge musste ins Krankenhaus eingeliefert werden. Dort stellte man fest, dass sein Blut nicht genügend Gerinnungsstoffe hatte.

Trotzdem wurde dieser Sohn in den irrsinnigen Zweiten Weltkrieg eingezogen. Wilhelm Busch erzählt:

Ich sehe das Trüpplein noch vor mir auf dem Bahnhof stehen. Für Russland bestimmt! Es waren doch Kinder, erst 18 Jahre alt! Ich hätte schreien mögen, als ich mein Kind so bleich abmarschieren sah. Was ging diese zarte Künstlerseele der ungerechte Krieg an! Er war in eine erbarmungslose Maschinerie geraten.

Irgendwo in Russland ist er dann verblutet. Verlassen und allein. Nein! Nicht allein! In seiner Brieftasche fand sich ein blutbefleckter Zettel. Darauf stand: Der Herr ist mein Hirte; mir wird nichts mangeln . . . Und ob ich schon wanderte im finstern Tal, fürchte ich kein Unglück; denn du bist bei mir!

Wie kann Gott das zulassen? Das war immer wieder ein Thema in Evangelisationsvorträgen. Wilhelm Busch erzählte dort:

Ich habe in meinem Leben schreckliche Zeiten durchgemacht – in Nazi-Gefängnissen und im Bombenkrieg. Ich erinnere mich an eine besonders grauenvolle Stunde. Mir blieb der Schreckensschrei im Hals stecken, als ich – es war während des Bombenkriegs – auf einen Hof geführt wurde. Um mich her lagen etwa 80 Leichen, die man aus einem verschütteten Bunker gebuddelt hatte. Gewiss, ich hatte ähnlich schreckliche Bilder auf den Schlachtfeldern des Ersten Weltkriegs gesehen. Aber – dies war noch viel furchtbarer. Hier lagen nicht Soldaten. Hier lagen alte Männer, abgearbeitete Frauen und – Kinder; Kinderchen, deren mageren Körperchen man den langen Krieg ansah. Kinder!! Was hatten die mit diesem wahnsinnigen Krieg zu tun!?

Und als ich da zwischen diesen vielen Leichen stand – allein in dem Grauen, allein in der Totenstille –, da habe ich in meinem Herzen geschrien: ›O Gott, wo bist du denn? Warum schweigst du so?‹ Und dann stand vor meiner Seele auf einmal das Wort der Bibel: ›Er hat seines eigenen Sohnes nicht verschont, sondern hat ihn für uns alle dahingegeben. Wie sollte er uns mit ihm nicht alles schenken?!‹ So sagt der Apostel Paulus. Und so ist es: Wenn ich unter dem Kreuz Jesu Frieden mit Gott finde, dann habe ich keine weiteren Fragen mehr.

Wir sollten nicht fragen ›Warum?‹, sondern vielmehr ›Wozu?‹. Und dazu möchte ich Ihnen sagen: Ich glaube, alles Schwere in unserem Leben ist dazu da, dass Gott uns durch Jesus zu sich selber ziehen kann!

Im Juni 1966 war er zu einer Evangelisation auf die Insel Rügen eingeladen worden. Die gehörte damals zur hermetisch abgeschotteten kommunistischen DDR. Wie hatte sich Wilhelm Busch über diese *offene Tür* gefreut! Die nötige Aufenthaltsgenehmigung für Sassnitz hatten ihm die Behörden in der Zeit des *Kalten Krieges* erst jetzt als Ruheständler gewährt. Viele Menschen kamen zu den Abendvorträgen. Am letzten Abend in der überfüllten Kirche sprach Busch über das Thema: *Was hat man denn von einem Leben mit Gott?*

Dort sagte er: *Ich weiß, wenn ich in diesem Leben die Augen schließe, werde ich in der Ewigkeit bei Jesus sein und werde ihn sehen!* Die Chöre sangen auf seinen Wunsch hin das Lied: *Dass Jesus siegt, bleibt ewig ausgemacht!*

Auf der Heimreise nach Essen, unterwegs in Lübeck, starb Wilhelm Busch am 20. Juni 1966 an einem Herzinfarkt. Ein Freund schrieb damals: *Eine blanke Sichel zersprang mitten in der Erntearbeit. Er wollte nicht eine Sichel sein, die in der Ecke an der Scheunenwand verrostet. Er wollte mitten im Dienst zerbrechen. Und Gottes müder Knecht sinkt zwischen die Garben auf die Erde.*

Der geschlagene Johannes Busch wurde Zeuge der Herrlichkeit

Wir haben nicht die Verheißung, dass wir alt werden!

Es geschah auf einer einsamen Straße in der Nacht vom 28. auf den 29. Januar 1956 bei Kochem an der Mosel. Ein betrunkener 20-jähriger Mann, der vom Karneval heimkehrte, rammte mit seinem schweren Mercedes den kleinen VW-Käfer von Johannes Busch. Dieser war schon in der Frühe zu einem Predigtdienst nach Trier aufgebrochen. Sein Fahrer, der seit 30 Jahren unfallfrei chauffierte, war sofort tot.

Zweieinhalb Stunden war der 51-jährige Johannes Busch in der kalten Winternacht im Autowrack eingeklemmt, bis er endlich geborgen und ins Krankenhaus eingeliefert werden konnte. Schwer litt er daran, wochenlang ans Krankenbett gefesselt zu sein. Das zerschmetterte Bein schmerzte fürchterlich. Immer wieder neu kam es zu heftigen Entzündungen und Vereiterungen. Da ordneten Freunde nach Wochen die Überführung in eine Spezialklinik an. Aber auch dort konnte die Amputation des rechten Beins nicht mehr vermieden werden.

Johannes Busch war verzweifelt. *Jetzt bin ich ein Krüppel,* sagte er zu Besuchern. *Ich kann doch jetzt nicht mehr Jugendpfarrer sein. Nie mehr auf einen Berg steigen. Nie mehr wandern.* Da kam ihm das Bibelwort in den Sinn: *Gott hat seines eigenen Sohnes nicht verschont, sondern hat ihn für uns alle dahingegeben. Wie sollte er uns mit ihm nicht alles schenken?*

Busch berichtet weiter: *Da wurde mir die Gabe Gottes in Jesus so groß, dass ich mir selber sagen musste: Gott hat so viel für dich getan. Wie willst du Narr wegen eines lumpigen Beins jammern?*

Trotz der Amputation war aber der Körper schon vergiftet. Das Eitern am Beinstumpf ging weiter. Die Schmerzen wurden völlig unerträglich. In seinen Qualen sagte er: *Die schrecklichen Schmerzen – das ist nur äußerlich. Innerlich bin ich ganz fröhlich!*

Am 14. April 1956 holte Gott den bekannten Evangelisten und Prediger Johannes Busch zu sich heim in seinen Frieden. Viele Tausende, darunter unzählige junge Leute, kamen zur Beerdigung nach Witten. Es wurden nicht viel Worte von Busch gemacht, aber von Jesus wurde gesprochen – gerade jetzt im Angesicht des Todes. Über dem Abschied stand das Wort: *Da wurden die Jünger froh, dass sie den Herrn sahen.* Es war keine Trauerfeier, sondern eine Siegesfeier.

Dafür hatte Johannes Busch sein Leben lang leidenschaftlich gekämpft. Sein Motto war: *Die Sache des Königs eilt, sie muss weitergehen.* Auch damals, mitten im turbulenten Jahr 1933. Hitler hatte die Macht in Deutschland ergriffen.

Die Nazis beanspruchten die totale Herrschaft und griffen auch nach der Kirche. Die evangelische Jugendarbeit sollte sich auflösen. *Schluss mit der Zersplitterung der Jugend!,* hieß es. *Wer sich nicht freiwillig in die Hitler-Jugend einfügen will, den zerbrechen wir.*

Wer sich nicht beugte, wurde öffentlich beschimpft. Gleichzeitig proklamierten die Nationalsozialisten einen von ihnen ernannten *Schirmherrn* der evangelischen Jugend, ohne dass die evangelische Jugend überhaupt gefragt wurde. Der benützte sein Amt auch nur, um wenig später mitzuteilen: *Die evangelische Jugend wird in die Hitler-Jugend eingegliedert!*

Ängstliche Leiter der kirchlichen Jugendwerke rieten jetzt zum Nachgeben und wollten Kompromisse mit den Nationalsozialisten machen. Andere aber leisteten entschlossen und mutig Widerstand, bis die Nationalsozialisten schon bald per Gesetz den evangelischen Verbänden die Jugendarbeit unter 18 Jahren verboten. Das bedeutete das Ende für unzählige Jugendwerke.

In dieser schweren, aussichtslosen Stunde traten auch die letzten übrig gebliebenen Verantwortlichen im CVJM zusammen. Was sollte man jetzt tun? Völlig ratlos betete man. Jetzt musste der Herr den Weg weisen. Und er tat es. Einer nannte den Namen Johannes Busch. Der war damals noch ein wenig bekannter Gemeindepfarrer in Witten, eben von den Nationalsozialisten abgesetzt.

Sollte man den rufen? Der ist ja noch so jung, erst 28 Jahre alt! Würde er das kleine Schiff im wilden Sturm steuern können? Aber dann wagte man es und wählte Johannes Busch für das Amt des Bundeswarts im Westbund des CVJM.

Johannes Busch aber wollte seine Gemeinde jetzt auf keinen Fall im Stich lassen. Darum entschloss er sich, das Gemeindepfarramt und das Amt des CVJM-Bundeswarts miteinander von Witten aus zu versehen. Der Bruderrat der staatlich nicht anerkannten *Bekennenden Kirche* übertrug ihm zusätzlich auch noch das Amt des Landesjugendpfarrers der westfälischen Kirche.

Turbulent wurde der Kampf, als die Staatsmacht der Nationalsozialisten mit allen Mitteln gegen die bekennenden Christen in Witten vorging: Hausdurchsuchungen, Verhöre, Redeverbote, Verhaftungen, Störung von Versammlungen. Das Betreten seiner Kirche war Busch bei Androhung einer Strafe von 1000 Mark untersagt.

Der Bruderrat der Bekennenden Kirche reagierte und bestätigte, dass Busch weiterhin Pfarrer seiner Gemeinde in Witten sei. Sofort mietete Busch den städtischen Saalbau und hielt dort überfüllte Gottesdienste. Als auch die Bibelstunde im Gemeindehaus verboten wurde, richtete er 16 Hausbibelkreise ein.

Busch schrieb einmal: *Gottes Segen kann nicht bei uns sein, wenn wir gemütlich zu Hause bleiben. Unser Heiland wohnt bei denen, die sich mit Freuden in seinen Dienst begeben. Wenn sie schon dabei ihr Leben wagen und Nächte für ihren Herrn unterwegs sind, so hat er so köstliche Stärkungen für sie bereit, dass ich tausendmal lieber bei den Kämpfern Gottes stehen möchte, als dass ich um der eigenen Bequemlichkeit willen die Gaben unseres Herrn entbehren müsste. Welch ein Segen würde unter uns wieder anbrechen, wie würde Jesus selbst an unserem Wege stehen, wenn wir viel mehr für ihn wagen würden!*

So gebt dem Frieden gute Nacht,
weil Gott den Kampf befohlen.
Gott wird euch mitten aus der Schlacht
in seinen Frieden holen.

Auch im CVJM fuhr Johannes Busch als Bundeswart seinen klaren Kurs. Die Nationalsozialisten erlaubten nur *religiöse Betätigung* von jungen Männern über 18 Jahren. Offenbar dachten sie, das sterbe alles von allein ab. Sie konnten nicht ahnen, dass ausgerechnet dieser Zwang zur Beschränkung auf Bibelarbeit die Arbeit der örtlichen CVJM enorm stärkte. Das war möglich, bis der grausame Zweite Weltkrieg ausbrach. Auch Busch wurde eingezogen und konnte sich nach schrecklichen Erlebnissen am Ende nur durch ein Wunder aus dem brennenden Kohlberg in Ostpreußen in die englische Kriegsgefangenschaft retten.

Er erzählte bei einem großen Jugendtreffen 1951 in Berlin, wie das schwere Erleben unfähig zur Bruderschaft machen kann:

Es waren die trübsten Tage meines Lebens. Ich vergesse nicht jenen Sonntag, da wir durch eine Straße zogen – seit acht Tagen hatten wir nichts mehr gegessen. Wir waren so schwach, dass jeder Schritt Überwindung kostete. Ich hatte nur ein kleines Päckchen, konnte es aber schier nicht mehr tragen vor Schwäche. Und da sehe ich einen an der Straße sitzen. Der sah mich an aus Augen, die sehe ich noch in der Nacht, und er sagt: Kamerad, nimm mich doch mit! Und ich konnte doch nicht. Ich konnte doch selber nicht mehr schleppen. In dem Moment hatte ich gemerkt, warum es unter Menschen keine Bruderschaft gibt. Es ist niemand, der keine Bruderschaft wollte, aber wir haben an uns selbst so viel zu schleppen, dass keiner den andern mitnehmen kann. Verstehst du das?

Das Pfarrhaus in Witten war in einem der fürchterlichen Fliegerangriffe zerstört worden. Alles ihm lieb gewordene Inventar, alle Erinnerungen waren ein Raub der Flammen geworden. Der heimkehrende Johannes Busch stand vor einem Trümmerhaufen. Nie hat man ein Wort der Klage darüber gehört.

Im Gegenteil! Voll Freude und Dank holte er seine evakuierte Familie in die Notwohnung. Sieben Personen mussten in zweieinhalb Zimmern hausen. Wo sollte der Prediger sich in der Stille sammeln? In der Küche hing als Wandspruch die Liedzeile: *... In dem rasenden Getümmel schenk uns Glaubensheiterkeit ...* In dieser Küche wurde auch die Konfirmation des ältesten Sohnes gefeiert. Dabei tropfte von der Decke das Regenwasser auf die Gäste.

Die härteste Prüfung für ihn war, als seine Frau Grete, Mutter von sechs Kindern, schon wenige Jahre nach Ende des Krieges 1951 starb. Johannes Busch hielt selbst die Beerdigungspredigt: *Auf diesem Friedhof habe ich vielen Trauernden die Botschaft vom Lebensfürsten gesagt. Vielleicht habt ihr dabei gedacht: An dich ist's noch nicht gekommen, sonst würdest du wohl anders reden. Aber nun – ist's an mich gekommen! Nun habt ihr das Recht zu fragen: Bleibst du bei deiner Botschaft von damals?*

Und dann sagte er nur: *Ich bleibe bei der Botschaft von der Liebe Gottes in Jesus Christus!*

Sein Bruder Wilhelm Busch sagte später von dieser Stunde: *Ein geschlagener Mann wurde zum Zeugen der Herrlichkeit des Evangeliums.*

So bezeugte Johannes Busch in einer Ansprache: *Das ist das Wunder, dass uns auch Stunden tiefen Leides zu großem Segen werden können. Sie helfen uns dazu, dass wir unsere Augen noch viel freudiger dorthin richten, wohin unser Weg gehen soll.*

So tröstete er im Kriegsjahr 1940 Soldaten und ihre Angehörigen:

Ich war noch ein Junge, als mein Vater starb. Ich werde jenen Morgen nicht vergessen. Es war unaussprechlich schwer. Aber in diesen bitteren Stunden habe ich zum ersten Mal in meinem Leben Jesu Siegesmacht wirklich erlebt. Da stand meine Mutter neben dem Bett des Sterbenden. Als die Not des letzten Augenblicks kam, rief meine Mutter mit lauter Stimme: ›Hier hat der Tod keine Macht. Hier hat der Heiland überwunden! Tod, wo ist dein Stachel? Hölle, wo ist dein Sieg?‹ Mitten in dem großen Jammer dieser Minuten ergriff uns die Siegesmacht Jesu, der aus einer dunklen Todesnacht einen seligen Heimgang ins Vaterhaus machen kann.

Welch ein Strom des Leides ist unter uns. Und jeder hat seinen besonderen Kummer zu tragen. Als der Petrus auf dem Meer dem Herrn Jesus entgegeneilte, sah er plötzlich eine große Woge. Da versank er beinahe. Es geht uns allen so. Wie oft wollen die Wellen großer Traurigkeit über uns zusammenschlagen.

Weißt du, was den Petrus gerettet hat? ›Jesus reckte alsbald die Hand aus und ergriff ihn.‹ Jesus steht neben uns. Seine Hände, die den Tod überwunden haben, halten uns, dass wir nicht versinken. Wie mancher Abschied hat uns sehr weh getan, wie manches Grab weckt Heimweh in uns. Aber nun dürfen wir im Glauben darüber schreiben: ›Hier hat der Tod keine Macht, hier hat der Heiland überwunden!‹

Was mag das erst sein, wenn der Tod einmal zu uns selbst kommt. Es ist schon gut, wenn man darauf vorbereitet ist. Er könnte ja schon bald kommen. Sterbensnacht!

Wie muss das sein, wenn gerade in der Stunde, da wir den letzten und schwersten Kampf auszufechten haben, bei dem wir eigentlich mehr Kraft denn je nötig hätten, nun alle Kräfte uns verlassen. Ich weiß nicht, woher wir den Mut nehmen wollen, in diese Stunde hineinzugehen, ohne dass uns Jesu Nähe gewiss ist. Ich glaube, jener Schwabenvater hatte Recht, wenn er so ernst sagte: ›Lieber will ich ein Pferd sein, das man an seinem Karren zu Tode peitscht, oder ein Ochse, den man zum Schlachthaus führt, als ein Mensch, der im Tod keinen Heiland hat!‹

Und in einem Artikel einer Jugendzeitschrift schrieb er: Das ist eine herrliche Sache. Wenn du in einem dunklen Raum ein Licht anzündest, dann geht es gar nicht anders, dann muss rund um dein Licht her die Finsternis aufhören. Noch immer hat das Licht die Finsternis gebrochen. Gott weiß um unsere Finsternis. Er weiß auch, wie dunkel *und einsam es darin ist. Aber Gott hat sich aufgemacht, diese Finsternis zu zerbrechen. Da, wo Jesus in ein Leben kommt, muss es hell werden. Es geht nicht anders.*

Und er betonte vor allem anderen: *Für unser Leben ist nur eines wichtig: dass es ganz fest in der Hand unseres Gottes ruht und von ihm geführt und gestaltet wird.*

Für Johannes Busch gab es keine Dunkelheit, die nicht von Christus und von seinem Kreuz erleuchtet wird. Darum blieb er immer ein fröhlicher Mensch mit einem großen Humor, der nicht kleinzukriegen war.

Gerne erzählte er, wie es in der Familie *seit Generationen Sitte sei, dass bei allen Anlässen zum Abschluss das Lied gesungen wird: Himmelan, nur himmelan soll der Wandel gehn. Da heißt es in einem Vers: Himmelan wallt neben dir alles Volk des Herrn, trägt im Himmelsvorgeschmack hier seine Lasten gern. O schließ dich an!*

Schon als Junge ging mir dieser Vers immer durch und durch. Ich meinte es geradezu spüren zu können, wie nicht nur neben uns, sondern lange voraus ein Zug wandert von Menschen aus allen Ständen und Berufen, die Jesus mit seinem Blut erkauft und erlöst hat und die darum der Herrlichkeit entgegen wandern.

Das bleibt das köstlichste Geheimnis der Gemeinde Jesu. Sie ist nicht eine Tageserscheinung, die schnell kommt und schnell wieder vergehen könnte. Nein, hier bist du in einem langen, langen Zug. Alle waren Lastträger. Alle hatten sie ihre Kämpfe. Aber alle waren so fröhlich, weil sie einen Heiland gefunden hatten. Der Zug der Väter ist tapfer vorangegangen. Jetzt sind wir dran. Redet mit der Wolke von Zeugen, damit wir nur ja nicht den Anschluss verpassen.

28 Jahre lag der Sportler Adolf Storz gelähmt im Bett

»Die Menschen wissen gar nicht, wie herrlich Gott ist!«

Es war an einem Sonntagmorgen im Frühling des Jahres 1928. Der lebenslustige 28-jährige Adolf Storz verunglückte schwer mit seinem Motorrad. Beim Anfahren an einer Straßenkreuzung blockierte die Lenkung. Das Motorrad schleuderte in großem Bogen nach links in den Straßengraben. Mit voller Wucht traf ihn die Maschine, direkt im Kreuz.

Dieses schon ältere Motorrad hatte er erst wenige Wochen vorher billig von einem Freund gekauft. Wegen eines Defekts an der Lenkstange war es ziemlich schwierig zu fahren.

45 Minuten lag Adolf Storz unter dem Motorrad im Straßengraben, bis er von einem Passanten gefunden wurde. Die Halswirbelsäule war verletzt. Im Krankenhaus war sein Zustand zuerst so kritisch, dass man dachte, er werde den Unfall nicht überleben. Zwölf Wochen später aber wurde er als unheilbarer Pflegefall nach Hause entlassen. Der Befund war niederschmetternd: *Querschnittsgelähmt!*

Jetzt begann für seine treue Ehefrau Marta die schwerste Zeit. Seit vier Jahren erst waren sie verheiratet und hatten eine kleine Tochter. Wie sollte sich der sportliche und immer Umtrieb gewohnte junge Mann plötzlich mit seinem Zustand abfinden können? Oft warf er in wildem Zorn, was er gerade zu fassen bekam, gegen die Wand. Immer wieder verlangte er von seiner Frau einen Revolver, um dem qualvollen, sinnlosen Leiden ein Ende zu machen. Sollte das sein Leben sein?

Adolf Storz war in seinem Heimatort Kemnat auf den Fildern bei Stuttgart ein begeisterter, erfolgreicher Sportler gewesen. Ob beim Radrennen, Kegeln oder Turnen – überall hatte er Preise gewonnen. Er war bei Jung und Alt beliebt. Auch in seinem Beruf als Gipser war er anerkannt und als Kumpel geschätzt. Jetzt aber, als er leidend daheim im Bett lag, wurde es still um ihn. Seine früheren Freunde vergaßen ihn bald.

Da veränderte etwa ein Jahr nach dem schlimmen Unfall ein Krankenbesuch das Leben von Adolf Storz und seiner Frau völlig. In ihrem Heimatort hielt der Gemeinschaftsprediger Lauxmann eine Evangelisation und suchte auch die junge, schwer geprüfte Familie Storz auf. Was dabei gesprochen wurde, wissen wir nicht. Es kam aber bei Adolf Storz und seiner Frau Marta an diesem Tag zu einer radikalen Bekehrung.

Was da geschah, bleibt Gottes Geheimnis. Als junger Mann hatte Adolf Storz oft vor seinen Freunden aufgetrumpft, er brauche Gott nicht. Auch als er einmal beim Turnen am Reck schwer verunglückt war, ärgerte er sich nur über den Besuch seines Heimatpfarrers. Er hätte ihm am liebsten seinen vollen Rasierpinsel ins Gesicht geworfen, erzählte er später.

Um so unglaublicher war jetzt die Wendung im Leben von Adolf Storz. Er erkannte ganz persönlich, wie groß Gott zu ihm ist – auch in seinem Gericht. Später nannte er immer wieder das Wort aus Jesaja 48, 10: *Ich habe dich geprüft im Glutofen des Elends.* Seit dieser Stunde nahm der schwer leidende junge Mann sein Schicksal aus der Hand Gottes an. Jesus Christus war sein Herr und Heiland geworden. Er konnte später sagen: *Ich habe offenbar die harte Schule gebraucht, um nicht verloren zu gehen.* Dabei war das Leiden unvorstellbar schwer. Die Schmerzen waren unerträglich. Oft war er von Schüttelfrost geplagt. Nur Kopf und Arme konnte er allmählich wieder bewegen. 28 Jahre lag er nur auf dem Rücken, unfähig, sich auch nur aufzurichten oder aus eigener Kraft auf die Seite drehen zu können.

Als nächsten Schritt nach seiner Bekehrung bat er seine Frau, Werkzeuge, die ihm nicht gehörten und die er einst bei anderen hatte mitlaufen lassen, zurückzubringen. Das waren schwere Gänge, die der jungen Frau nicht leicht wurden. Um so erleichterter aber wurde Adolf Storz.

Durch den Unfall war die junge Familie über Nacht arm geworden. Eine Rente gab es damals noch nicht. Die Medikamente waren teuer. Und die Krankenkasse hatte ihn ausgesteuert.

Um sich etwas Geld zu verdienen, gestaltete Adolf Storz Spruchkarten mit bunten Umrahmungen und Bildchen. Freunde aus dem CVJM verkauften sie im Ort für ein paar Pfennige.

Oft beschäftigte sich Adolf Storz mit der Frage: *Was ist des Lebens Sinn?* Später schrieb er in seinem Abschiedsbrief an seine Frau, dass er in aller seiner Not und Bedrängnis einen unvergleichlichen göttlichen Trost empfangen habe. Damit hätte er andere in ihrer schweren Trübsal trösten dürfen.

Adolf Storz freute sich auf die Ewigkeit, wenn er endlich von seinem schweren Siechtum erlöst sein würde. Erst wenn unser Leben zerbrochen ist, kann Gott es erneuern. Schon früh legte er das Wort aus 2. Korinther 5, 1 für seine Beerdigung fest: *Denn wir wissen: wenn unser irdisches Haus, diese Hütte, abgebrochen wird, so haben wir einen Bau, von Gott erbaut, ein Haus, nicht mit Händen gemacht, das ewig ist im Himmel.*

Zu seinen Freunden konnte er sagen: *Wenn ich tot bin, sollt ihr ein Halleluja rufen, dass es die ganze Welt hört!*

So kam es, dass immer mehr Besucher aus der Gemeinschaft, dem CVJM und auch aus der benachbarten Kirchengemeinde sich bei ihm einfanden. Er wartete darauf, dass sie mit ihm sangen und beteten und auf Gottes Wort hörten. Oft legte Adolf Storz selbst Bibelabschnitte aus oder sprach über den Sinn des Leidens: *Denkt an die Ewigkeit! Sonst seid ihr bei allem Glück und aller Gesundheit die Allerärmsten.* Immer wieder betonte er: *Wenn Gottes Wort nicht mein Trost gewesen wäre, so wäre ich vergangen in meinem Elend!*

Wie vielen hat es geholfen, wenn er so klar sagte, man dürfe nicht nach dem *Warum* des Leidens fragen, sondern nur: *Wozu kann dies mir nützen?*

So sind es unzählige Menschen, die noch Jahrzehnte nach dem Tod von Adolf Storz bekennen, sie hätten durch ihn zum Glauben an Jesus Christus gefunden. Und viele kamen aus Krisen und Anfechtungen mit seiner Hilfe wieder zur festen Gewissheit.

Als Kranker lernte Adolf Storz das Geigenspiel. Am liebsten aber sang er oder spielte auch auf der Trompete die vielen Lieder des Glaubens, besonders die Dank- und Loblieder. Er sagte einmal: *Ich wollte jedem mit meiner Trompete ins Ohr und Herz hineinblasen – Gott ist groß!* Und dann fügte er hinzu: *Ach, wenn es doch alle Menschen wüssten, wie herrlich Christus ist!*

Als einmal ein bekannter Heilungsevangelist ihn »gesundbeten« wollte, lehnte Adolf Storz dies ab. Er hatte große Sorge, dass er dann wieder in sein altes *Lumpenleben*, wie er es nannte, hineinrutschen könnte. Und das wollte er nicht.

28 Jahre lag Adolf Storz unter schweren Schmerzen krank. Genauso lange – 28 Jahre – war sein Leben vor dem Unfall gewesen. Nun war der Rücken wund gelegen. Die Organe wurden immer schwächer. Der Körper eiterte und blutete. Oft waren die Schmerzen so stark, dass er kaum mehr reden und nichts mehr hören konnte.

In dieser letzten großen Schwachheit wollte er nur noch seine Frau bei sich haben, die ihm Worte aus der Bibel las, die er für diese Abschiedsstunden notiert hatte. Kurz vor dem Sterben am 14. August 1956 sagte er zu ihr: *Freu dich doch mit mir, der Heiland holt mich ab!*

Bei seiner Beerdigung sprach es einer aus: *Sein langes Leiden war nicht sinnlos. Adolf Storz hat mehr für Gottes Reich wirken dürfen als mancher Gesunde. In der Ewigkeit wird sich erst erweisen, wie gesegnet und fruchtbar sein Leben gewesen ist, das viele für unwert und sinnlos angesehen haben.*

**Christa von Viebahn –
In den letzten 17 Jahren völlig erblindet**

Gott nimmt mir das Gute, um mir das Beste zu geben!

Wenn der Herr uns in seinem Dienst haben will, müssen wir viele Tode sterben und viele unerwartete Prüfungen, Schmerzen und Ängste durchmachen. Das hat mich aber dem Herrn näher gebracht.

Dies schrieb Christa von Viebahn, die 1915 in Stuttgart eine weit gespannte missionarische und seelsorgerische Arbeit unter Frauen begonnen hatte. Mit unzähligen Besuchen ging man vor allem berufstätigen Frauen nach und lud sie zu evangelistischen Veranstaltungen und Bibelstunden ein.

54 Jahre alt war Christa von Viebahn geworden, bis ihr größter Lebenswunsch erfüllt wurde. In dem Dorf Aidlingen zwischen

Stuttgart und Herrenberg konnte am 13. November 1927 das neuge-
baute Haus am Sonnenberg als Mutterhaus eingeweiht werden. Das
war gleichzeitig der Beginn der Aidlinger Schwesternschaft.

Neue Dienste wurden in Angriff genommen. Die zweijährige
Bibelschule entstand in Aidlingen. Auf dem großen Rummelplatz
des Cannstatter Wasens wurde beim Volksfest eine Bude aufgestellt
mit dem Schild *Der größte Schatz der Welt*. Aber auch auf dem Weih-
nachtsmarkt bot man christliche Schriften an und lud zu Jesus ein.
Eine Fülle von Freizeiten wurden veranstaltet, dazu das große jähr-
liche Pfingstjugendtreffen.

Mitten in diesen wachsenden Aktivitäten hatte Christa von
Viebahn Probleme mit ihrem Augenlicht. Der Arzt diagnostizierte
1933 eine Nervenentzündung. Dann verschlimmerte sich alles. Starke
Schmerzen kamen dazu.

Schon 1936 war Christa von Viebahn fast erblindet. *Es ist wie
eine graue Wand vor meinen Augen*, schrieb die leidende Oberin. *Ich
möchte sie wegschieben. Der Herr wird es tun in der Herrlichkeit.*

Diese Behinderung traf Mutter Christa, wie sie sich als Oberin
gern nennen ließ, ganz besonders hart. Seit 1915 schrieb sie den *Bibellesezettel*, den ihr Vater General Georg von Viebahn begonnen hatte.
Mit seiner gründlichen Bibelauslegung im Gesamtzusammenhang
der Heiligen Schrift wurde die Handreichung zur Bibellese Christa
von Viebahns Lebenswerk, das viele Zehntausende von Lesern regel-
mäßig benützten. Wie sollte sie jetzt aber als Blinde diese wichtige
Arbeit weiterführen können? Wie sollte sie schriftstellerisch arbeiten,
wenn sie selbst gar nicht mehr lesen konnte?

Auf einen teilnehmenden Brief antwortete sie: *Du meinst, ob
ich nicht sehr das eigene Lesen vermissen muss bei meiner Blindheit? Das
ist allerdings der Fall, und es ist mir oft ein Schmerz, dass ich nicht selbst
die Bücher lesen kann, die ich so nötig lesen sollte bei meiner Arbeit.
Doch da es ja der Herr ist, der mir die Blindheit auferlegt, so hat er mein
Herz immer wieder still gemacht, und ich muss mich begnügen mit dem,
was ich mir vorlesen lassen kann.*

Christa von Viebahn war jetzt froh, von früher Jugend an in der
Heiligen Schrift geforscht und studiert zu haben. Von 1938 bis zum
Beginn des Jahres 1955 führte sie ohne Augenlicht die Arbeit am

Bibellesezettel weiter. Und sie tat es ohne Murren. Sie konnte sagen: *Heute habe ich wieder gar nicht daran gedacht, dass ich blind bin.* Andere sagten: *Sie macht uns Mut, unsere eigenen Leiden freudig zu ertragen.*

Ihr Gedächtnis blieb frisch. So konnte sie Ansprachen lebendig, fließend und ohne Unterbrechung halten. *Lieber blind sein als nicht hören!,* konnte Christa von Viebahn sagen. Das Hören war ihr in ihrem weit gespannten Seelsorgedienst so wichtig.

Dann kam der Kampf der Nationalsozialisten gegen alle evangelistischen Aktionen. Die Schriftenmission wurde verboten. Für den Bibellesezettel wurde kein Papier mehr genehmigt. Kleinere Stückzahlen wurden aber vervielfältigt und in der Schweiz gedruckte Exemplare heimlich verteilt.

Während des Kriegs hatte man in der Stuttgarter Station der Aidlinger Schwestern in der Danneckerstraße kein Auto mehr. So musste man die blinde Christa von Viebahn zu Fuß zu den Bibelstunden führen.

Ende Juli 1944 wurde in den schwersten Luftangriffen auf Stuttgart der größte Teil der Innenstadt verwüstet und zerstört. In der ersten Nacht war das Haus der Aidlinger Station noch nicht getroffen, aber die Wasserversorgung fiel aus. Wegen einer in der Nähe des Hauses liegenden Bombe mit Zeitzünder mussten alle Anwohner ihre Häuser verlassen. Das fiel ihnen sehr schwer. In der nächsten Nacht aber wurde der Bombenterror noch furchtbarer. Christa von Viebahn saß mit einigen Schwestern im Keller von Freunden. In einem Rundbrief an ihre Schwestern schrieb sie: *Betend haben wir beide nächtlichen Angriffe zugebracht. Es schien mir das Einzige, was uns schützend und getrost hindurchbringen konnte, wenn wir laut zum Herrn riefen, und er hat uns gnädig am Leben erhalten.*

Es waren dann Brandbomben, die das ganze Haus in der Danneckerstraße zerstörten. In dem Bericht von Christa von Viebahn heißt es: *Wir fanden vor dem Haus ein so genanntes Leitwerk. Das ist ein bauchiger Blechbehälter, an welchem sechs Brandbomben hängen mit Benzin-Benzol-Mischung, die sich im geeigneten Augenblick entzünden und große Brände verursachen. Und nun verstanden wir, warum unser Haus so furchtbar schnell heruntergebrannt war.*

Man konnte gar nichts tun und stand machtlos da. Auch die Nachbarhäuser brannten alle nieder. Was das für unsere Herzen bedeutet, könnt ihr ja verstehen, schreibt Christa von Viebahn. *Doch wir sprechen: Der Herr hat's gegeben, der Herr hat's genommen; der Name des Herrn sei gelobt! Gerade in diesem Frühjahr sind es 15 Jahre gewesen, dass wir die schöne Stätte für den Dienst des Herrn in Gebrauch haben durften, und wie viel Gnade und Frieden hat der Herr in den 15 Jahren für zahllose Menschen geschenkt!*

Wie sie damit fertig würde, fragte man Christa von Viebahn. Ob ihr Vertrauen in Gott nicht enttäuscht sei, wenn er sie davor nicht bewahrt hätte? Da antwortete sie: *Ich kann nicht anders als Gott vertrauen. Er nimmt mir das Gute, um das Beste zu geben.*

Schwer fiel Christa von Viebahn vor allem der Verlust vieler seltener, teils englischer Bibelkommentare, die nie mehr zu beschaffen waren. Aber auch andere Hilfsmittel, die für den Dienst unentbehrlich waren, wurden vernichtet. Da sagte sie: *Der Herr weiß es besser, und er wird uns weiterhin freundlich geben, was irgend wir bedürfen!*

Erstaunt lasen die Schwestern in der Hausandacht des nächsten Tages, wo sie gerade in der fortlaufenden Bibellese an Hebräer 13, 5 - 6 kamen: *Seid zufrieden mit dem, was ihr gerade habt. Denn der Herr hat gesagt: Ich will meine Hand nicht von dir abtun und dich nie im Stich lassen! Also dürfen wir kühn und zuversichtlich sprechen: Der Herr ist mein Helfer, darum will ich mich nicht fürchten; was können mir Menschen tun?*

Mitten im furchtbaren Zusammenbruch am Kriegsende 1945 führte die blinde Christa von Viebahn die Schwestern in neue Dienste und Aufgaben. Trostlos war das Elend der hungernden und verzweifelten Flüchtlinge in den Lagern. In alten Bunkern, die einst für den Luftschutz errichtet waren, ohne Licht und Luft, hausten Unzählige in kümmerlichen Verhältnissen. Überall waren die Schwestern im Einsatz, bis hin zur Mitternachtsmission.

Neu entstand der Verlag in Döffingen, der bald den Bibellesezettel wieder herausbrachte. Es war ein schwieriges Unternehmen, weil Papier so knapp war. Für zwei Zentner Altpapier bekam man endlich den Genehmigungsschein für einen Zentner Druckpapier.

Es folgte 1946 die Übernahme der Krankenpflege im Krankenhaus in Lauffen und dann im Kreiskrankenhaus in Kirchheim/Teck. Dort entstand auch die Krankenpflegeschule. In Aidlingen lief seit 1945 die Haushaltungsschule wieder. Das abgebrannte Versammlungshaus in Stuttgart konnte 1948 wieder aufgebaut werden. Das ganze Jahr über wurden vielfältige Freizeiten angeboten. Jetzt wuchs das große Werk in die Weite. Schwestern wurden auf andere Kontinente in den Missionsdienst entsandt.

Doch die Kraft von Mutter Christa war gebrochen. Seit Januar 1948 ging sie durch schwere Krankheitsnöte. *Sie trug ihre Leiden in großer innerer Stärke und freudiger Glaubenskraft,* hieß es später in der Todesanzeige. Der Arzt gab ihr 1948 nur noch wenige Wochen. Daraus sollten sieben arbeitsreiche Jahre werden. *Mein Sanatorium ist im Himmel,* sagte Christa von Viebahn. *Ich bin zur Arbeit geboren.*

Soweit ihre Kraft nur reichte, half sie bei Bibelstunden und Freizeiten. Sie schrieb unzählige Briefe und vor allem bis kurz vor ihrem Heimgang den Bibellesezettel.

Am 2. Januar 1955 schloss Mutter Christa ihre blinden Augen, um sie in der Herrlichkeit aufzutun, wo wir Jesus sehen werden, wie er ist, schreibt Hans Brandenburg in seiner Lebensbeschreibung über Christa von Viebahn. Genau vor 40 Jahren hatte sie mit ihrem evangelistischen und seelsorgerischen Dienst in Stuttgart begonnen.

Über der Todesanzeige der 81-Jährigen stand das Wort: *Mit welch unaussprechlich herrlicher Freude werdet ihr aber jubeln, wenn ihr Jesus seht und damit das Ziel eures Glaubens erreicht haben werdet! (1. Petrus 1,8-9)*

Gefoltert in der Bunkerzelle im KZ Buchenwald – Paul Schneider

Unter dem Kreuz – der schönste und beste Weg auf Erden

Die 20 000 Häftlinge des KZ Buchenwald waren am 1. Mai 1938 in langen Reihen zum Appell angetreten. Tiefes Schweigen. Dann das Kommando: *Mützen ab!* Am Turm des Eingangstores war eine Hakenkreuzfahne gehisst. Paul Schneider stand in den ersten Reihen, als Einziger mit bedecktem Kopf, vor der Fahne. Nein! Dieses antichristliche Symbol zu grüßen, lehnte er als Götzendienst ab. Schon griffen ihn die Wärter mit harter Hand. Man zerrte ihn in den berüchtigten Bunker. Er wurde geschlagen und gefoltert. Tagelang bekam er nichts zu essen. Oft war die gefürchtete Arrestzelle tagelang völlig abgedunkelt und ohne Schlafmöglichkeit. Aus den Nachbarzellen hörte man die gellenden Schreie der Gequälten. 13 Monate lang dauerte diese Sonderhaft für Paul Schneider, den Pfarrer von Dickenschied. Jeden Morgen betete er laut für seine Mitgefangenen und hielt ihnen eine Morgenandacht, ungeachtet der Prügel und der Verlängerung der schweren Haft.

Ein Mithäftling erzählte später, wie er selbst damals ohne Hoffnung und am Leben verzweifelt mit den anderen Häftlingen auf dem Appellplatz stand. Er habe nur auf den elektrischen Zaun gestarrt: dort hineinrennen und Schluss machen mit all dem Elend! Da tönte es plötzlich laut und vernehmbar aus der schrecklichen Bunkerzelle heraus: *Jesus Christus spricht: Ich bin das Licht der Welt. Wer mir nachfolgt, wird nicht wandeln in der Finsternis!*

Weiter kam Paul Schneider nicht. Die Wärter hatten ihn mit brutalen Schlägen zum Schweigen gebracht. Der das berichtete, erzählte weiter, dass dieser Ruf ihm das Leben rettete. Hier habe er erkannt, dass selbst in dem schlimmsten Grauen Jesus da ist.

Nach Monaten schwerer Qualen durch rohe Gewalt war Paul Schneider am ganzen Körper krank. Das konnte ihn aber nicht davon abhalten, sich am Ostermorgen mit letzter Kraft am Zellenfenster hochzuziehen und zu den angetretenen Häftlingen hinauszurufen: *So spricht der Herr: Ich bin die Auferstehung und das Leben!* Weiter kam er nicht mehr. Wieder schlugen ihn die Wärter brutal zusammen.

Am 18. Juli 1939 war Paul Schneider tot. Er war nur 41 Jahre alt geworden. Mit einer Überdosis Strophantin hatte man ihn endgültig zum Schweigen gebracht.

Schon 1933 war er als Gemeindepfarrer in Konflikte mit den herrschenden Nationalsozialisten gekommen. Er schrieb damals: *Ich glaube nicht, dass unsere evangelische Kirche um eine Auseinandersetzung mit dem NS-Staat herumkommen wird, dass es nicht einmal geraten ist, sie noch länger aufzuschieben.*

1934 wurde Paul Schneider in den Hunsrück nach Dickenschied versetzt, einer Gemeinde in der Diaspora. Anders als in der vorigen Gemeinde stand hier das Presbyterium mit den Kirchenältesten im Kirchenkampf voll hinter ihrem Pfarrer.

Bei der Beerdigung eines Jungen aus der Hitlerjugend kam es dort zum ersten Zusammenstoß. Die Nationalsozialisten hatten ihre Uniformierten als Spalier aufgeboten. Dazu viel Musik und Fahnen. Beim Nachruf am Grab sprach ein SA-Kreisleiter davon, *der Verstorbene sei in den himmlischen Sturm von Horst Wessel versetzt*, eine einem der ersten verstorbenen nationalsozialistischen Führer zugedachten Elitetruppe. Bevor Pfarrer Schneider den Segen sprach, sagte er nur: *Ich weiß nicht, ob es in der Ewigkeit einen Sturm von Horst Wessel gibt.* Nun trat der NS-Kreisleiter noch einmal ans Grab und sagte fest: *Kamerad, du bist tatsächlich in den Sturm Horst Wessels heimgegangen.*

Paul Schneider wurde danach eine Woche in so genannte Schutzhaft genommen. Auf den schriftlichen Verweis aus Berlin, sich künftig »staatsfeindlicher Äußerungen« zu enthalten, antwortete er so: *Ich kann nicht versprechen, mich in Zukunft ähnlicher ›staatsfeindlicher Äußerungen‹ zu enthalten, wenn es die Pflicht meines Amtes und christlichen Bekennens mir gebietet.* Schneiders Gewissen war gefangen in Gottes Wort.

Die wachsenden Spannungen kamen für Paul Schneider nicht überraschend. Er schrieb Mitte 1934: *Wir müssen es wissen, dass die Kirche mit dem Spannungsverhältnis zur Welt recht eigentlich in ihren Normalzustand zurückkehrt. Der Herr aber mache uns, seine kleine Herde, bereit für die Entscheidungsstunde, da es gilt, seinen Namen nicht zu verleugnen.*

Schon im darauf folgenden Winter wurde er zwölf Mal bei der Geheimen Staatspolizei angezeigt. Am Palmsonntag 1936 sollten die Kirchen zum Wahltag die Fahnen hissen und Glocken läuten. Paul Schneider protestierte im Gottesdienst dagegen, dass damit die Außenpolitik Hitlers gebilligt und ein Ja zur Weltanschauungspolitik des Nationalsozialismus gesprochen werden sollte. *Deutschlands Schicksal entscheide sich nicht an den Truppen am Rhein, sondern an der Stellung des deutschen Volkes zum Wort Gottes.*

Unbeirrt bezog Paul Schneider Stellung. So im Januar 1937 gegen das Verständnis von Weihnachten als einem *germanischen Ahnenerbe*: *Wir wollen christliche Erziehung. Wir müssen christlich groß schreiben, denn es kommt von Christus selbst, und kein Geringerer will Gestalt gewinnen in den Herzen unserer Kinder. Auch das Evangelium erhebt einen Totalitätsanspruch, und nicht erst seit gestern!*

Als Pfarrer Schneider dann im Einvernehmen mit dem Presbyterium in Ausübung biblischer Gemeindezucht einen NS-Parteimann vom Abendmahl ausschloss, hatte man endlich einen Grund zur Verhaftung. In seiner letzten Predigt in Dickenschied sprach er vom Passionsweg: *Täusche dich nicht: Auch du kannst an Jesu Herrlichkeit und Sieg nicht anders Anteil haben, als indem du das heilige Kreuz um Jesu willen auf dich nimmst und mit ihm den Leidens- und Sterbensweg gehst.*

Und weiter: Freut euch, dass ihr mit Christus leidet, auf dass ihr auch zur Zeit der Offenbarung seiner Herrlichkeit Freude und Wonne haben mögt!

Am Schluss der Predigt fragte Schneider: *Ist die Kreuzesnachfolge nicht am Ende der schönste und beste Weg durch dieses Erdenleben?*

Am 31. Mai 1937 wurde der Vater von sechs Kindern in seinem Arbeitszimmer festgenommen. Ende Juli wurde er zwar wieder entlassen, gleichzeitig aber aus seiner Pfarrgemeinde ausgewiesen.

Paul Schneider beugte sich nicht. Er kündigte den staatlichen Stellen seinen Ungehorsam um Gottes willen an. Für ihn besaß der Staat kein Recht, sich in die Gemeinde einzumischen. Und die ganze Gemeinde mit dem Presbyterium stand geschlossen hinter ihm.

So machte er sich im Oktober auf den Weg, um trotz des Verbotes in seiner Gemeinde zum Erntedankfest zu predigen. Doch bevor er die Kirche erreichte, wurde er wieder verhaftet. Aus dem Gefängnis der Geheimen Staatspolizei in Koblenz wurde er am Samstag vor dem 1. Advent 1937 ins KZ Buchenwald bei Weimar verschleppt.

**Wie Fürstin Sophie von Lieven als Flüchtling
völlig verarmte**

Gott kann über meinen Besitz verfügen, wie er will

In den mondänen Salons in der russischen Hauptstadt Petersburg fanden im Winter 1874 merkwürdige Versammlungen statt. Sie unterschieden sich völlig vom sonst üblichen Theater, den Bällen und höfischen Einladungen. Da saß die feine Gesellschaft der reichen Aristokraten beim festlichen Dinner. Die Unterhaltung bei Tisch aber drehte sich nur um das Wort Gottes.

Ein hoher Gast aus England wurde in diesen Tagen gern in die russischen Adelskreise eingeladen. Sein Name war Granville Augustus William Lord Radstock. Die russische Generalsfrau von Tschertkoff hatte den Laienprediger in Paris gehört, als sie ganz verzweifelt über dem Tod ihrer beiden Söhne war. Durch Lord Radstocks Auslegung des Evangeliums fand sie Trost und wurde über dem schweren Erleben eine mutig bekennende Christin. Sie überredete den zurückhaltenden und äußerst bescheidenen Lord, auch in Petersburg zu ihren Freunden und Verwandten zu sprechen.

Dem kränklichen Lord Radstock fiel die weite Reise nicht leicht. Und gerade während er in Petersburg war, erhielt er die Nachricht, dass seine geliebte Mutter im Sterben lag. Doch für Lord Radstock gab es kein Zurück mehr, auch nicht, als sein Schwager starb. Sechs Monate blieb er in Petersburg. Es trieb ihn, diesen aristokratischen Kreisen das Evangelium weiterzusagen.

20 Jahre zuvor, während des Krimkrieges, war Lord Radstock am Rand des Todes gestanden. Dieses Erleben führte ihn zur Glaubenshingabe an Jesus Christus. Sein Leben wollte er von nun an ganz in den Dienst am Evangelium stellen.

Zehn Jahre lang bat er Gott um eine offene Tür nach Russland. Aber dort herrschte 30 Jahre lang Zar Nikolaus I., der rigoros alles geistliche Leben außerhalb der orthodoxen Staatskirche bekämpfte.

Unter ihm wurde etwa die russische Bibelgesellschaft und die Arbeit der Basler Mission in Russland verboten. Jetzt aber stand plötzlich durch die Einladung aus Petersburger Adelskreisen die Tür nach Russland hinein offen.

In den fürstlichen Salons lauschten die hochgestellten Herrschaften den Worten dieses ganz einfach und direkt sprechenden Lords, der gar kein mitreißender Redner war. Oft zwei- oder dreimal täglich ergriff er vor geladenen Gästen das Wort. Nach dem russischen Gesetz durfte er nicht öffentlich über das Evangelium reden, noch weniger als Laie von der Kanzel herab. Seine ehrliche Aufrichtigkeit aber, wie er tief und überzeugt dem Wort Gottes völlig vertraute, ließ aufhorchen.

Lord Radstock gehörte den *Offenen Brüdern* an, die sich nach der biblischen Gemeindeordnung der ersten Christen organisieren. Manchen, die aus der Tradition der orthodoxen Kirche kamen, mag Radstock mit seiner direkten Art zunächst vor den Kopf gestoßen haben. So etwa, wenn der englische Lord in der Gesellschaft plötzlich vorschlug, im Salon zum Beten niederzuknien. Nicht wenige aus den vornehmen Adelskreisen haben sich aber gerade dann, während Radstock betete, bekehrt. Sie erkannten, als Lord Radstock sprach, dass sie solch eine persönliche Glaubensbeziehung zu Jesus Christus brauchten.

Unter diesen Bekehrten war der Oberst eines Garde-Kavallerie-Regiments, Wassilij Paschkow, ein vornehmer, steinreicher Mann, dem große Ländereien und ein Kupferbergwerk im Ural gehörten. Er hatte es bis zum Flügeladjutant des russischen Kaisers gebracht.

Solch ein Mann von Welt hätte nie die Salonabende mit Lord Radstock besucht, wenn nicht seine Frau einen Trick angewendet hätte. Sie lud Radstock in ihr Haus zum Dinner ein. Jetzt musste Oberst Paschkow als höflicher und gastfreundlicher Hausherr ihn auch empfangen. Bei Tisch wurde über Gottes Wort geredet und der Gast aus England erzählte aus seinem Leben.

Als Radstock dann vorschlug, kniend zu beten, berührte es Paschkow tief. Sein ganzes Leben wollte er von nun an Gott zum Dienst zur Verfügung stellen. Er, der bisher nur flott lebte und allein seiner Lust folgte, war plötzlich völlig verändert. Demütig und bescheiden besuchte er die Kranken in den öffentlichen Hospitälern, kümmerte sich um Inhaftierte in den Gefängnissen und half unzähligen Armen mit seiner großzügigen Liebe.

Paschkow

Großes Aufsehen erregten auch die Bekehrungen von Graf Modest Korff, dem einflussreichen Hofmarschall und Zeremonienmeister am Zarenhof, und Graf Bobrinskij, dem Verkehrsminister der russischen Regierung. Beide gehörten sehr bedeutenden russischen Adelsfamilien an. Von den vornehmen Frauen Petersburgs waren es neben Fürstin Galitzin zunächst die beiden Schwestern, die Fürstinnen Wera Gagarin und Natalie Lieven, die bekennende Christen wurden. Natalie Lieven war die Witwe des Oberzeremonienmeisters bei Zar Alexander II., dem Großvater des letzten Zaren.

Fürstin Lieven, aus einem der ältesten Adelsgeschlechter des Baltenlandes stammend, stellte ihr riesiges herrschaftliches Palais sofort der Evangeliumsbewegung zur Verfügung. Als Besucher sich

einmal über den Stallgeruch in dem großen Saal mit den Malachit-
säulen wunderten, sagte Fürstin Lieven: *Hier war vor kurzem eine
Gebetsversammlung, an der alle unsere Kutscher teilnahmen. Mein
Haus gehört meinem Heiland. Ich bin nur seine Hausverwalterin.*

Auch als Oberst Paschkow zum lebendigen Glauben kam, öffnete er sein schlossähnliches Haus mit den großen Sälen für Bibelversammlungen mit Hunderten von Zuhörern aus allen Ständen und
gesellschaftlichen Gruppen. Das war ungewöhnlich für Petersburg,
dass ganz gewöhnliche Leute, die doch keine Priester waren, so tref-
fend das Evangelium auslegten. Auch kümmerten sich diese Christen liebevoll um frierende Droschkenkutscher im Winter, öffneten
ein Speiselokal für sozial Schwache, richteten Nähstuben ein und
machten unzählige Hausbesuche bei Notleidenden.

In einer Petersburger Zeitung wurde über die Versammlungen
gespottet: *Eigenartige Gottesdienste finden im Haus der Fürstin Lieven
statt! Da steht ein alter Engländer, spricht mit viel Feuer auf Englisch, und ein älteres Fräulein übersetzt ihn Satz für Satz ins Russische.
Vor ihnen sitzen nebeneinander eine Fürstin, dann ein Kutscher, weiter
eine Gräfin und neben ihr ein Hausmeister, ein Student, ein Stubenmäd-
chen, ein Baron, ein Fabrikarbeiter ... Alle hören sehr aufmerksam zu,
und dann knien alle zum Gebet nieder, jeder seinem Stuhl zugewandt.*

Fürstin Sophie Lieven, eine der Töchter von Fürstin Natalie
Lieven, schrieb später nach der kommunistischen Revolution in
Russland: *Was soziale und politische Anstrengungen nicht erreichen
können, das geschieht ganz natürlich und ohne Anstrengung, wenn der
Geist Gottes mit seiner Frucht der Liebe Menschenherzen ergreift.*

Schon bald stellten diese adligen Bibelgruppen den Kontakt zu
den schlichten Erweckungspredigern der Evangeliumsbewegung in
der Ukraine und im Kaukasus her, die heftig von der Regierung und
der orthodoxen Kirche bedrängt und verfolgt wurden.

Im April 1883 organisierten Paschkow und Korff mit 70 Vertre-
tern ganz verschiedener evangelischer Gemeinden Russlands eine
Konferenz über die Einheit des Leibes Christi in Petersburg. Die russische Regierung empfand das aber als unerhörte Herausforderung.
Schon am dritten Tag griff die Geheimpolizei ein und verhörte die
auswärtigen Gäste bei ihrer Rückkehr ins Hotel. Ihre Zimmer waren

während ihrer Abwesenheit schon durchsucht worden. Eine Nacht wurden sie festgehalten, dann mussten sie umgehend wieder in ihre Heimatorte zurückkehren. Das geschah ausgerechnet am Ostermorgen. Nun begann eine lückenlose Polizeiüberwachung. Oberst Paschkow und Graf Korff sollten sich verpflichten, unverzüglich mit der Predigt des Evangeliums und der Verbreitung christlicher Schriften aufzuhören. Weil sich beide aber weigerten, mussten sie innerhalb von 14 Tagen das Land verlassen. Die Ehefrau von Graf Korff hatte ihren Mann noch telegrafisch bestärkt: *Beharre im Glauben an den Herrn und weiche nicht einen Schritt vom Wort Gottes ab!*

Viel später, an seinem 85. Geburtstag im Jahr 1922, schrieb Graf Korff im Exil: *Der Herr führt uns immer weiter trotz großer Prüfungen. Unser Vermögen, alle irdischen Besitzungen sind uns durch die russische Revolution genommen worden, aber wir können mit dem Apostel bekennen: Die nichts innehaben und doch alles haben. Gott sei gepriesen, der uns allezeit triumphieren lässt in Christus!*

Beide starben im Ausland. Oberst Paschkow wurde 1902 in Rom, Graf Korff in der Schweiz beerdigt.

Ebenfalls im Jahr 1884 wurde die evangelische Traktatgesellschaft geschlossen. Nur Fürstin Natalie Lieven behielt in Petersburg ihr Palais auch nach der Verbannung von Korff und Paschkow als evangelische Versammlungsstätte. Der Generaladjutant des Zaren besuchte Fürstin Lieven, um ihr mitzuteilen, dass die Versammlungen unerwünscht seien. Statt einer Antwort beauftragte sie den Offizier, den Zar zu fragen, *wem man mehr gehorchen soll, Gott oder dem Kaiser.* Daraufhin soll der Zar in seiner ritterlichen Art nur gesagt haben: *Man lasse mir meine Witwen in Ruhe!*

Die Unterdrückung und Verfolgung der Evangeliumsbewegung der Stundisten, wie man in Russland die erweckten Teilnehmer der biblischen Versammlungen nannte, wurde immer heftiger. 1894 trat das Gesetz gegen die evangelischen Versammlungen in Kraft:

Die Kinder der Stundisten sind den Eltern zu entreißen ... Es ist Stundisten untersagt, Gottesdienste zu halten oder Schulen zu errichten ... Pässe und Heimatscheine müssen einen Vermerk über eine Zugehörigkeit zu dieser Sekte tragen ... Jeder Stundist, der beim Lesen der Bibel oder Beten mit anderen getroffen wird, ist zu verhaften und ohne

80

weiteres auf administrativem Weg nach Sibirien zu schaffen. Jeder Predi-
ger ist zum Frondienst in den dortigen Bergwerken zu verurteilen. Die
Stundisten sind außerhalb der geweihten Erde des Friedhofs zu beer-
digen.

Erst der notvolle japanisch-russische Krieg und die sich an-
schließende Revolution 1904/05 zwang schließlich die russische
Regierung, die bürgerlichen Freiheiten – und mit ihnen die religiö-
sen – zu garantieren.

Fürstin Natalie Lieven wurde vom russischen Zaren verstän-
digt. Sie bestellte die Teilnehmer einer gerade stattfindenden Brüder-
konferenz am Ostermorgen in den Saal ihres Palais. Sie selbst
erschien weiß gekleidet mit der Fürstenkrone auf dem Haupt und
verlas das kaiserliche Edikt. Von nun an war die freie Predigt des
Evangeliums gestattet. Evangelisch geschlossene Ehen wurden vom
Staat anerkannt.

Es war ein unbeschreiblicher Augenblick, als die Anwesenden
niederknieten und Gott für diese wunderbare Befreiung des russischen Volkes dankten. Wie wurde für die vielen Schwestern und
Brüder in der sibirischen Verbannung gebetet!

Erst mit der kommunistischen Revolution sollte die Recht-
losigkeit der evangelischen Gemeinden zunächst ein Ende haben, um
schon bald wieder von der brutalsten Verfolgung abgelöst zu werden.

Die Familie Lieven verlor all ihren Besitz. In einer kleinen Gärt-
nerwohnung fand Fürstin Sophie Lieven, die 1880 geborene Tochter
der bedeutenden Fürstenfamilie, die seit über hundert Jahren der
Zarenfamilie nahe stand, eine schlichte Unterkunft. Von dort aus
besuchte sie schon bald wieder Frauen im Gefängnis.

Als sie als Vertreterin des Adels selbst in Haft genommen
wurde, sagte sie zu den inhaftierten Frauen ohne Bitterkeit: *Diesmal*
komme ich nicht zu Besuch, sondern ich bleibe ganz bei euch!

Erst in den 30er Jahren wurde Fürstin Sophie Lieven durch
ausländische Bemühungen freigelassen und durfte in den Westen aus-
reisen.

Ein Zöllner sagte zu ihr an der Grenze: *Sie werden uns immer*
hassen, weil wir Ihnen Ihr Vermögen wegnahmen. Darauf Fürstin
Lieven: *Ich hasse niemand. Mein Besitz war nicht mein Eigentum,*

sondern mir von Gott zur Verwaltung gegeben. Er kann darüber verfügen, wie er will.

Fürstin Sophie Lieven zog nach Paris in eine kleine Stube zusammen mit einer Freundin. Dort lebten und wohnten sie bescheiden, aber voller Würde in der kleinen Kammer. Von dort aus betreute sie russische Flüchtlinge im Auftrag der Heilsarmee. An dem einzigen Tisch in ihrem kleinen Zimmer richtete sie über Jahre hinweg einen Mittagstisch für Hungernde ein. Manchmal schlief Fürstin Lieven auf dem Boden, um einer Obdachlosen ihr Bett zu überlassen.

Auf einer Reise zu russischen Emigranten hat Gott eines der letzten Glieder aus einer alten livländischen Fürstenfamilie 1964 im Alter von 83 Jahren aus ihrer irdischen Heimatlosigkeit zu sich in sein Reich heimgerufen. Nach dem Zweiten Weltkrieg hatte sie im Vorstand des Missionsbundes *Licht im Osten* mitgearbeitet, der sich in aller Stille für die Ausbreitung des Evangeliums in Osteuropa einsetzte.

Auf ihrem Grabstein im württembergischen Korntal steht in Russisch der Ostergruß: Christus ist auferstanden!

Der Inder Sadhu Sundar Singh – ausgestoßen aus der Familie

Wenn nur Indien die Salzkraft des Evangeliums erfährt

Die indischen Sikhs im Pundschab am Indus sind ein stolzes, aber auch ein kriegerisches Volk. Um ihr ungeschnittenes Kopfhaar binden sie kunstvoll ein Tuch – neben dem starken Vollbart ein äußerlich sichtbares Zeichen ihres Volkes.

Die Familie Singh aus dem Volk der Sikhs war dazu noch stolz auf ihren Namen, weil er übersetzt Löwe bedeutet. In Nordindien, in dem Dorf Rampur, wuchs der Sohn Sundar auf. Der Vater, ein reicher Großgrundbesitzer, besaß viele Felder. Sundar Singh war im Jahr 1889 geboren. Schon als Kind prägte es ihn tief, wenn seine Mutter früh am Morgen in heiligen Hindu-Schriften las. Als eine weitherzige Frau war sie offen für die Sikh-Religion, die islamische und hinduistische Elemente vereint, aber auch für manche christlichen Gedanken. Energisch forderte sie auch von ihrem Kind, vor dem Frühstück zuerst geistige Nahrung aufzunehmen. Und das nicht nur fünf Minuten! Auch Fürsorge für die Notleidenden und Armen lehrte ihn die Mutter und unterrichtete ihn schon von Kindertagen an aus den heiligen Büchern, dass man sich jeder Sünde enthalten sollte.

Später übergab sie Sundar einem alten Pandit, einem Hindu-Gelehrten, und einem Sikh-Meister zur Unterweisung, um die tiefen geistigen Dinge der Religion der Väter zu erkennen. Sundar Singh aber suchte nach Frieden, den er in all den Lehren nicht finden konnte.

Ein asketischer Sadhu, den er aufsuchte, meinte: *Kümmere dich nicht darum. Wenn du vollkommenes Wissen erlangst, werden deine Probleme verschwinden. Du wirst deine Bedürfnisse und dein Verlangen als Maja, als Illusion, erkennen. Gleichzeitig aber wirst du wissen, dass du ein Teil von Brahma bist, das heißt Gott. Und wenn du das einsiehst, was wirst du noch brauchen?*

Sundar Singh wehrte ab, als der Lehrer ihn auf später vertröstete: *Wenn ich aber nicht so lange lebe, bis ich erwachsen bin, was dann? Außerdem glaube ich nicht, dass der Hunger nach Wahrheit mit zunehmendem Alter von selbst gestillt wird. Mir geht es wie einem hungrigen Jungen, der um Brot bittet. Zu dem kannst du auch nicht sagen, er solle warten, bis er älter geworden ist, er solle sich solange die Zeit mit Spielen vertreiben. Nein, er muss jetzt essen, sonst verhungert er. Wenn du mir jetzt nicht zu essen geben kannst, so sage mir wenigstens, wo ich das Brot für meinen geistigen Hunger erhalten kann.*

Mitten in diesem Suchen erschütterte ihn der frühe Tod der Mutter. Auch ein Bruder starb noch als Kind. Wo sollte er Trost finden? Er zermarterte sich: *Ich soll mich dem Schicksal meines unerbittlichen Karmas unterwerfen?*

Jetzt wurde Sundar Singh von seinem Vater auf eine amerikanische Missionsschule geschickt. Sundar Singh hatte aber viele Vorbehalte gegen das Evangelium. Die Lehrer machten es für alle Schüler zur Pflicht, bei der täglichen Bibelstunde anwesend zu sein. Sundar

Singh weigerte sich, an diesem Bibelunterricht teilzunehmen. Aus diesem Grund verließ er schließlich die Missionsschule und besuchte eine Staatsschule in der Nachbarschaft.

Im Beisein von Freunden verbrannte er das Neue Testament. Sein Vater wehrte ihm noch, weil es doch ein heiliges Buch sei, das Respekt verdiene.

Wenige Tage später, am 18. Dezember 1904, stand Sundar Singh in aller Frühe auf, um zu beten. Gab es überhaupt einen Gott? Krishna, Buddha oder einer aus den vielen Millionen Göttern des Hinduismus?

O Gott – wenn es überhaupt einen Gott gibt – offenbare dich mir, weise mir den Weg des Heils und nimm die Unruhe aus meiner Seele!

In seinem Unfrieden hatte er schon geplant, seinen Kopf auf die Eisenbahnschienen zu legen und sich vom einfahrenden Frühzug töten zu lassen.

Plötzlich wurde das Zimmer von einem hellen Licht erfüllt. Er erzählt: *Nicht eine Gestalt, die ich erwartet hatte, sondern der lebendige Christus, den ich tot geglaubt hatte, erschien. In alle Ewigkeit werde ich sein herrliches und liebevolles Antlitz nicht vergessen, noch die Worte, die er an mich richtete:* ›Warum verfolgst du mich? Siehe, ich bin am Kreuz für dich und die ganze Welt gestorben!‹ *Diese Worte brannten sich mir mit Blitzesschärfe ins Herz, und ich fiel vor ihm zu Boden. Mein Herz füllte sich mit unaussprechlicher Freude und Frieden, und mein ganzes Leben war mit einem Mal vollkommen verwandelt. Da starb der alte Sundar Singh, und ein neuer Sundar Singh wurde geboren, damit er dem lebendigen Christus diene.*

Von diesem Tag an wurde Sundar Singh ein glühender Jünger Jesu, der überall seine Botschaft verkündigen wollte.

Der Vater hielt das alles für Unsinn. Nicht anders dachten die Verwandten. Als er aber auch noch seine langen Haare abschnitt und damit endgültig mit dem alten Glauben der Sikhs brach, empfanden sie dies als Schande. Der zornige Vater stieß Sundar Singh aus Familie und Haus aus, weil er die Familie entehrt und verunreinigt hätte. Sundar Singh war damals noch keine 16 Jahre alt.

Ich entsinne mich der Nacht, da ich aus meinem Heim verstoßen wurde, erzählt Sundar Singh. *Diese erste Nacht musste ich bei kaltem*

Wetter unter einem Baum verbringen. Das hatte ich noch nie erlebt, schutzlos im Freien zu liegen.

Ich fing an zu überlegen: Gestern und all die Jahre zuvor lebte ich im Luxus meines Heimes. Jetzt aber friere ich, bin durstig und hungrig und ohne Obdach, ohne warme Kleider und Nahrung. Ich war gezwungen, die ganze Nacht unter dem Baum zu bleiben. Aber mein Herz war erfüllt von einer wunderbaren Freude, die ich der Gegenwart des Erlösers verdankte. Ich hielt das Neue Testament in der Hand. An diese Nacht denke ich zurück, als wäre sie meine erste Nacht im Himmel gewesen. Ich verglich die Zeit, da ich noch im luxuriösen Heim gewohnt hatte, mit der Gegenwart. Inmitten von Wohlstand und Komfort konnte ich den Frieden meines Herzens nicht finden. Aber die Gegenwart des Erlösers verwandelte das Leiden in Frieden. Seit jener Zeit verspüre ich die Gegenwart meines Herrn.

Seine Mutter hatte es Sundar Singh einst eingeprägt, er müsse einmal ein Mann Gottes, ein heiliger Wandermönch werden, eben ein Sadhu. Nachdem er nun Christ geworden war, wollte er als Sadhu Jesu umherziehen und das Evangelium überall verkündigen.

Wann immer der Name Jesus erwähnt wurde, ging zeitlebens ein Leuchten über das Gesicht von Sundar Singh. Er hatte jetzt nur noch das eine Ziel, das Kreuz Jesu auf sich zu nehmen und ihm nachzufolgen.

Im Alter von 16 Jahren war es ihm nach dem Gesetz erlaubt, sich taufen zu lassen. Die Taufe wurde an seinem Geburtstag im Jahr 1905 in Simla in den Himalayabergen vollzogen. Sein Taufspruch geleitete ihn durchs ganze Leben: *Der Herr ist mein Hirte, mir wird nichts mangeln.*

33 Tage nach seiner Taufe begann Sundar Singh sein Wanderleben als freier Evangelist, als christlicher Sadhu. Oft hungrig, zitternd in der Kälte der Nacht, in Schmutz und Armut erinnerte sich Sundar Singh, wie Jesus seine Herrlichkeit verlassen hat und sich unsretwillen so tief erniedrigte, dass er in Bethlehem geboren wurde. Sundar wusch Aussätzigen die Wunden und betreute Pockenkranke. Und überall predigte er das Evangelium vom Kreuz Jesu.

Seine Wanderungen führten ihn über den Khyberpass nach Pakistan, Afghanistan und Kaschmir. Oft wurde er von Fieber und

Magenstörungen geplagt. Er konnte dies aushalten, weil er sich nicht gegen sein Leiden sperrte. Vielmehr wurde er durch Jesus zum Leiden ermutigt und bejahte es mit seinem Willen: *Ich bin sehr glücklich. Wie schön ist es, um seinetwillen zu leiden.*

Seine unbekümmerte und natürliche Fröhlichkeit und Liebe machten auf viele Menschen einen großen Eindruck. Da war etwa ein athletischer Student mit einer sportlichen Karriere als Kricketspieler. Nun verzichtete er auf eine angebotene Stelle in der Regierung, um sich dem Dienst von Jesus zu widmen.

Oft wanderte Sundar Singh durch die hohen Berge entlang der Straße, die von Hindustan nach Tibet führt. Er hatte keine Schuhe, sondern lief leicht bekleidet und barfuß, immer das Evangelium verkündigend. In der Stille seiner gefahrvollen Wanderungen im Himalaya meditierte er viele Bibelstellen.

Ein angebotenes Bibelstudium in einem theologischen Seminar der anglikanischen Kirche brach Sundar Singh nach fast acht Monaten wieder ab. Von da an waren ihm alle intellektuell überfrachteten Studien zuwider. Er konnte den Geist, der alles mit Leben erfüllt, nur im Gebet zu Füßen seines Meisters finden. Das Beten nannte Sundar Singh das *größte theologische Seminar der Welt.* Wissen ohne Leben war für ihn unbrauchbar und nutzlos.

Großen Eindruck machte das Predigtzeugnis von Sundar Singh auf seiner ersten Reise nach Tibet im Jahr 1912, weil er selbst aus der indischen Religionswelt herauskam und so asketisch lebte. Aber das Essen in Tibet machte ihm viel Not. Obwohl er so bedürfnislos war, meinte er, das als Fladen gebackene Gerstenmehl sei so schlecht gewesen, dass es Esel oder Pferde kaum gegessen hätten. Weiter wandte sich Sundar Singh dem damals schwer zugänglichen Nepal und Sikkim zu, dann Bhutan und Assam. Am meisten wirkte er aber in vielen Orten Indiens. Zunächst im Westen, dann im Süden Indiens, in Ceylon und in Burma predigte er. Oft war Sundar Singh sechs Monate ohne Unterbrechung unterwegs. Seine Reisen führten ihn neben Ostasien auch nach Europa und USA. Schockiert und tief enttäuscht war er von der geistlichen Leere des christlichen Abendlandes. Er stieß sich an der lärmenden Jagd nach Geld, Bequemlichkeit und Vergnügen. Überall vermisste er Zeiten der geistlichen Besinnung und des Gebets.

Ich entdeckte in den so genannten christlichen Ländern eine schlimmere Art von Heidentum, schrieb Sundar Singh enttäuscht. *Die Menschen beten sich selbst an. Materialismus und Intellektualismus haben die Herzen hart gemacht. Wie ein Stein, der jahrhundertelang im Wasser liegt und im Innern doch ganz trocken bleibt, so sind die Menschen hier in Europa: Jahrhunderte sind sie vom Christentum umflutet, aber es ist nicht in sie eingedrungen.*

Im Winter 1927/28 wurde Sundar Singh schwer krank. Ein Auge war fast blind. Er hatte starke Schmerzen. Dazu kamen Magenblutungen und auch eine Lungenkrankheit. Aber er wollte sich keine Ruhe gönnen. Er schloss sich in diesem Zustand einer Karawane über den Khyberpass an, um nach Tibet zu reisen. Dort verliert sich seine Spur. Er war noch keine 40 Jahre alt.

Sundar Singh war ein indisches Original, das das Evangelium von Jesus den religiös suchenden Asiaten in einem indischen Gefäß darreichte. Nein, nicht anpassen wollte er das Evangelium, sondern verwirklichen. Er wollte die Lehre von Jesus in seinem Innersten festmachen. Darum legte er auch auf die Nachfolge Jesu so großen Wert.

Er sagte: *Gebetsmenschen erlangen das Recht, Söhne Gottes zu werden, und werden von ihm zu seinem Ebenbild und Gleichnis umgestaltet.*

Jakob Vetter – der schwer lungenkranke Gründer der Zeltmission

Mit der letzten Kraft um die Rettung von Menschen gekämpft

Dass man das Evangelium in großen transportablen Zelten verkündigt, das war völlig neu, als Jakob Vetter 1902 seine evangelistischen Dienste begann. Was wurde da gelacht und gespottet über diesen »Zirkus«! Doch Jakob Vetter war ein junger Mann, modern und gegenwartsnah, mit einer drastischen und plastischen Redeweise. Mit dieser neuen Idee der Zeltmission wurde er nun wirklich ein Bahnbrecher für viele andere. Niemand kann ahnen, wie viele Menschen durch diesen leicht zugänglichen Raum zum Glauben an Jesus Christus kamen.

Von früher Jugend an hatte Jakob Vetter eine schwache Lunge. Schweres Lungenbluten brachte ihn manchmal an den Rand des Todes.

Einer, der ihn gut kannte, meinte, *ohne diesen Pfahl im Fleisch hätte er nicht dieser gesegnete Evangelist sein können.* Und er erinnerte an Vetters starke und harte Natur, die durch die schwere Krankheit gemildert und gemäßigt wurde. Auch hätte Vetter jede Ansprache im Wissen begonnen: *Dies kann meine letzte Predigt sein, die ich halte. Da muss ich noch einmal den ganzen Rat Gottes den Menschen bezeugen.* Man hätte es ihm abgespürt, wie er mit letzter Lebenskraft um die Rettung von Menschen gerungen habe.

Vetter war nicht einer von denen, die sich von ihrer Krankheit beherrschen lassen. Er wollte wirken, solange es Tag war. Er hatte einfach keine Zeit, krank zu sein.

Vetter sprach immer sehr konkret und direkt. Er wich auch vor heiklen Themen nicht zurück, wenn es darum ging, die rettende Gnade von Jesus zu bezeugen.

So kam es bei einer Zeltevangelisation in Köln, an der auch viele Katholiken teilnahmen, zu großen Unruhen. Jakob Vetter ließ sich nicht unterbrechen, sondern führte aus: *Wir haben ein Recht, direkt zu Jesus zu kommen. Du brauchst keinen Vermittler, denn Jesus nimmt die Sünder an!*

Kein Geistlicher, kein Konzil, keine Ordination von Menschen ist nötig, um Vermittlung zwischen dir und Gott herzustellen. Du brauchst weder Heilige noch Priester noch Pastoren noch Evangelisten.

Denken wir doch einmal darüber nach: Wer waren die Heiligen? Sie waren alle einmal Sünder, die durch des Lammes Blut Errettung und Frieden fanden. Petrus war ein großer Sünder, denn er hat den Herrn verleugnet und gelogen. Paulus war ein Lästerer, Schmäher und Verfolger, aber er fand Gnade durch die Barmherzigkeit Gottes. Und die heilige Jungfrau Maria war auch eine Sünderin und musste errettet werden, gleichwie die anderen Sünder.

Mitten in der Ansprache stand ein Priester auf und schrie: *Katholiken raus!* Es entstand ein Tumult. Etwa 300 Zuhörer verließen johlend das Zelt. Draußen vor dem Zelt standen Hunderte und grölten.

In den nächsten Tagen nahmen die Störungen immer mehr zu. Und dann zerstörte ein mächtiger Sturm am Samstagnachmittag während der Gebetsstunde das Zelt. Im Nu waren die Pflöcke ausgerissen, Stangen und Zelttuch durcheinander gewirbelt. Dazu fielen große Hagelkörner. Jetzt blieb nichts anderes mehr übrig, als die Versammlungen in einem Saal fortzuführen.

Nach drei Tagen bekam Vetter sogar eine Vorladung vor Gericht wegen Gotteslästerung. Er wurde aber freigesprochen.

Jakob Vetter konnte nichts Halbes ertragen. *Wie viel ganze Christen sind das – zehntausend halbe?*, rief Vetter einmal im Zelt. *Halbe bleiben immer Halbe! Und mit Halben ist nichts zu machen!*

Vetter war es zu wenig, nur Deutschland mit dem Evangelium zu erreichen. So zog er nach Russland und England, Ägypten und Palästina und vor allem in die französische Schweiz.

Er gründete das bis heute so geschätzte Erholungsheim *Patmos* in Geisweid im Siegerland, um dort Angefochtenen und Bedrückten seelsorgerlich zu helfen. Auch den *Verlag der Deutschen Zeltmission* baute der kranke Mann auf. Jeden Monat ging die Zeitschrift *Zeltgruß* hinaus ins Land. Eine ganze Reihe von wichtigen seelsorgerlichen Schriften hat Vetter verfasst. Er wurde häufig zu Diensten bei Konferenzen und Evangelisationen gerufen.

Im Alter von nur 47 Jahren ist Jakob Vetter in Riehen bei Basel an der deutsch-schweizerischen Grenze heimgegangen. Auf seinem Grabstein stehen neben den Daten 1872-1918 die Worte: *Ich war ein armer Sünder, doch durch den Tod Christi fand ich das Leben und machte die Erfahrung, dass die Gnade ausreicht bis zu den Perlentoren Jerusalems.*

Der verspottete, bekämpfte und gehasste William Booth

Wenn man Gott nicht mehr verstehen kann!

In einer frühen Morgenstunde des Jahres 1888 kehrte der unermüdlich sich aufopfernde William Booth von einer weiten Evangelisationsreise zurück. Als ihn in der Frühe sein Sohn Bramwell begrüßte, fuhr William Booth ihn an: *Weißt du, dass es Männer gibt, die nachts draußen unter den Brücken schlafen?* Der Sohn sagte erstaunt: *Ja, wusstest du das nicht?*

Das hatte der ungestüme General der Heilsarmee nun wirklich nicht für möglich gehalten. Nachts auf dem Heimweg vom Bahnhof hatte er die dicht zusammengedrängten Gestalten bemerkt.

Du wusstest das und hast nichts für diese Leute getan!, sagte William Booth erregt. Bramwell wandte ein: *Man kann schließlich* nicht alles gleichzeitig tun, auch muss man vorsichtig vorgehen, um nicht zu schaden.

Ärgerlich unterbrach ihn der Vater: *Geh und tue etwas, Bramwell! Schaffe einen Schuppen für sie, es ist besser als nichts.*

So begann das große Sozialwerk der Heilsarmee. 20 Jahre vorher hatte Booth seine Flugschrift veröffentlicht: *Wie die Massen mit dem Evangelium erreichen?* Jetzt war dem General klar, dass man auch entschlossen gegen die wirtschaftlichen Zustände angehen müsse.

Wer war dieser ungestüme Vorwärtsdränger, dieser William Booth? Er war 1829 in Nottingham als Sohn eines bankrotten Bauunternehmers geboren, *der keinen größeren Gewinn und kein höheres Ziel als Geld gekannt hatte.*

Mit 13 Jahren musste William Booth die Schule verlassen und Geld verdienen, um die Familie zu ernähren. Er, der selbst aus einer verarmten Familie stammte, lernte in einer Pfandleihe durch seine Begegnungen mit unzähligen Not leidenden Menschen das grenzenlose Elend der schnell wachsenden Slums im Osten der Großstadt London kennen.

Obwohl körperlich recht schwach, ging für ihn nach einem elf- oder zwölfstündigen Arbeitstag der Dienst noch weiter. Unermüdlich besuchte er dann einsame und bedürftige Kranke, predigte bei Straßenversammlungen oder kümmerte sich um das Elend von Trinkern und deren Familien.

Später schrieb er einem König: *Mancher Menschen Leidenschaft ist es, Länder zu gewinnen. Mancher Menschen Leidenschaft ist es, Reichtum anzuhäufen. Mancher Menschen Leidenschaft ist es, Ruhm zu erringen. Meine einzige Leidenschaft ist, Menschen für Christus zu gewinnen.*

Nach einer Ausbildung am Londoner Predigerseminar wurde er ein feuriger Evangelist für die entkirchlichten Massen. Er hatte erkannt, wie furchtbar es ist, wenn Menschen verloren gehen: *Es gibt eine Hölle. Eine Hölle, so dunkel und schrecklich wie die Beschreibung durch die Lippen Jesu Christi, des Wahrhaftigen. Und in diese Hölle fahren Stunde um Stunde Menschen. Während wir schreiben, gehen Menschen in das ewige Gericht. Während wir essen und trinken, schlafen und arbeiten oder ruhen, gehen Menschen dorthin, wo der Wurm nicht stirbt und das Feuer nicht verlöscht.*

Einen nicht zu unterschätzenden Einfluss auf sein Leben übte seine Frau Catherine aus. Sie waren beide 26 Jahre alt, als sie 1855 heirateten. Als Ehefrau liebte und bewunderte sie diesen genialen Prediger, der im Sturm Säle füllte und wie mühelos unzählige Menschen bekehrte. Sie kannte aber auch seine unheimlichen seelischen Tiefen, wenn ihm das Selbstvertrauen zerbrochen war. Und sie allein fand sich in diesen verwirrenden Schwankungen ihres impulsiven Mannes wohl zurecht.

Dabei war sie von Anfang der Ehe an viel krank. Neben den aufreibenden Diensten eines Erweckungspredigers musste William Booth oft für seine pflegebedürftige Frau und seine kleinen Kinder sorgen. Zärtlich pflegte er sie mit seiner kleinen Hausapotheke. Aus der Ferne konnte er sehnsüchtig schreiben: *Es ist mir, wie wenn mir ein Teil meines Ichs fehlte.*

Und sie suchte mit ihren außergewöhnlichen Gaben immer nur das eine, diesen seltsam schwankenden Mann als Werkzeug Gottes brauchbar zu machen und zu stärken.

Dabei war William Booth extrem reizbar, nörgelnd und aufbrausend. Dieses Leiden ging wohl auf die bittere Armut seiner Jugendzeit zurück, die seine Verdauung schwer geschädigt hatte.

Rastlos zog er von Stadt zu Stadt und kämpfte in flammenden Ansprachen gegen das Böse. Er wollte Menschen vor dem drohenden Untergang retten. Von überall her wurde dieser leidenschaftliche Prediger eingeladen, der die Massen so anzog.

Man kann verstehen, dass sich massiver Widerstand regte. Die Kirche, deren Mitarbeiter er anfangs war, versuchte ihn zu bremsen und ihn in seiner Radikalität umzustimmen. Viele hielten ihn zu jung für den großen Erfolg und waren eifersüchtig. Zunächst wollten sie seine Dienste durch Anbindung an einen festen Bezirk einschränken. Ihm, dem brennenden Evangelisten, wurde das Amt eines Reisepredigers verwehrt.

1861 sollte auf der Konferenz der Methodistenkirche von Liverpool nochmals ein Kompromiss versucht werden. Für William Booth war der vermittelnde Vorschlag mehr als enttäuschend. Er musste doch zu den Armen, Verlorenen und Entrechteten. Nun aber wollte man ihm für seine vielen Predigtdienste keinen Raum mehr zugestehen.

Niemals!, rief laut protestierend eine Frau auf der Empore. Empört drehten sich die Köpfe. Das hatte es noch nie auf einer Kirchenkonferenz gegeben. Und dann noch eine Frau! Es war die entschlossene junge Catherine Booth, die ihrem Mann Mut machte, dieses klägliche Angebot auszuschlagen.

Catherine Booth war aufgesprungen und kam von der Galerie herunter. Unten am Ausgang umarmte sie ihren Mann, der nur kurz nach oben geschaut und sofort spontan trotz der lauten Rufe *Zur Ordnung!* aufgestanden war, um den Saal zu verlassen, was gleichzeitig der Abschied von der Kirche war.

Von niemand konnten sie jetzt Geld erwarten. Catherine aber stand in dieser verzweifelt schwierigen Lage treu hinter ihrem Mann. Sie sah, wie er sich voller Sorgen quälte und litt mit ihm. Und sie stärkte sein unbedingtes Vertrauen in den lebendigen Herrn, dem sie allein verantwortlich waren.

Als sie in den elendesten Slumvierteln von Ost-London mit ihrer *Christlichen Mission* begannen, berichtet Booth: *Ich sah Mengen meiner Mitmenschen versunken in die verzweifeltsten Formen von Schlechtigkeit und Elend, die man sich nur ausdenken kann. Trunksucht, Hurerei, Armut, Wohnungselend, Gotteslästerung ... Ich sah nicht nur die Leute, ich fühlte mit ihnen, die der Sünde und dem Elend verfallen waren.*

Die mächtigsten Widerstände konnten sie nicht aufhalten. 1878 nannte Booth seine Mission *Heilsarmee*. Er war fest entschlossen, *Krieg zu führen* gegen Armut, Verbrechen und Sünde. *Wir wollen alle haben, die wir bekommen können*, rief Booth, *aber wir wollen die Schlechtesten der Schlechten.*

Man verspottete und verlachte William Booth wie einen spinnigen Scharlatan. Man beschimpfte und verdächtigte ihn als üblen Geschäftemacher. Man bedrohte und bekämpfte ihn von Seiten der mächtigen Mafiosi seiner Zeit. Aller Hass aber konnte ihn nicht aufhalten in seinem Dienst. Bekannte Literaturgrößen wie G.B. Shaw oder Bert Brecht versuchten seine Arbeit in ihren Theaterstücken lächerlich zu machen. Doch sie erreichten damit nur, dass William Booth in der ganzen Welt eine unglaubliche Volkstümlichkeit erlangte wie wohl nur wenig andere.

Das Wirtshaus Adler hatte einen sehr schlechten Ruf in London. Hier trafen sich Gangsterbosse und berüchtigte Kriminelle. Die Kneipe, in der viele Betrunkene herumhingen, diente als biederes Versteck. Im angebauten Theater wie in den Laubengängen des Gartens boten Prostituierte ungeniert ihre Reize an.

Als dieses Lokal im Juni 1882 zur Vermietung ausgeschrieben war, griff William Booth zu. Daraufhin begann ein monatelanger Kampf mit Kriminellen und Gangsterbossen. Eine Meute von Säufern und Zuhältern belagerte das Lokal. Mit Steinen und Stöcken bewaffnet, versuchten sie, es zu stürmen.

Bei einem ähnlichen Aufruhr des Pöbels in Sheffield griff eine wütende Menge Catherine und William Booth und ihre Mitarbeiter an. Booth schaute auf seine Mitstreiter mit ihren zerrissenen Kleidern und blutenden Gesichtern und rief: *So müsst ihr euch fotografieren lassen!*

William Booth konnte auf seine Frau Catherine nicht verzichten. Am wenigsten in seinem Dienst. Als eine der bedeutendsten Frauen des 19. Jahrhunderts hatte sie allein in riesigen Versammlungen eine unglaublich breite Unterstützung für das Liebeswerk der *Heilsarmee* gefunden.

Nun wurde ihm mitten in dieser sich immer weiter ausbreitenden Arbeit seine beste und treuste Stütze weggenommen. Die Mutter von acht Kindern siechte an einem furchtbaren Krebsleiden dahin. Sie litt unter rasenden Schmerzen. Zwei Pflegerinnen waren nötig, um sie bei Tag und Nacht zu betreuen.

Über zwei Jahre hinweg musste Booth neben der ganzen Arbeit diese unsägliche Not mit ansehen und durchleiden. Er sprach von Skorpionen, die in der blutenden offenen Wunde stechen und bohren. Oft brach er zusammen, kniete vor seinem Schreibtisch nieder und schrie zu Gott: *Ich verstehe dich nicht! Aber ich vertraue dir!*

In der letzten Nacht vor dem Sterben seiner Frau schrieb er in sein Tagebuch: *Ich war sehr müde. Einen großen Teil der Nacht hatte ich einen starken Kampf mit dem Feind. Große Dunkelheit und Depressionen sind in mir.*

Er erkannte, wie er gegen die grausamen Mächte der Krankheit und des Sterbens nichts ausrichten konnte. In sein Tagebuch schrieb er seine *Beobachtungen am Todesstrom: Die äußerste Bedeutungslosigkeit aller Stütz- und Hilfsmittel außer Gott.*

Mitten in der tiefsten Verzweiflung konnte er doch die göttliche Vaterliebe erkennen: *Gottes Erbarmen ist in Jesus Christus enthüllt worden. Er ist der einzige Grund, auf dem ein Mensch vor Gott erscheinen kann.*

Alle Täuschungen und Verschleierungen, Verstecke und Ausflüchte der Lügen werden von der Knochenhand des Todes weggerissen.

Als die Familie sich am nächsten Morgen um das Bett der Sterbenden versammelte, erhob sie ihre Hand. Zunächst verstand keiner, was sie wollte. Da deutete sie auf das Wort an der Wand: *Seine Gnade reicht auch für dich!* Sie hatte auch in ihrem schrecklichen Leiden erlebt, dass man sich in Gottes Nähe und in seinem Erbarmen bergen kann.

Vom Sterbebett seiner Frau stand Booth auf und brachte sein Leben neu dem Werk der Heilsarmee zum Opfer. Ein großer Sozialplan für das dunkelste England wurde entworfen. In 85 Ländern der Welt entstanden noch zu seinen Lebzeiten über 1500 soziale Anstalten der Heilsarmee.

Der große Prediger Charles Haddon Spurgeon meinte damals: *Wenn die Heilsarmee aus London weggenommen würde, dann könnten 5000 extra aufgestellte Polizisten nicht ihren Platz ausfüllen, um Verbrechen und Unordnung zu vermindern.*

Vor seinem Tod als 83-Jähriger am 20. August 1912 in London erklärte William Booth: *Wenn manche mein Lebenswerk als wunderbar anstaunen, so muss ich sagen, dass ich nichts von dem, was geschehen ist, auf meine Rechnung schreiben kann. Es ist keine Frage: Gott ist am Werk, und alles, was er an uns und für uns tut, ist wunderbar, übernatürlich und groß. Es ist alles sein Tun.*

Curt von Knobelsdorff – ein Offizier besiegt den Alkohol
Ohne Jesus wie ein zerplatzender Luftballon

Es war ein großes gesellschaftliches Ereignis, als der deutsche Kaiser Wilhelm II. 1896 das Offizierskorps des Ersten Garderegiments nach Potsdam geladen hatte. Als ehemaliger Gardeoffizier war auch der 57-jährige Curt von Knobelsdorff dabei willkommen, obwohl er nach seinem Ausscheiden aus der Armee keine Uniform mehr besaß.

Beim festlichen Dinner prosteten die Nachbarn rechts und links immer wieder dem Oberst von Knobelsdorff zu. Doch vergeblich. Knobelsdorff rührte keinen Alkohol mehr an. Auch alles forsche Zureden der militärischen Vorgesetzten nützte nichts.

Da flog plötzlich eine Rose auf den Platz von Knobelsdorff. Der Kaiser, der nicht weit entfernt von ihm saß, hatte sie geworfen.

Und schon rief Wilhelm der II. laut über den Tisch, dass es jeder hören konnte: *Knobelsdorff!* Gleichzeitig erhob er sein Weinglas und rief dem Überraschten ein kräftiges *Prosit!* zu.

Knobelsdorff erhob sich, in der Hand sein Glas mit – Wasser. Der Kaiser aber winkte ab und befahl forsch: *Wein!* Knobelsdorff erhob wie vorher sein Wasserglas. Wieder rief der Kaiser: *Wein!* Auch ein drittes Mal wiederholte der Kaiser laut: *Wein!* Konnte Knobelsdorff, der 30 Jahre als Offizier treu gedient hatte, seinem Kaiser mitten in dieser festlichen Gesellschaft einen Befehl verweigern? Knobelsdorff sah keinen Ausweg mehr, als einfach zum Kaiser hinüberzueilen und ihm alles zu erklären.

Da winkte der ab und lächelte ihm freundlich zu: *Schon gut!* Vor allen übermütigen Trinkern wurde Knobelsdorff von höchster Stelle öffentlich gerechtfertigt. Niemand wagte mehr, ihn wegen seiner Abstinenz zu verspotten.

Wer war dieser Curt von Knobelsdorff? 1839 in einer Soldatenfamilie geboren, verlor er mit neun Jahren den Vater. Der spätere König Wilhelm I., ein Freund der Familie, vermittelte ihn in die Potsdamer Kadettenanstalt. In der preußischen Armee brachte er es in seiner Laufbahn als Offizier bis zum Oberstleutnant.

Wie kam es zur Wende im Leben dieses erfolgreichen Mannes? Von Anfang an hatte er sich gegen die Pläne seiner Frau gesträubt, in einem christlichen Erholungsheim in der Schweiz den Urlaub zu verbringen. Selbst als er dort war, wollte er mehrmals einfach abreisen. Da begegnete er einer Missionarsfrau, deren Mann im Sterben lag. Sie hatte mit ihren vielen Kindern keinerlei gesicherte Versorgung. Aber sie sagte so zuversichtlich: *Der Herr sorgt für uns!* Dieses mutige und getroste Bekenntnis machte den schneidigen Offizier betroffen. Bislang hatte er nur traditionelles Christsein gekannt. Und er entschloss sich, diesem Herrn auch ganz zu gehören.

Seitdem er bewusst Christ geworden war, belastete ihn seine Alkoholabhängigkeit schwer. So gab er in Mainz sein Amt als Direktor des Offizierskasinos auf, weil er endlich mit der Trunksucht brechen wollte. Das war für einen Offizier in der Armee ein schwieriger Schritt. Es war unvermeidbar, dass Knobelsdorff Anstoß erregte, wenn er in Herrengesellschaften nur Wasser statt Wein trank. 19

Monate lang hielt er seine Enthaltsamkeit durch. Dabei nahm die Feindschaft im Militär gegen ihn zu.

Auf Anzeigen hin musste er sich vor dem Divisionskommandeur verantworten: *Suchen Sie Missionsfeste in Uniform auf? Halten Sie in Ihrem Haus öffentliche Bibelstunden?*

Knobelsdorff antwortete wahrheitsgemäß. Er erklärte auch, warum er enthaltsam lebte. Aber 14 Tage später kam ganz unerwartet die Nachricht von seiner Versetzung nach Königsberg. Knobelsdorff empfand diesen Befehl als dienstlichen Rüffel wegen seiner klaren und bekennenden Christusnachfolge.

In Königsberg aber rutschte Knobelsdorff langsam wieder in seine alte Sucht hinein. Es waren gutmeinende Christen gewesen, die ihm geraten hatten, nicht durch völlige Enthaltsamkeit seine Kameraden zu provozieren. Mäßigkeit sei das christliche Gebot, nicht völlige Enthaltsamkeit. Doch jetzt nahm das Unglück seinen Lauf. Knobelsdorff wollte ja nur mäßig trinken, aber die alte Leidenschaft riss ihn einfach fort. Die Alkoholsucht war stärker als sein Wille und zerstörte seine ganze Karriere.

Während einer Evangelisationswoche in Königsberg, in der Nacht zum 9. Juli 1887, gab Curt von Knobelsdorff in einem verzweifelten Kampf, dem schwersten seines Lebens, seinen Soldatenberuf auf. Er warf sein schwaches und hilfloses Leben Gott vor die Füße.

Knobelsdorff benützte später bei Evangelisationen das Beispiel gern, um den nötigen Wechsel deutlich zu machen: *Ich bin alter Soldat und dreißig Jahre Offizier gewesen. Ich weiß, was es heißt, versetzt zu werden. In meinem Dienst bin ich 18-mal versetzt worden. Die bedeutendste war die Versetzung von Mainz nach Königsberg. Da galt es, von Freunden Abschied zu nehmen. Ich musste mit allem brechen. Dann kam die lange Reise. Und als ich in Königsberg war, da wusste ich ganz genau: Ich war nicht mehr in Mainz, sondern befand mich in Königsberg. Aber meine wichtigste und für mich am tiefsten eingreifende Versetzung war aus dem Reich der Finsternis in das Reich des Lichts. Es war eine ernste Sache, diese Versetzung. Man kann nicht in den Himmel hinein schlafen oder sich die Seligkeit gleich silbernen Löffeln in die Tasche stecken lassen. Man weiß es ganz genau, wenn man in das Reich Gottes hineingekommen ist; denn da sieht es ganz anders aus als in der Welt.*

Es ist ganz gleich, ob wir ganz fern sind vom Reich Gottes oder ob wir demselben nahe sind, ob wir ein bisschen fromm oder ganz gottlos sind. Wenn wir nicht von neuem geboren werden, so gehen wir verloren!

Knobelsdorff zog nach St. Chrischona in der Nähe von Basel, um dort Bibelunterricht zu nehmen und sich dafür ausbilden zu lassen, als Mitarbeiter des Blauen Kreuzes Suchtabhängigen zur Freiheit zu helfen.

Es war nicht leicht für einen preußischen Stabsoffizier, sich im Alter von 48 Jahren noch einmal für acht Monate mit ganz jungen Männern auf die Schulbank zu setzen.

Knobelsdorff hatte das Blaue Kreuz kennen gelernt, das zehn Jahre zuvor als Mäßigkeitsverein gegründet worden war. Er schrieb: *Nachdem ich aus eigener Erfahrung weiß, dass in der Trunksuchtsfrage nur gänzliche Enthaltsamkeit Erfolg aufzuweisen hat, trete ich dem Verein des Blauen Kreuzes rückhaltlos bei. Ich will kein faules Mitglied des Vereins sein, deshalb bitte ich um Material, damit ich mich nach allen Richtungen hin orientieren und dann meine Tätigkeit beginnen kann.*

Als sich dieser Weg für ihn abzeichnete, schrieb Knobelsdorff seiner Frau: *Es gibt keinen besseren Schutz gegen das eigene Laster als in der Kraft des Herrn ihm den Krieg zu erklären, wo man es antrifft.*

Die ganze Not der Alkoholsucht hatte er durchlitten und dabei erfahren, wie nur die Bindung an Jesus wirklich frei macht. Darum ging es Curt von Knobelsdorff in seiner Arbeit mit Suchtabhängigen immer zuerst um Jesus und dann erst um die Enthaltsamkeit. Er konnte sagen: *Nehmt aus unserem Verein Jesus fort, dann sind wir wie ein Luftballon, der in der Luft zerplatzt. Da bleibt nur ein Haufen Lumpen übrig.*

Am 5. August 1888 wurde Knobelsdorff eingesegnet und zum Dienst abgeordnet. Er siedelte nach Berlin über und gründete dort den ersten Blaukreuzverein. Als dessen Vorsitzender wirkte er rastlos mit Besuchen und rief in ganz Deutschland Vereine ins Leben. Als Sekretär des deutschen und des internationalen Blauen Kreuzes war

Knobelsdorff oft unterwegs. In wenigen Jahren gewann er mehrere zehntausend Mitglieder.

Auch als freier Evangelist konnte er sich in seiner originellen, manchmal auch soldatisch derben Sprache allen Schichten seiner Hörer mit praktischen Illustrationen anpassen: *Der Tisch ist gedeckt, die Speisen sind aufgetragen, und ihr alle seid herzlich eingeladen. Aber das können meine Gäste nicht verlangen, dass ich ihnen die Koteletts auch noch in den Hals stecke. Essen müsst ihr selbst!*

Einer sagte einmal, wenn Knobelsdorff von der Hingabe und dem Eifer geretteter Trinker berichtete, hätte man fast bedauert, kein Säufer gewesen zu sein. Er sprach immer fesselnd und feurig. Und er war ein Beter. Er liebte das sachliche, zielgerichtete Beten ohne Umschweife. Betend erschloss sich ihm auch die Bibel. Aus dem Wort Gottes und aus dem Gebet schöpfte er immer neue Kraft und fand so auch den Zugang zum Herzen der Menschen.

1903 wurde er schwer krank. Seine Kräfte nahmen stark ab. Nach der Anweisung des Jakobus ließ er unter Handauflegung über sich beten. Doch er hatte viel zu leiden und sprach von einem langen Tunnel, durch den er gehen müsse. Seiner Frau sagte er: *Ich bin auf der Heimreise!* Noch im Sterben im Januar 1904 drückte der 64-Jährige aus, worauf er seine Hoffnung setzte: *Jesus starb für mich!*

Als Eberhard von Rothkirch mit 18 Jahren ein Bein verlor

Mit tausend Schmerzen die Not junger Männer geschaut

Auf einem Leiterwagen transportierten Soldaten einen verwundeten blutjungen Fähnrich. Auf dem holprigen Weg mit nur wenig Stroh kaum gegen die rüttelnden Stöße geschützt, stöhnte Eberhard von Rothkirch. Frierend und unter heftigen Schmerzen hatte er die Nacht auf einer Bahre auf dem Verbandsplatz nahe der französischen Stadt Sedan mitten unter sterbenden Soldaten verbracht.

Mehrere Tage bemühten die Ärzte sich um ihn. Noch schrecklicher als die Schmerzen war der Fäulnisgeruch. Das verletzte Bein war schon in Brand übergegangen. Um sein Leben zu retten, musste aber das Bein doch amputiert werden.

Der schnell benachrichtigte Vater kam gerade recht zur Operation. Er hielt mit der einen Hand die Chloroformflasche zur Betäubung, mit der anderen den Kopf seines im Delirium schreienden Sohnes. Der Vater erzählte später, wie er meinte, sein Herz müsse zerspringen, als die Ärzte mit dem Schneiden und Sägen begannen. Der Vater begrub dann selbst das Bein im Garten.

Also Krüppel!, dachte der Vater. Nun sollte sein *elastischer Herzenssohn,* für den er so viel gebetet hatte, nie mehr turnen oder tanzen können. *Lieber den schönen Soldatentod als solch ein Jammer!* Das waren zunächst die Gedanken des erschütterten Vaters.

Was da am 16. September 1870 am Rand der großen Schlacht bei der nordfranzösischen Stadt Sedan geschah, hat das Leben des jungen Eberhard von Rothkirch völlig umgekrempelt. Am 3. August 1852 geboren, wuchs er auf einem kleinen Gut in der Nähe von Breslau in Schlesien auf. Als leidenschaftlichem Jäger stand ihm, als ihn die Kugel traf, plötzlich das Bild eines Rehs im Todeskampf vor Augen, die Beine steif von sich gestreckt. Sollte dies nun sein Leben sein?

Die Karriere als Offizier war für Eberhard von Rothkirch damit zu Ende. So begann er als forsttechnischer Hilfsarbeiter, da er von Kind an das Herumstreifen in der Natur so liebte, um dann schließlich als Forstmeister in den Büros der Königlichen Hofkammer in Berlin-Charlottenburg Dienst zu tun. Es schmerzte ihn, dass er wegen seiner starken Behinderung untauglich für die ersehnte Stelle eines Oberförsters war. Doch er sprach selten darüber. Schlimmer noch als die heftigen Wundschmerzen und den Gebrauch der Krücken empfand er die Einschränkung seiner Freiheit. Was soll ein Förster tun, wenn er nicht mehr durch die endlosen Wälder ziehen kann?

Später hat Eberhard von Rothkirchs Vater erkannt und in einem Brief mitgeteilt, *dass der gnädige Gott meine damaligen Gebete im vollsten Maß erhört hat, wenn allerdings auch ganz anders, als ich gedacht.* Der Vater schrieb an seinen Sohn: *Ich wollte dein Bestes. Und dies konnte dir Gott nur auf diese Weise gewähren, um dich an Leib und Seele zu segnen. Gott gibt uns nur »Brot« und niemals einen »Stein«, um welchen wir gar manchmal bitten, da wir ihn für Brot halten.*

Was also Rothkirch als bitterer Verlust erscheinen musste, wurde ihm zu einer ganz positiven Wendung seines Lebens. Ausgerechnet diese bürokratische Schreibtischarbeit in der rasch wachsenden Millionenstadt Berlin brachte seine großen Gaben unter Tausenden von jungen Männern erst richtig zur Entfaltung.

Als Helfer wirkte er zuerst an der neugegründeten Sonntagsschule für Kinder mit. Dabei lernte er den mitreißenden Evangelisten Friedrich von Schlümbach kennen, der aus Amerika gekommen war und fünf Monate lang im entkirchlichten Berlin evangelisierte.

Friedrich von Schlümbach drängte 1883 auch energisch zur Gründung des ersten deutschen CVJM. Als aber dessen erster Präsident gewählt werden sollte, fiel der Name Eberhard von Rotkirch. Der erschrak, überrumpelt und fassungslos *bis ins innerste Herz hinein,* und brachte manche gestammelten Gründe und Ausreden dagegen vor.

Der energische Baron von Schlümbach aber hatte damit gerechnet und sagte entwaffnend: *Nun, Gott kann nur Toren gebrauchen für seine Arbeit, die andern Leute sind ihm zu klug, und weil Sie gar nichts wissen und können, so kommen Sie in Gottes Namen und nehmen Sie das Amt an!*

Diese vielseitig missionarisch ausgerichtete Jugendarbeit des Berliner CVJM, aus deren Studentenabteilung dann auch 1895 die einflussreiche *Deutsche Christliche Studentenvereinigung* hervorging, hat Eberhard von Rotkirch über viele Jahre hinweg geprägt.

Voraussetzungen für diese Arbeit brachte er eigentlich keine mit, sondern er war durch und durch Laie und wollte das auch ganz bewusst sein. Ihm fehlte die Erfahrung mit missionarischer Jugendarbeit. Niemand hatte ihn ordiniert oder ihm eine theologische Ausbildung verschafft. Auch eine Fremdsprache hatte er nie ordentlich erlernt. Die durch von Schlümbach aus Amerika herübergebrachte Arbeitsform des CVJM eröffnete Eberhard von Rotkirch dann erst die Möglichkeit zum Wirken. Und er war ein ganz dem Herrn hingegebener Mann, der mit großer Liebe seinem Heiland Jesus Christus diente.

Was war das Geheimnis des raschen Wachstums des Berliner CVJM? *Nur aus dem Gebet können wir die Kraft nehmen und bedür-*

fen daher so sehr der Fürbitte, sagte der temperamentvolle und impulsive Forstmeister. Das anhaltende, treue Gebet war die Grundlage des gesamten Wirkens dieses zupackenden Mannes. Über viele Jahre hinweg betete Rothkirch täglich namentlich für seine jungen Männer. Meist morgens von sechs Uhr ab bis etwa halb neun Uhr war er mit Gott ganz allein. Er konnte in einer Versammlung mit 150 Mitarbeitern sagen: *Es ist wohl keiner hier, für den ich nicht seit langem mit Nennung seines Namens täglich zum Herrn bete. Es gibt keinen Christen,* konnte er sagen, *der nicht, wenn er Beter ist, einen reichen Segen wirkt. Weiter wird ja einst nichts von uns verlangt werden als die Treue mit dem uns anvertrauten Gut.*

Der burschikos wirkende Eberhard von Rothkirch hatte die Gabe der Seelsorge. Sein Zimmer wurde der *gesegnetste Beichtstuhl des jungen Mannes* genannt. Dabei konnte er auch fröhlich lachen und mit einem kleinen Scherz Spannungen entkrampfen.

Obwohl ihm sein Beinstumpf große Schmerzen machte und er deswegen auch mehrfach operiert werden musste, verbiss er oft den heftigen Schmerz um des Dienstes willen. Niemand sollte es wissen.

Als bei einer Evangelisation die Amputationswunde ganz entzündet war, so dass er morgens nicht aufstehen konnte, rieten ihm Freunde, am Abend doch Krücken zu nehmen. Da lachte Eberhard von Rothkirch: *Mit einer Krücke zu jungen Männern? Ausgeschlossen!* Am Abend trat er mit fröhlichem Gesicht auf. Keiner der Zuhörer ahnte bei seiner Ansprache, welche furchtbaren Schmerzen er durchleiden musste. Im Haus des CVJM nahm er unkompliziert einfach den Platz unter den jungen Menschen ein, der gerade frei war. Ob er seinen Nachbarn kannte oder nicht, nach einer halben Minute war er mit jedem im Gespräch, auch mit dem Schüchternsten: *Brüderchen, wie geht's?* Immer traf er ganz spontan den rechten Ton, der meist zu einer Aussprache vor dem Angesicht Gottes führte.

Rothkirch, der Kinder sehr gern hatte, blieb bewusst unverheiratet, was ihm nicht leicht fiel. Aber für den Dienst hielt er es am besten. So war es ihm möglich, fast jeden Abend im CVJM-Haus zu sein. Dort bewohnte er zwei kleine Zimmer.

Der junge Theologiestudent und spätere Evangelist Paul le Seur erzählt, wie er nach seiner Ankunft in Berlin zum ersten Mal im

CVJM aufkreuzte. Weil *nichts los* war, wollte er enttäuscht weggehen, da begegnete ihm Eberhard von Rothkirch, den er damals noch nicht kannte. Rothkirch ging auf ihn zu und lud ihn zum seelsorgerlichen Gespräch ein. Er fragte den jungen Studenten: *Haben Sie einen lebendigen Heiland?* Dieser murmelte etwas wie: *Tja?* Darauf Rothkirch: *Denken Sie einmal, Sie wären verlobt, und ich fragte, ob Sie eine Braut haben. Würden Sie dann ein so unsicheres Ja sagen?*

Einige Tage später setzte Rothkirch das Gespräch fort: *Lesen Sie täglich in der Heiligen Schrift?* Der junge Student erzählte von den Büchern, die sie für die Vorlesungen durcharbeiten müssten. Aber so hatte es Rothkirch nicht gemeint. Darum fragte er nochmals: *Lesen Sie täglich in der Bibel zu Ihrer persönlichen Erbauung?* Und wieder knüpfte er an das Bild von der Verlobung an. *Ihre Braut würde Ihnen täglich von auswärts schreiben. Wie würden Sie ihre Briefe lesen? Etwa nur aus wissenschaftlichem Interesse, um Stil, Rechtschreibung usw. zu prüfen?* Wie klar konnte das Rothkirch jungen Männern sagen: *Der Brief Ihres Gottes liegt an jedem Morgen auf Ihrem Tisch. Lesen Sie die Bibel, um Gott besser kennen zu lernen, seinen Willen zu erfahren und immer innigere Gemeinschaft mit ihm zu haben.*

Wie entsetzlich jedes menschliche Gefühl absterben kann, hatte Eberhard von Rothkirch an sich erlebt, als er einst schwer verletzt als 18-jähriger Fähnrich bei Sedan im Straßengraben lag. Unmittelbar neben ihm lag ein sterbender Franzose in den letzten Zügen. Er hatte in diesem Augenblick auch nicht *im entferntesten eine Spur von Mitleid für ihn.*

Wie anders konnte er später mit Tausenden von jungen Männern fühlen und mitleiden. Er lebte Gottes Wort und fand durch seine strahlende Güte und sein humorvolles Wesen den Weg zu den Herzen unzähliger junger Menschen, die ohne seinen Dienst in der unheimlichen Großstadt Berlin wohl Schaden genommen hätten oder sogar zugrunde gegangen wären.

Friedrich von Bodelschwingh am Grab seiner vier Kinder

Das Wunder der Liebe Gottes in einer unheimlichen Welt

Im Pfarrhaus im westfälischen Dorf Dellwig herrschte frohes Treiben. Ida und Friedrich von Bodelschwingh feierten mit ihren vier Kindern Weihnachten 1868. Auch der Kleinste, der eben die ersten Gehversuche machte, war begeistert dabei. Steckenpferd und Weihnachtsbaum, Kerzen und Gebäck, Krippe und Puppenstube – welch ein Jubel! Wie glücklich waren die Eltern über die Freude ihrer aufgeweckten Kinder!

Dass der sechsjährige Ernst aber so quälend hustete, machte der Mutter seit einigen Tagen Sorge. Der Arzt war mit dem Pferdefuhrwerk gekommen und hatte besorgt festgestellt: *Stickhusten!* Diphtherie! Das war sehr ansteckend.

Husteten die anderen Kinder nicht auch schon? Wenige Tage später stellte der Arzt fest, dass auch bei ihnen die Lungen angegriffen waren. *Sie müssen mit allem rechnen,* sagte er den betroffenen Eltern. Hilflos erlebten die Eltern die qualvollen Erstickungsanfälle der Kinder mit, während sie an ihren Betten wachten.

Die Mutter nahm ihren dreijährigen Friedrich auf den Schoß. Seine Hände und Füße waren ganz kalt. Tränen liefen ihr über die Wangen. Als der Kleine die Mutter weinen sah, hob er noch das Händchen, um ihr die Tränen abzuwischen, wie er es oft getan hatte. Es war sein letzter Liebesdienst. Friedrich von Bodelschwingh musste am nächsten Morgen seiner Mutter schreiben:

Gestern Abend um elf Uhr hat unser lieber kleiner Friedrich auf dem Schoß seiner Mutter sein Köpfchen sehr sanft in den Tod geneigt. Keinen Klageton und keinen Schmerzenslaut hat das liebe Kind in seinen sechs ernsten Krankheitstagen von sich gegeben. Das ist freundlich vom Herrn. Er wolle uns nun selbst ganz willig machen, ihm das Erstlingsopfer und, wenn es sein muss, auch unsere anderen drei Kindlein darzubringen. Er wolle die Wunde, die er unseren Herzen geschlagen, zur Stärkung unseres schwachen Glaubens dienen lassen. Weine und zage nicht um uns, liebe Mutter, uns ist wohl geschehen, wie auch unserem geliebten kleinen Sohn. Ernstchen tröstet eben selbst unter Tränen seine weinende Mutter: ›Musst nicht weinen, Mama, er hat es nun ja viel besser als wir!‹

In der Nacht zum 20. Januar 1869 drückte der Husten der still leidenden fünfjährigen Elisabeth den Atem ab. Der Vater hielt das Kind auf seinem Schoß und drückte es fest an sich. Nein, er konnte das sterbende Leben nicht halten. Um fünf Uhr morgens war das Kind tot.

Karl lag nun schon 14 Tage krank. Auch er klagte nie. Still ging er am Abend des 24. Januar heim. Nun kämpfte nur noch der sechsjährige Ernst mit der schweren Infektion. Bodelschwingh schrieb seiner Mutter, wie die vielen tausend Seufzer dieses Kindes ihn schon zehnmal mehr am Herzen verwundet hätten als der stille Heimgang der drei anderen, schmerzlos und kampflos. *Dem Herrn ist es möglich, dieses letzte Kind uns zu lassen, wenn es ihm, wenn es uns gut ist. Dein schwergeprüfter Friedrich.*

Karl lag noch aufgebahrt im Sarg, als auch Ernst starb. Am 25. Januar, nachts um elf Uhr, hatte auch dieses Kind ausgelitten. Wie hatten die Eltern in diesen zwölf Tagen gebetet, gewacht, gepflegt! Draußen im Stall standen die Ponys, ein Geschenk des Großvaters für die Kinder.

Der Vater erzählt: *An der Morgenröte, die er von seinem Bett aus sehen konnte, hatte unser Ernstchen immer eine besondere Freude und gar oft sich aufgerichtet, um ihren schönen Glanz zu bewundern. Auch auf seinem Sterbebett kam ein Freudenstrahl über ihn, wenn die Morgenröte nach einer bangen Schmerzensnacht auf sein bleiches Angesicht fiel. Und wie anders verstanden wir jetzt unser Morgenlied, das wir auf seine Bitte einige Male an seinem Bett anstimmten:*

Morgenglanz der Ewigkeit, Licht vom unerschöpften Lichte,
schick uns diese Morgenzeit deine Strahlen zu Gesichte
und vertreib durch deine Macht unsre Nacht!
Leucht uns selbst in jener Welt, du verklärte Gnadensonne,
führ uns durch das Tränenfeld in das Land der süßen Wonne,
da die Lust, die uns erhöht, nie vergeht.

Wenige Tage nach dem Tod von Ernst schrieb Bodelschwingh an seinen Schwiegervater: *Wie ernst hat der Herr in diesen bangen drei Leidenswochen mit uns geredet. Ja, wir haben – vieler anderer Sünden nicht zu gedenken – uns gewiss zu fest an unsere liebliche Kinderschar angeklammert, zu sehr in ihnen Glück und die Befriedigung unserer Seelen gesucht und das eine, das Not ist, darüber versäumt. O wenn unserer lieben Kindlein Heimgang dies in unseren armen, irdisch gesinnten Herzen ausrichtet, dann ist ja diese Heimsuchung eine reiche Gnadenheimsuchung, und die liebe kleine Schar ist auch für uns nicht umsonst zu früh gestorben.*

Im darauf folgenden Frühjahr sah man den 38-jährigen Pastor Friedrich von Bodelschwingh mit vier Pfählen und einem Brett zum Friedhof von Dellwig gehen. Oft saß der Vater einsam auf der gezimmerten Bank vor den vier kleinen Gräbern, lange grübelnd und nachsinnend. Der Mutter zitterten die Hände und die Haare fingen an auszufallen.

Damals, so erzählte später Bodelschwingh einem trauernden Vater, *als unsere vier Kinder gestorben waren, merkte ich erst, wie hart Gott gegen Menschen sein kann, und darüber bin ich barmherzig geworden gegen andere.* Die Schwere ihres tiefen Schmerzes hat die geprüften Eltern ganz neu das Geheimnis Gottes erkennen lassen: *Wenn du mich demütigst, machst du mich groß.* Gott kann mit denen, die er besonders lieb hat, hart ins Gericht gehen.

Aber darüber erkannte Bodelschwingh, wie er es seiner Mutter schrieb, *dass in dieser Heimsuchung immer mehr das Gefühl der Gewissheit Raum gewann, dass Gott nur Friedensgedanken mit uns und unseren Kindlein hat. Ach, dass wir nur fort und fort auf seine heiligen Wege achteten, dass er diese Friedensgedanken auch an uns ausführen kann.*

Bisher schon war das Leben Friedrich von Bodelschwinghs ungewöhnlich geführt worden. Er stammte aus einer Familie des westfälischen Uradels und war 1831 geboren. Bodelschwingh studierte zuerst kurz Botanik, war dann Landwirtschaftsschüler im Oderbruch. Im Alter von 23 Jahren, als Gutsverwalter in Pommern, wurde er durch ein Missionstraktat und ein Missionsfest so unmittelbar angesprochen, dass er beschloss, Theologie zu studieren. Der Weg in die Mission führte ihn aber nicht nach Afrika, sondern an die Seine nach Paris. Das war zehn Jahre, bevor die vier Kinder in Dellwig starben.

Bodelschwingh zog zuerst, noch als Hilfsprediger, mit seiner Frau Ida, einer Tochter des preußischen Finanzministers, in die glänzende und luxuriöse Weltstadt Paris. Nicht Reichtum und Künste zogen sie an, sondern das Elend der 100 000 mittellosen Deutschen, jener verarmten Handwerker, Kellner und Dienstmädchen, die als Gastarbeiter ihr Glück in Paris machen wollten oder wenigstens Arbeit und Brot zu finden hofften.

Viele dieser Deutschen lebten in ganz elenden Verhältnissen. Arbeit hatten sie nur als Straßenkehrer oder Lumpensammler gefunden. Für sie wollte Friedrich von Bodelschwingh mit seiner *Deutschen Mission* da sein. In seiner kleinen, armseligen Wohnung im obersten Stockwerk einer Mietskaserne in der Vorstadt Montmartre hielt der *Gassenkehrerpastor* Gottesdienste und Religionsunterricht.

In den 28 Krankenhäusern von Paris besuchte er die deutschen Kranken. Er machte unzählige Hausbesuche. Die beiden kleinen Zimmer waren nur kümmerlich mit der eisernen Bettstelle, zwei Stühlen und einem Tisch eingerichtet.

Nicht durch quälende Grübeleien sind Glaubensnöte zu überwinden, schrieb Bodelschwingh, *sondern durch die Tat, durch das Bemühen, Barmherzigkeit und Nächstenliebe fort und fort durch praktische Taten zu üben.*

Der spätere Reichskanzler Otto von Bismarck, der in jenen Tagen preußischer Gesandter in Paris war, bot Bodelschwingh die Stelle eines Pfarrers an der deutschen Botschaft von Konstantinopel an. Das war eine ehrenvolle Berufung und erinnerte den Pastor der Gassenkehrer an seinen Vater, der in Berlin preußischer Finanz- und später Innenminister gewesen war. Seit jener Zeit verband Friedrich von Bodelschwingh eine enge Freundschaft mit dem gleichaltrigen Prinzen Friedrich Wilhelm, dem späteren Kaiser Friedrich III., der sein Spielgefährte war. In diesen Kreisen konnte er sich bewegen. Doch jetzt brauchten ihn diese hungernden und elend hausenden armen Gastarbeiter in Paris mehr als die Leute in der Botschaft von Konstantinopel. Sechs Jahre hielt er dort aus. Dann nötigte ihn 1864 die angegriffene Gesundheit seiner Frau, nach einem Nachfolger zu suchen und selbst eine Pfarrei in der Heimat anzunehmen.

Als vier Jahre später Friedrich von Bodelschwingh vor den Gräbern seiner Kinder auf dem Friedhof von Dellwig trauerte, erreichte ihn ein neuer Ruf. Zwei Kaufleute aus Bielefeld fragten ihn, ob er die Leitung des Diakonissenhauses und eines kleinen Heimes für epileptische Kinder übernehmen wollte. Nur wenige Häuser mit vielleicht 300 Plätzen gab es damals in ganz Deutschland für die insgesamt 40 000 Fallsüchtigen, von denen ein gutes Drittel völlig mittellos war, in ihrem Elend lebendig begraben.

Es waren tatkräftige Christen eines Komitees, damals *Innere Mission* genannt, die 1867 einen kleinen Bauernhof unmittelbar am Stadtrand Bielefelds in einem Seitental des Teutoburger Waldes erworben hatten. Das alte bäuerliche Gehöft unterhalb der alten Sparrenburg musste erst noch umgebaut werden, um zunächst sechs epileptische Kinder aufnehmen zu können. Als Bodelschwingh das Amt 1872 annahm, waren es 15 Pflegeplätze.

Bodelschwingh hatte für diese Arbeit weder Erfahrung noch Anleitung, aber er hatte den Mut und die Tatkraft des Glaubens. Als er 1910 im Alter von 79 Jahren starb, wurden in dem Liebeswerk von *Bethel*, das heißt Gottes Haus, und seinen Zweigdiensten 7000 arme, leidende und elende kranke Menschen versorgt. Sein Leitspruch wurde: *Weil uns Barmherzigkeit widerfahren ist, darum werden wir nicht müde.*

Fast 40 Jahre baute er, den man überall Vater Bodelschwingh nannte, aus dem Nichts heraus sein Werk. Voller Güte und barmherziger Liebe wollte er den Kranken ihre Würde und Gottebenbildlichkeit geben.

Nie bejammerte Friedrich von Bodelschwingh sie. Vielmehr zeigte er ihnen, dass sie gebraucht werden. Darum schuf er Arbeitsplätze in beschützenden Werkstätten. Er gab den gesellschaftlich Geächteten ihre Selbstachtung wieder, indem er ihnen Verantwortung in eigenen Handwerksbetrieben übertrug.

1877 gründete Bodelschwingh die *Diakonenanstalt Nazareth*, nachdem er das Diakonissenhaus ins Leben gerufen hatte. Es folgten Kolonistenhöfe der *Nichtsesshaftenfürsorge.* Durch Arbeit und Gemeinschaft sollte den wandernden *Brüdern von der Landstraße* mit Arbeit statt Almosen geholfen werden.

Bodelschwingh wurde auf diese Not 1882 durch ein Gespräch mit einem arbeitslosen Handwerksburschen gestoßen. Der hatte um eine Beschäftigung gebeten, um nicht weiter heimatlos über die Straßen ziehen zu müssen. Bodelschwingh musste ihm erklären, dass seine Häuser nur für die Fallsüchtigen da seien. *Auch wir sind fallsüchtig,* sagte der Heimatlose. Dieser kurze Satz öffnete Bodelschwingh die Augen für die grenzenlose Not dieser Menschen, die oft ohne eigene Schuld aus der gesellschaftlichen Ordnung herausgefallen waren.

Mit der Parole *Arbeit statt Almosen* errichtete Bodelschwingh die Arbeiterkolonien.

Es folgte die Arbeit mit seelisch und geistig Kranken sowie der Aufbau der Mission in Ostafrika, der *Bethel-Mission.* Bis ins hohe

Alter mahnte er: *Nicht zu langsam, sie sterben sonst darüber!* Seine letzte Gründung war die Theologische Schule, die er als Gegenstück zur herrschenden liberalen Theologie geplant hatte.

So stellte er sich unermüdlich der riesigen Not, die ihm begegnete: *Wer erlösende Liebe erfahren hat, der kann rettende Liebe üben. Dabei wird man nicht müde, sondern immer munterer. Man erfährt, dass die Kräfte des Lebens uns von Jesus allein zufließen.*

Er selbst betrachtete sich als einen *fröhlichen Handlanger Gottes, der zugreift, wo Gott ihm eine Not vor die Füße legt.*

In seinen letzten Lebensjahren musste Bodelschwingh mehrmals schwere Krankheitsnot durchleiden. Wenn ihn dann andere bemitleideten, konnte er sagen: *Wo wollte ich armer Mensch hin, wenn ich nicht einmal krank werden würde?*

So hat er in einer Predigt in seiner Betheler Zionskirche, eben nach langer Krankheit genesen, darauf aufmerksam gemacht: *Viel Not, viel Gebet, viel Danksagung – das ist die Ordnung auf dieser armen Erde. Denn die köstliche Sache der Danksagung würde nicht sein, wenn es keine Not auf Erden geben würde. Und ohne Not würden wir dann einmal nicht singen können: Der Herr hat Großes an uns getan, des sind wir fröhlich.*

Was die gichtkranke Lalla Hahn andern geben konnte

Die Worte vom Rollstuhl aus sind mehr als hundert Predigten

Heiratswünsche hatte die 19-jährige Rosalie Paling, die man nur Lalla nannte, längst begraben. Schon seit Kindertagen war sie schwer leidend. Wenn andere fröhlich spielten, war sie zum Zuschauen verurteilt. Tobten andere wild herum, musste sie wegen eines von Geburt an verkürzten Fußes still sitzen. Man hätte dieses Mädchen mit ihrem starken Hinken bemitleiden können. Aber gerade diese schwere Behinderung hat sie früh reifen lassen im Entsagen und im Selbstverleugnen.

Da fragte sie der 21-jährige Traugott Hahn, Kandidat der Theologie, der eben sein Examen bestanden hatte, ob sie seine Frau werden wolle und bereit sei, mit ihm in die Mission zu gehen. Lalla Paling sagte ganz einfach *ja*. Und wie ihr Mann später erzählte, *ohne alle*

Sentimentalität, ohne irgendetwas Gefühliges, mit derselben Klarheit und Wahrheit, die ihr Leben lang ihr schönster Schmuck war. Dann ließ sie sich umarmen und küssen. Und die beiden wussten, dass sie für immer zueinander gehörten. So verlobten sie sich in den Adventstagen 1869 in der Nähe Dorpats im Baltikum, wo ihr Vater landwirtschaftlicher Verwalter auf einem großen Gut war.

Die Wege in die Mission zerschlugen sich. Lalla war dazu bereit, aber ihre Eltern wollten wegen der Gesundheit ihrer Tochter der Heirat nur zustimmen, wenn sie im Land bleiben würde. Auch die *Rheinische Mission* hatte Bedenken, weil Hahn lutherischen und nicht reformierten Bekenntnisses war. Nun musste der in Südwestafrika geborene Missionarssohn neu planen und nach einer Pfarrstelle in Estland suchen. Diese erste eigene Gemeinde fand er auf der Insel Ösel in der Ostsee, die im Winter kaum zu erreichen war. Boote wurden oft vom Treibeis beschädigt. Wenn das Eis über den Großen und Kleinen Sund genügend dick war, konnte man mit Pferdeschlitten gefahrlos darüber fahren. Das dünne Eis aber bedeutete eine lebensgefährliche Reise.

Dorthin heirateten sie am Neujahrstag 1872. Er war 23, sie 21 Jahre alt. Traugott Hahn hat später die Gemeinschaft mit seiner Frau immer als den größten Reichtum seines Lebens bezeichnet, trotz ihrer schweren körperlichen Gebrechen.

Wegen der völligen Abgeschiedenheit ihres Pfarrhauses im Winter erwartete Lalla Hahn die Geburt ihres ersten Kindes in Dorpat. Ihr Mann wollte sofort nach den Weihnachtsdiensten in der Gemeinde zu ihr reisen. Es gab ja damals noch kein Telefon. Über den Kleinen Sund kam Traugott Hahn noch. Der treue Postjunge brachte ihn mit dem Handschlitten über das dünne Eis. Der Große Sund war aber durch milde Winde unpassierbar. Treibende Eisschollen würden jedes Boot zerquetschen. Neun lange Tage saß Traugott Hahn fest und wartete. Dann endlich kam ein Zollboot mit dem Telegramm: *Lalla am Weihnachtsabend von einem Sohn entbunden. Kind gleich gestorben. Lalla gut nach Möglichkeit.* Immer wieder las Hahn die Worte. Alle Hoffnungen waren jäh vernichtet.

Hahn war in Sorge um seine Frau. *Am Ende ist auch sie noch gestorben!*, dachte er immer nur. Er bot den Schiffern sogar 25 Rubel, wenn sie ihn sofort über den Großen Sund brächten. Die schüttelten nur den Kopf, weil es unmöglich war, mit einem Boot in das wogende Treibeis hinein zu fahren. Hahn konnte in seiner Verzweiflung nur weinen. *Da kamen immer wieder die dunklen Gedanken,* erzählte er später, *so finster, wie ich sie nie für möglich gehalten hätte.* Erst nach Tagen machten mutige Schiffer es möglich, dass Hahn durch Nebel und Eis nach Dorpat weiterreisen und seine Frau wieder heimholen konnte.

Im Vorfrühling 1874 zog eine schwere Pockenepidemie über die Ostseeinsel Ösel hinweg. Bei den Krankenbesuchen hatte Hahn keine Angst, auch seine Frau nicht. Nur den kleinen Traugott, den sie inzwischen bekommen hatten und der so wunderbar gedieh, wollten sie schützen.

Doch plötzlich zeigten sich auch an seinem Körper jene unheimlichen Flecken. In der Nacht verschlimmerte sich rasch sein Zustand. Es zerriss den Eltern das Herz, dass sie nicht helfen konnten. Das kleine Gesichtlein schaute sie voll Angst an. Dann wandten sich seine Augen ab und blickten immer weiter in die Ferne. Das Gesicht wurde bleich, die Lippen fast weiß. Die Eltern befahlen das sterbende Kind in die Hände des Guten Hirten und baten ihn, es ohne Qual heimzuholen.

Und nun kam das Leid mit seiner ganzen Gewalt, erzählt Hahn. *Nicht mit Erregung und Schluchzen. Still nur strömten die Tränen. Mit Küssen drückten wir die kleinen gebrochenen Äuglein zu. Es war das erste große Todesweh, das mein Leben durchzog, das erste Zerreißen des Lebens. Noch nach Tagen überkam uns ein Grauen, so dass wir zitterten. Nicht vor der Leiche unseres kleinen, süßen Lieblings graute uns. Die Schrecken über die Macht des Todes kamen über uns, der das Leben höhnend zerreißt und zertritt. Dieses Mal hatte er unser eigenes Leben gepackt. Zum ersten Mal haben wir den Tod erlebt an uns selbst.*

Da wurde an die Haustür geklopft. Eine Baronin, die selbst ein kleines Kind hatte, stand draußen: *Wie geht es Ihrem Liebling?* Sie war gekommen, um fröhlich zu sein mit den Fröhlichen. Nun fand sie Weinende und weinte mit ganzem Herzen mit. Aber gleichzeitig sagte sie ganz kurze Worte des Trostes aus einem lebendigen Christenglauben. *Als sie uns verließ, war das Grauen aus unseren Herzen gewichen,* berichtet Hahn. *Wir hatten es erlebt, dass Gott auch heute noch seine Engel sendet zu seinen Kindern, um sie zu stärken, wenn ihnen die Last des Lebens zu schwer werden will.*

Lalla Hahn ertrug aber das Klima auf der einsamen Ostseeinsel nicht. Sie litt ständig unter quälender Atemnot.

So nahmen die Eheleute schon nach drei Jahren einen Ruf nach Rauge, einer landschaftlich herrlich gelegenen Gemeinde im Süden Livlands, an. Weit verstreut in einem Umkreis von 20 Kilometern wohnten die insgesamt 14 000 Gemeindeglieder.

Anspruchslos und immer im Dienst für andere verzehrte sich Lalla Hahn auf dieser Pfarrstelle in Rauge. Sie versorgte neben dem großen Pfarrhof mit Garten auch ihre wachsende Familie mit sechs Kindern bis hin zum Schulunterricht. Auch für Pferde und Stall war sie zuständig neben ihrem Amt als Pastorin. Dieses galt damals nicht nur als Ehrentitel, sondern war ein frei zu handhabendes seelsorgerisches Amt einer Pastorenfrau. Lalla Hahn wurde diesem Titel gerecht und kümmerte sich mit ganzem Einsatz um die Gemeinde. Schon nach sechs Ehejahren aber waren neue Leiden über Lalla Hahn gekommen. Sie war damals 27 Jahre alt. Nach heftigen Schmerzen diagnostizierte man schwere Nierenkoliken.

Wenig später, als sie eines ihrer Kinder in der Wanne badete, stürzte die Hochschwangere so unglücklich, dass ihr Bein zweimal gebrochen war. Es dauerte Tage, bis man den benötigten Gipsverband aus der Stadt Dorpat besorgt hatte. Unter großen Schmerzen musste sie wochenlang liegen. Von da ab sollte ihr Kranksein 27 Jahre lang nicht mehr abreißen.

1886 riet der Arzt zum Wechsel in eine städtische Pfarrstelle. Lalla Hahn konnte die schwere Last der Landwirtschaft nicht mehr tragen. Immer wieder traten Herzanfälle auf.

So siedelte die Familie in die malerisch am Rand der Ostsee gelegene estnische Stadt Reval über. Dort an der alten St.-Olai-Kirche, deren Geschichte bis zur Reformation zurückreicht, zog 1886 Traugott Hahn als neuer Pastor für die deutsche und estnische Gemeinde auf.

Auch in Reval bildete Lalla Hahn den Mittelpunkt der Familie. Zu den sechs Kindern kamen jetzt noch vier weitere dazu. Man kann sich nicht vorstellen, wie sie das überhaupt körperlich leisten konnte. Gott gab ihr die Kraft, die sie brauchte. So bestimmte die Mutter Geist und Leben im Haus, obwohl sie sehr schwer durch ihre Krankheiten geschwächt und behindert war.

Zunächst war es eine schwere Herzkrankheit, dann die immer stärker sich auswirkende Gicht, die sie dann an Krücken gehen ließ und schließlich ganz in den Rollstuhl zwang.

In diesen Jahren verlor sie auch ganz plötzlich zwei Kinder: Sohn Wilhelm, hoffnungsvoller Student der Theologie, der im Alter von 18 Jahren Typhus bekam, und das eineinhalbjährige Töchterlein Maria, das an Diphtherie starb.

Im Winter 1894 kam ein qualvoller Husten nach einem Lungenkatarrh hinzu. Man fürchtete, Lalla Hahn würde daran ersticken. Die Ärzte wagten schließlich in höchster Not mitten in der Nacht einen Kehlkopfschnitt an der Bewusstlosen.

Als der Operationsschnitt gemacht war, standen die Ärzte gespannt da, ob überhaupt noch ein Atemzug folgen würde. Da – ein kurzer Atemzug, dem ein heftiger Hustenanfall folgte. Schreckliche Mengen von zersetztem Schleim wurden aus der Wunde geschleudert, direkt in das Gesicht des über sie gebeugten Chirurgen. Der konnte nur noch *Gott sei Dank!* sagen. Sieben weitere Jahre wurden der *Dulderin von Gottes Gnaden* noch gegeben, auch wenn der schlimme Husten und das Eitern anhielten. Die Ärzte rätselten lange an der Ursache, bis sie auch hier das Gichtleiden als Quelle der Krankheit vermuteten. Von da an war Lalla Hahn immer an den Rollstuhl gefesselt.

Noch in den Jahren der schweren Krankheit wollte sie immer anderen dienen und für andere sorgen. So hat sie für unzählige Menschen gebetet. Ganz unmittelbar und direkt lebte sie im Glauben an ihren Heiland, dem sie alles sagen konnte, was sie an Freude und Leid bewegte.

Dieser vertrauensvolle Glaube, in dem sie andauernd mit Gott im Gebet sprach, half ihr auch über die schweren Nächte hinweg. Da konnte sie oft nicht einen Finger mehr bewegen oder den Körper auch nur um Zentimeter in eine andere Lage bringen. Wie man sie ins Bett legte, so lag sie bis zum Morgen – betend. Das waren die

Stunden, in denen sie die Kraft fand und der innere Mensch erneuert wurde in der Lebensgemeinschaft mit Gott. Später sagte ihr Mann Traugott Hahn, er hätte in 33 Jahren von seiner Frau kein Wort der Klage gehört über ihr Leiden, wohl hin und wieder stille Tränen fließen sehen, wenn es sehr schwer war. Sie entdeckte das Leiden als *die allerhöchste Lebensaufgabe der Kinder Gottes und wurde darin nicht müde. Unverdient wurde sie ihrem leidenden Heiland nachgebildet und in die Ähnlichkeit mit ihm hinein verklärt.*

Wohl keiner von all ihren Bekannten hatte wohl eine wirkliche Vorstellung davon, was sie litt, wie jedes Glied ihres Leibes von Schmerzen durchzogen war. Wenn sie aus dem Bett gehoben wurde und dann ganz zusammengekrümmt war vor Schmerzen, konnte man es kaum mit ansehen. Sie aber musste es tragen, schrieb ihr Mann später. *Sie hat Geduld gelernt, das Drunterbleiben unter Gottes Hand, Kreuz und Last.*

Er hörte es oft an unzähligen Krankenbetten: *Ach, Herr Pastor, wir müssen an Ihre liebe Frau denken, dann können wir nicht klagen.*

Ein befreundeter Gutsbesitzer sagte einmal nach einem halbstündigen Besuch bei der Schwerkranken tief ergriffen: *Herr Pastor, das ist mehr als hundert Predigten von Ihnen.*

Dass Leiden eine Predigt sein kann, das wurde bei Lalla Hahn deutlich. Wenn sie Besucher empfing, so suchten sie bei ihr Trost und Hilfe. Deshalb hielt ihr Mann beim Abschied fest: *Das Leiden kann auf andere ziehend, aufmunternd, aufrichtend und mahnend wirken, sich von der Kraft Christi tragen zu lassen, die in Schwachen so wunderbar mächtig sein kann. Die Kraft von Christus in schwachen irdenen Gefäßen!*

Am Tag vor dem Heiligen Abend 1904 ging sie heim. Ihr Mann schrieb: *Wir alle konnten nur aus tiefstem Herzen danken für alles, was Gott uns durch sie gegeben hatte. Wir baten ihn, er möge uns allen helfen, diesen Segen zu bewahren. Und dann stellten wir den Weihnachtsbaum an ihr Bett und sangen all die herrlichen Weihnachtslieder, an denen sie sich so gefreut hatte.*

Das schwere Leben der Arbeiterfrau Johanna Faust

Unermüdlich in den trostlosen Slums mit tätiger Liebe

Heute erinnert nichts mehr an die selbstgebauten Lehmhütten und Bretterbuden, die zugewanderte Arbeitslose und verelendete Arbeiter mit ihren Familien in der zweiten Hälfte des 19. Jahrhunderts am Stadtrand von Elberfeld errichtet hatten.

Das völlig verarmte Volk, das da in Schmutz und Elend hauste, konnte die Mieten in der explosionsartig wachsenden Industriestadt nicht mehr bezahlen. Innerhalb von 40 Jahren hatte sich die Bevölkerung von Elberfeld, einer der ältesten und größten Industriestädte Deutschlands, verdreifacht. Heute ist Elberfeld ein Teil Wuppertals.

Mit der Erfindung der Spinnmaschine und des mechanischen Webstuhls hatte sich am Anfang des 19. Jahrhunderts im Textilgewerbe eine unglaubliche Revolution vollzogen. Durch den Einsatz der Dampfmaschine konnte die industrielle Produktion in ungeahntem Ausmaß gesteigert werden.

Das zog unzählige Arbeiter aus weiten Teilen Deutschlands an. Sie strömten zu den neuen Fabriken, wo sie oft unter schwer gesundheitsschädigenden Bedingungen stumpfsinnige und schlecht bezahlte Arbeit leisten mussten. Um nur die Familie ernähren zu können, mussten auch Frauen und Kinder mitverdienen, oft bis zu 14 Stunden am Tag. Das war der Boden, auf dem ein unversöhnlicher Klassenkampf wuchs.

In diese gärenden revolutionären Umbrüche hinein kam Friedrich Engels, ein Fabrikantensohn aus dem benachbarten Barmen. Zusammen mit Karl Marx schuf er das kommunistische Manifest. Fast zur gleichen Zeit aber wirkte Johanna Faust, eine arme Fabrikarbeiterin, mitten in dem unvorstellbaren sozialen Elend, allerdings auf ganz andere Weise.

Während Engels als kluger Agitator und genialer Denker die Weltanschauung des Sozialismus entwickelte, war Johanna Faust ganz schlicht eine Frau der praktischen Tat. Und wenn Engels als der geistige Führer der internationalen sozialistischen Arbeiterbewegung immer auch noch der wohlhabende Unternehmersohn blieb, sich schöne Reitpferde hielt und gerne an Fuchsjagden in edler Gesellschaft teilnahm, war Johanna Faust seit ihrem zwölften Lebensjahr nichts als ein einfaches Fabrikmädchen mit einem zehnstündigen Arbeitstag gewesen. Ihr Vater hatte als Weber die sechsköpfige Familie nur notdürftig ernähren können. Später hat sie das nie bereut. So konnte sie die Not und Gefährdung dieser jungen Mädchen viel besser verstehen. Ein Leben lang ist Johanna Faust eine einfache Frau geblieben. So hat sie sich gekleidet, so war ihre Art. Sie hielt sich herunter zu den niedrigen Leuten. 1825 war sie in Elberfeld geboren.

Ihre Mutter konnte weder lesen noch schreiben und gab dies auch bei der Verheiratung ihrer Tochter Johanna mit dem alkoholabhängigen Fabrikarbeiter Friedrich Wilhelm Faust zu Protokoll. Die Unterschrift von Johanna Faust unter der Heiratsurkunde ist das einzige heute erhaltene Schriftstück, das bezeugt, dass Johanna Faust selbst schreiben konnte.

Sie erzählte später: *Ach, ich ahnte nicht, was für ein Kreuz ich mit dem Ehestand auf mich nahm. An keinem Tag war ich meines Lebens sicher, und wenn mein armer Mann in trunkenem Zustand nach Hause kam, dann wurmte es mich doch zuweilen, wenn die Leute sagten: Die Hanna Faust sollte sich lieber ihres armen Mannes annehmen, als an andern so viel zu tun.*

Einige Jahre nach der Heirat gaben die beiden Eheleute Faust ihre Fabrikarbeit auf und begannen einen Hausierhandel. Es lief darauf hinaus, dass Hanna Faust mit ihrem Kaffeehandel an den Glastüren ihren alkoholsüchtigen Mann ernähren und seine Zechschulden begleichen musste.

Alkoholsucht war damals im sozialen Elend dieser rasch wachsenden Industriestädte weit verbreitet und trieb die verzweifelten Armen immer tiefer in Abhängigkeit, Krankheit und Kriminalität. Eltern gaben ihren Kindern schon früh billigen Schnaps als Beruhigungsmittel. Auf etwa 140 Einwohner Elberfelds kam damals eine Kneipe.

Hanna Faust ahnte, was auf sie in dieser Ehe zukommen würde. Sie wollte aber ihren Mann vor dem Sturz in den Abgrund retten. Dabei war Wilhelm Faust, wenn er nicht trank, liebenswürdig und freundlich. Betrunken aber war er völlig enthemmt, konnte die hässlichsten Fluchworte ausstoßen und wild herumtoben.

Manchmal blieb er auch tagelang von zu Hause fort. In diesen schlaflosen Nächten betete Hanna Faust in großer Angst um ihren aggressiven Mann. Wie wurde sie gedemütigt und was hat sie ausgehalten, wenn sie dann später von ihrem sauer verdienten Geld seine Zechschulden bezahlen musste. Dabei hat sie aber auch jene schrecklichen Stätten der abgrundtiefen Dunkelheit kennen gelernt und Mitleid bekommen mit allen, die vom Teufel gebunden und geknechtet sind.

Warum hat mich der Herr diesen dunklen Weg geführt?, fragte Hanna Faust nach 31 Jahren Ehe. Doch sie konnte selbst jene verrufenen Quartiere aufsuchen, wo sich die Polizei nicht hineinwagte. Und es war ihre große Freude, dass auch nach viel Gebet sich *ihr Jesus* auch bei ihrem Mann als der Stärkere erwies, auch wenn er bis zum

Tod nicht von seiner Sucht frei wurde. Wilhelm Faust starb im Jahr 1888 im Frieden mit Gott.

Auch ein lediger Verwandter namens Abraham, den sie ins Haus aufgenommen hatte, machte ihr mit seiner verdrießlichen und griesgrämigen Art viel Not. Hanna Faust bemühte sich, ihm mit viel Geduld und Liebe zu begegnen. Einmal sah sie Abraham weinen. *Was fehlt dir?*, fragte sie ihn. Der antwortete bloß: *Frauenmensch, deine Liebe hat mich kaputtgemacht!*

Trotz der großen Belastung daheim litt Hanna Faust auch am schweren Los anderer Menschen mit. Als sie die unbeschreibliche Not im Elendstal sah, entschloss sie sich spontan, dort zu helfen. Skeptisch und misstrauisch wurde jedoch zunächst jede angebotene Hilfe abgelehnt. Deshalb wandte sich Hanna Faust den ausgehungerten, zerlumpten Kindern zu. Sie brachte ihnen etwas zum Essen mit und erzählte auch biblische Geschichten. Bei gutem Wetter ging das im Freien. Aber wie sollte es im kalten Winter weitergehen?

Hanna Faust bereitete das schlaflose Nächte. Sie vernahm von Gott den klaren Auftrag, etwas zu bauen. Ihr Einwand, sie hätte keinen Pfennig, brachte ihr aber keine Ruhe. Immer wieder stand der Befehl vor ihr: *Fang du an, so will ich meinen Namen dort groß machen.* Darauf betete Hanna Faust: *Herr, willst du deinen Namen dort groß machen, so musst du meinen Namen klein machen. Du weißt, wie es mit uns Menschen ist, dass wir uns gern etwas einbilden.*

Unerschrocken ging sie jetzt auf Gemeindeglieder zu und bat um Spenden. So entstand schon bald die *Elendstaler Kapelle*, ein einfaches, langgestrecktes Holzhaus. Dort fanden das *Freundesfest* und das *Volksfest*, aber auch das *Armenfest* statt. Viele Kinder strömten zum *Kindermissionsfest* zusammen.

Als Johanna Faust hörte, dass einige Kinder nicht mehr kommen wollten, weil sie sich mit ihren Holzschuhen genierten, griff sie auf ihre originelle Weise ein. Mit lautem Geklapper kam sie jetzt selbst die Treppen herunter in Blotschen, wie man diese Holzschuhe nannte. *Was ist das?*, rief sie. *Da ist nichts zu lachen. Meint ihr, ich geniere mich, Holzschuhe anzuziehen?* Und dann wies sie die Kinder darauf hin, wie Jesus nur auf das Herz schaue und frage: Hast du mich lieb?

Am dringlichsten sah Hanna Faust aber die Hilfe für die Armen, die unter unvorstellbarer Wohnungsnot, Krankheit und Arbeitslosigkeit litten. Dabei stellte sie nie die peinliche Frage, warum jemand in diese Notlage gekommen war. Sie half einfach mit Brot, Gemüse, Kartoffeln oder mit Kleidungsstücken, die sie in den wohlhabenden Bürgerhäusern erhalten hatte. Sie empfand die schnell wechselnde Mode als ein besonderes Geschenk, da sie ihr immer wieder gut erhaltene Kleidungsstücke bescherte.

Ihr kleines Wohnhäuschen sah oft wie ein riesiges Warenlager aus, auch wenn sie in ihrer liebevollen, mitfühlenden Art rasch im Weitergeben war. Für sie war Nothilfe einfach Dank für Gottes Liebe, die sie selbst so oft erfahren hatte.

Unzählige Hilfswerke und diakonische Dienste hat Johanna Faust, von den Kindern nur *Tante Hanna* genannt, ins Leben gerufen. Schon im Alter von 19 Jahren gründete sie die erste *Sonntagsschule*.

Sie war entscheidend beteiligt bei der Gründung der ersten *Jünglingsvereine*, wie man damals die spätere evangelische Jugendarbeit des CVJM nannte. Auch für die bekannte Evangelistenschule, das Johanneum, setzte sie sich zeitlebens ein. In ihrem kleinen Häuschen traf sich die *Versammlung für Frauen und Jungfrauen*. Enge Verbindung hielt sie auch mit der großen Arbeit der *Rheinischen Missionsgesellschaft* in Barmen. Noch vor ihrem Tod stellte sie der Evangelischen Gesellschaft für Deutschland, die sich der Evangelisation verpflichtet hatte, ein Grundstück zum Bau eines Vereinshauses zur Verfügung. Johanna Faust war keine Einzelkämpferin, sondern arbeitete eng mit allen sozial tatkräftigen und eindeutig evangelisierenden christlichen Gruppen, Gemeinschaften, Vereinen und Kirchengemeinden zusammen. Durch ihre Besuche im Frauengefängnis wusste sie um die Gefährdung der vielen Dienstmädchen, die von gewissenlosen Betrügern ausgenutzt wurden. Sie schloss sich früh dem *Damenverein* an, der sich dem Kampf gegen die Prostitution in Elberfeld verschrieben hatte, wo es allein 24 Bordelle gab.

Als 1859 eine große Cholera-Epidemie ausbrach, war Johanna Faust rastlos unterwegs, um den Kranken beizustehen. Sie konnte selbst zwei Nächte hintereinander ohne Schlaf auskommen, um bei

Sterbenden zu wachen. Auf wunderbare Weise wurde sie selbst vor Ansteckung bewahrt.

Johanna Faust erkannte ihren Beruf in dem von Christus vorgewiesenen Weg des fröhlichen Dienens. Ihrem Herrn wollte sie danken für die unendliche Liebe, die sie selbst in ihrem unbedeutenden und kümmerlichen Leben von ihm empfing.

So wurde sie eine Lastträgerin, erbarmend und voll Sanftmut und Geduld. Sie hatte keine großen humanistischen Leitbilder oder revolutionäre soziale Ideen. *Ihr Jesus* befähigte sie zu diesem schlichten Dienst der Liebe auch in ganz schwierigen Belastungen. Noch mehr als um das Elend der Armen sorgte sie sich um deren ewiges Heil. Sie war ja selbst durch die Gnade von Jesus gerettet worden.

Die Stadt Elberfeld würdigte ihre vielfältigen Dienste, indem sie Frau Faust jeweils zu Neujahr ein kostenloses Abonnement für die Straßenbahn schenkte. Das war eine große Hilfe für sie, wenn sie vollgepackt unterwegs war. *Lasst uns Gutes tun und nicht müde werden,* das war ihre Losung in über 50 Jahren tätiger Liebe, in denen sie so gut wie nie Elberfeld verlassen hat.

Am 16. Dezember 1903 ging sie nach kurzer Krankheit im Alter von 78 Jahren heim. Pastor Heinrich Niemöller sagte in seiner Beerdigungspredigt:

Wo Männer bangten, da war ihr Glaube der Sieg, der die Welt überwunden hat. Das hat der Herr getan. Ihm sei die Ehre! Und welch ein Feuer der Liebe hat der Geist Gottes in ihr angezündet! Ihr Glauben und ihre Liebe wurzelten in einer unverfälschten Demut, mit der sich eine große Weisheit verband. Wie bereitwillig trat sie stets zurück. Dass nur des Heilands Ehre gemehrt, dass nur sein Reich gebaut werde.

Der Herr hat sie auch gesegnet durch das Kreuz. Sie hat manchen dornenvollen Weg gehen müssen. Sie kannte das finstere Tal. Aber das Kreuz trieb sie an des Heilands Herz. Das eigene Kreuz machte sie tüchtig, fremdes Kreuz zu verstehen und mitzutragen.

Professor Johann Tobias Beck in schwerem Leid getröstet

Wenn Gott uns etwas nimmt, will er uns nur Größeres geben

Nicht bloß jammern wollten jene bekennenden Bibelchristen, die sich schon lange über die liberale theologische Fakultät in Basel Sorgen machten. Sie riefen einen Förderverein ins Leben, mit dem sie das Gehalt eines Professors bezahlen wollten, der seine wissenschaftliche Arbeit *mit der Begeisterung des Glaubens und mit entschiedener Christusliebe* verbinde. Mit einem bewundernswerten Scharfblick beriefen sie 1836 den 32-jährigen württembergischen Pfarrer Johann Tobias Beck als Professor für Systematische Theologie an die Universität in Basel.

Johann Tobias Beck kämpfte unerbittlich und mit treffenden Hieben gegen eine so genannte vorurteilslose Wissenschaft: *Unter die Schrift muss es!*

Unmissverständlich nannte er die Fehler der theologischen Bibelkritiker seiner Zeit: *Die Beschränktheiten müssen weg, die sich für Wissenschaft und für Verstand ausgeben, während sie Unverstand sind. Denn es gibt keinen größeren Unverstand, als anzunehmen, dieser Menschenverstand habe die Kraft, alles zu begreifen, und die Macht, das zu verwerfen, was er nicht begreifen kann.*

Ungeniert konnte er seinen Studenten zurufen, *die Sächelchen vom Jahrmarkt menschlicher Funde* wegzulegen *und bei dem Heiligen Geist in die Schule zu gehen.*

Bibeltheologe nannte man ihn später, als er 1843 im Alter von 39 Jahren als Professor an die Universität in Tübingen und Prediger an der dortigen Stiftskirche berufen wurde.

Johann Tobias Beck erkannte in der Bibel das zusammenhängende Ganze, das die Theologen seiner Zeit verloren hatten. *Es ist eine Einheit in der biblischen Weltanschauung, wie sie gar nirgends existiert.*

Immer ging es ihm bei seinem Lehren als Wissenschaftler um das Pflanzen und Festigen des Glaubens. Das war für den Professor Johann Tobias Beck keine Kopfaufgabe, sondern eine persönliche Lebensaufgabe.

Schon als Pfarrer für die Bauern in dem kleinen Dorf Waldtann an der Nordostgrenze Württembergs bei Crailsheim wollte er mit seinem tiefen Ernst des Gewissens nur ein Diener des Wortes Gottes sein. Nicht anders hat er auch als Prediger und Seelsorger unter Badegästen, Höflingen und Beamten in Bad Mergentheim die ethischen Konsequenzen der Nachfolge Jesu kompromisslos herausgestellt.

Herzog Paul hat sich deshalb einmal bei Beck beschwert, weil er in einer Predigt den hochgestellten Beamten und Räten am Hof die Pflicht zur Demut und Buße vorhielt. Die Antwort Becks war kurz: *Hoheit, das Wort Gottes ist ein zweischneidiges Schwert, es haut nicht bloß nach unten, sondern auch nach oben!*

Nicht anders verstand Johann Tobias Beck jetzt auch seinen Dienst als Lehrer, wenn er Seelsorger und Hirten ausbilden sollte. Durch das betende Hören soll das Wort der Schrift aufgenommen, durch das nachdenkende Meditieren im Herzen verinnerlicht werden, um sich dann schließlich im gehorsamen Tun in der Welt zu bewähren. Nicht dass wir unsere himmlische Berufung schon ergriffen haben, aber dass wir ihr mit allen Kräften im praktischen Gehorsam nachstreben, dafür kämpfte Beck mit ganzer Leidenschaft.

Darum prangerte er auch jene eitlen begrifflichen Gedankengespinste an, die Menschen kurzsichtig in das Wort Gottes hineinlegen. *Wie soll das Wort voll Lebenssaft mit seiner kraftvollen, nährreichen Körnigkeit und euer strohdürres Menschenwort in seiner Saftlosigkeit und Magerkeit zusammenpassen?*

Es war der Professor der Theologie, der allen Christen Mut machte, aufrichtig in der Bibel zu arbeiten. Wer das tut, wird nicht genarrt von loser Philosophie und schwärmerischer Geistlichkeit, sondern findet zu Christus und wird durch ihn befestigt.

Wer eine Bibel hat und einen ganz normalen Menschenverstand dazu, bedarf nicht erst vieler Lehrer. Er muss seine Bibel nur vernünftig und redlich gebrauchen. Man geht vom Leichten, vom Verständlichen, von den klaren, offenbaren Wahrheiten aus, die von selbst einleuchten, das Gewissen und Herz treffen. Diese lernt man nicht auswendig, sondern man beherzigt sie tief, verarbeitet sie in sich, wendet sie an, lebt ihnen nach. So wird man weiser, besser, frömmer und lernt allmählich auch das besser verstehen, was anfangs dunkel war und gewinnt so immer Neues.

Diese Liebe zur Bibel hatte Johann Tobias Beck schon als Kind bei seiner Mutter gelernt. Sie war eine treue Jüngerin Jesu und eine eifrige Bibelleserin. In Balingen auf der Schwäbischen Alb, wo Beck 1804 geboren wurde, hatte diese Frau hinter dem Ladentisch immer ihre aufgeschlagene Bibel liegen. Ihr Mann war Seifensieder und Stadtrat.

Bewusst miterlebt hat der fünfjährige Johann Tobias die schreckliche Katastrophe, als ein riesiges Feuer fast die ganze Stadt Balingen in Schutt und Asche legte. Dabei verbrannte auch die Wohnung und der meiste Besitz der Familie.

Ganz tief traf ihn später der Tod zweier seiner Kinder in der für ihn sonst so schönen Zeit als Pfarrer in Bad Mergentheim. Er betete am offenen Grab:

Nein, du bester, treuster Vater im Himmel! Wir rechten nicht mit dir, wenn du unsere Kinder in den Tod sendest. Ein besseres Leben schenkst du ihnen, wo sie nicht mehr sterben, ein Leben lautrer Freude! Dir sollten wir unsere Kinder nicht mit getröstetem Herzen überlassen können mit ihrem Leib und ihrer Seele? Du willst uns mit ihnen nach kurzer Trennung wieder zusammenführen. Und das in Herrlichkeit und Siegespracht!

Wie oft müssen wir in dieser Welt unsere Kinder von uns ziehen lassen – und zu dir, ihrem treuen Schöpfer, Erlöser und Tröster, zu dir wollten wir sie nicht ziehen lassen mit ruhigem Mut, mit dem frommen Bekenntnis: Herr, du hast sie uns gegeben zum Segen, nun nimmst du sie von uns zu noch größerem Segen. Dein treuer Vater- und Heilandsname sei gepriesen! Was du tust, geschieht nie zur Unzeit. Wer nach deinem Willen stirbt, der stirbt schon alt genug.

Am schwersten aber war für Johann Tobias Beck der frühe Tod seiner Frau, die er heiß und innig liebte. Sie starb an seinem 34. Geburtstag nach elfjähriger Ehe. Seit der Geburt ihres achten Kindes war sie schwer krank. Ein Magenleiden zersetzte ihre Lebenskraft. Monatelang lag sie unter großen Qualen nur noch im Bett.

Beck berichtet: *Es war Leib und Seele zermalmend, so elf Wochen lang den Tod mit seinem Zerstörungswerk und seinem tiefen Schatten immer näher rücken und die teure Seele so leiden zu sehen, ohne ihr auch nur Erleichterung, viel weniger Hilfe schaffen zu können.*

Wenige Wochen später sprach Beck dann in der Karfreitagspredigt der Tübinger Stiftskirche über den unheimlichen Ernst, den er über dem Sterben seiner Frau empfand:

Eine Todesstunde, ein Sterbebett ist ein Heiligtum. Die Ewigkeit dringt wie ein Donnerwort der Seele in das Mark. Der Mensch, wie er leibte und lebte, uns liebte und geliebt war von uns, wird hingerichtet. Der Leib wird abgebrochen, des Menschen Wohnhaus, ohne das wir ihn uns gar nicht denken können. Ein Atemzug, ein letzter Hauch noch – und der Mund spricht nicht mehr mit uns. Das Auge sieht uns nicht mehr an. Das Ohr und Herz empfängt keinen Laut unserer Liebe mehr. Wir haben – eine Leiche. Da deckt Finsternis die Herzen und das Haus, welches dem Verstorbenen angehörte. Wie von Gott verlassen stehen wir da. Schmerz und Rührung, Sorgen und Reue, Furcht und Selbst-

anklage durchschneiden wie eine scharfe Pflugschar das aufgerissene Herz in tausenderlei Gedanken.

Am offenen Grab seiner Frau sprach er zur großen Trauergemeinde:

Bloße Ermahnungen und Trostsprüche reichen nicht aus, wenn die Gerichte Gottes kommen, die Leib und Seele zermalmen. Da bedarf der arme Mensch eines leidenden und sterbenden Heilands. In den herbsten Stunden der Not musste ich meiner Frau oft die Worte wiederholen: ›Fürwahr, er trug unsere Krankheit, auf dass wir Frieden hätten.‹ *Die Gnade unseres Herrn Jesu Christi, Erbarmung Gottes war ihr einziger Trost. Sie fühlte nur ihre Armut und war doch für mich und andere so viel.*

Wir haben ein köstliches Gut an Gottes Wort. Aber wir dürfen nicht nur gewisse Redensarten und Sprüche daraus gebrauchen als einen Schmuck in guten Stunden, als einen Notbehelf in bösen Stunden, sondern als einen Fels müssen wir es gebrauchen, auf dem wir das Haus unseres Lebens und Sterbens erbauen. Dann mögen die Wasserwogen kommen. Sie werfen es nicht nieder. Um wie viel teurer ist mir doch in der Hitze dieser schweren Zeit dieses Wort geworden und die Gnade unseres Herrn.

Immer wieder hat es Johann Tobias Beck unzähligen Trauernden gegenüber bestätigt, wie er selbst am Sterbebett seiner Frau den größten Segen empfangen habe.

In einem Trostbrief an einen Freund, der sein vierjähriges Kind verloren hatte, schrieb er:

Ihren Schmerz kenne ich aus Erfahrung. Es wurden mir seinerzeit auch zwei Kinder durch den Tod entrissen. Später starb mir auch die Frau, mit der mein Herz verwachsen war, und hinterließ mir sechs unmündige Kinder.

Da drang auch Ihr ›Warum?‹ *in mein Herz und quälte mich um Lösung. Das Licht brach aber bald durch, indem mir des Herrn Wort in die Seele drang:* ›Du meinst nicht, was göttlich, sondern was menschlich ist‹ *und* ›Meine Gedanken sind nicht eure Gedanken und eure Wege sind nicht meine Wege.‹ *Noch aber quälten mich, wie Sie, die Erinnerungen an die Leiden und Schmerzen, welche die Lieben durchzumachen hatten, und die sehnsüchtige Trauer über die mit ihnen verlorenen Freuden.*

Da gab mir der Herr einen neuen Spruch ins Herz: ›Ich vergesse, was dahinten ist, und strecke mich zu dem, das da vorne ist.‹ An solche ewigen Worte muss man sich anklammern wie an einen Fels im Wellengewoge der Seele. Demgemäß riss ich mein Herz von der Vergangenheit zurück und richtete es vorwärts, nach dem, was oben liegt, um dort mit den Meinen vor dem Herrn mich zu vereinigen und zu beten, dass er uns zusammenfasse in ihm selber als unserem Leben.

So sollen die Vorangegangenen Magnete werden, die unser Herz aufwärts ziehen. Wenn Gott uns etwas nimmt, will er uns Größeres geben, zum Ewigen helfen, mit dem das Vergängliche und Vergangene in keinen Vergleich kommt.

Einem Freund, der ihm selbst in jener Schmerzenszeit treu zur Seite gestanden war, schrieb er 23 Jahre später, als der eben seine Frau verloren hatte:

Vielleicht kann dich gerade die Erinnerung an mich leichter aufrichten, weil du an mir gesehen hast, wie auch das bitterste Leid, das über einen Mann durch Entziehung seines höchsten irdischen Glücks kommen kann, durch des Herrn Gnade zum Besten dient. Es konnte mir nichts Lieberes genommen werden als meine Frau. Und doch, wenn ich dafür den mir gewordenen Gewinn herauszugeben hätte, ich könnte nicht den Tausch eingehen. Die verlorenen Geliebten bilden mit ihrer Anziehungskraft ein Gegengewicht gegen die Anziehungskraft der Erde, in welche man sich mit ihnen, solange man sie besitzt, unbewusst hineinbaut, dass es gut zu wohnen ist. Nun nachdem die Hütte zerstört ist, sind sie Magnete, die nach oben ziehen.

Dabei müssen wir des Apostels Wort zur Anwendung bringen: Ich vergesse, was dahinten ist, was mir Gewinn und Lust war, das Vergangene. Und ich strecke mich nach dem, was vorne liegt, oben und in der Zukunft.

Es ist besonders gut für die tägliche Fassung, sogleich beim ersten Erwachen, wo gerne das Trübe der Vereinsamung und der Sehnsucht ins Herz einfällt, vor allem andern Sinnen und Trachten sich an den Herrn zu wenden: da ist der Mittelpunkt, in welchem wir wahrhaft mit denen, die drüben sind, zusammentreffen und wirklichen Lebensverkehr fortsetzen können.

In Schwachheitsstunden kann man oft nicht selber schöpfen. Da tut brüderliche Teilnahme wohl. Der Herr, der aus der Finsternis das Licht hervorruft, schaffe dir Licht und mache sein Wort des Lebens in dir kräftig zu neuer Frucht.

Als Johann Tobias Beck damals im Jahr 1843 an der Universität in Tübingen zu lehren begann, war seine tiefe Gründung auf die Bibel für viele Studenten, die von der Philosophie Hegels begeistert waren, völlig fremd. Zunächst fand er nicht viele Hörer. Seine klare Haltung und die manchmal grimmige Ironie trugen ihm Widerspruch und Protest ein. So als er bei der Darlegung der Versöhnung durch Jesus die Studenten direkt anredete:

Unter das Kreuz müssen Sie sich stellen und den Gekreuzigten anschauen. Da entsteht in Ihnen, was die Schrift Liebe Christi nennt. Und die sollte ja einmal die Seele Ihres Amtes sein.

Als die Studenten ihr Missfallen ausdrückten, sagte Beck: *Ich habe Sie nicht hierher bestellt. Wenn Ihnen meine Vorträge nicht gefallen, so bleiben Sie weg. Aber solange ich auf dem Katheder bin, habe ich das Wort.*

Es sprach sich bald auch unter Studenten im europäischen Ausland herum, mit welch ungeheurem Anspruch Johann Tobias Beck die Kritiker kritisiere. Immer mehr Studenten strömten in seine Vorlesungen. Schonungslos deckte er den Riss zwischen Predigt und Leben auf:

Wenn Sie über solche Texte wie ›Freut euch in dem Herrn allewege‹ predigen, so brennen Sie kein künstliches Feuerwerk ab. Wenn ich mich im Herrn freuen soll, muss ich in ihm sein. Das hängt nicht von großen Worten und gefühligen Erfahrungen ab, sondern von der gläubigen Erkenntnis des Herrn und der Herzensbeziehung zu ihm. Das lebendige Liebesverhältnis von Person zu Person muss da sein, und dazu gehört vor allem sittlicher Ernst, nicht Gefühlsspielerei. Wer in der Furcht Gottes steht, wägt seine Worte und salbadert nicht darauf los. Rechenschaft musst du geben über deine Worte, und das natürlich am meisten, wenn du im Namen Gottes sprichst. Das ewige Feste feiern und Redehalten verdirbt so viel.

Unvergesslich blieb vielen Studenten seine Aufforderung:
Fürchten Sie sich davor, geistreich zu sein. Das führt um die demütige, schlichte Gotteswahrheit und den Gottesweg herum. Gehen Sie demütig Ihren stillen Weg, gerade wie die ersten Jünger geführt wurden,

Schritt für Schritt. Lernen Sie als Schüler, bis die Stunde kommt, die Gott bestimmt, wo er Sie erheben wird.

Im Jahr 1847 trat eine schwere Krankheit bei Johann Tobias Beck auf. Er fühlte sich als Invalide. Dauernde Kopfschmerzen, Schwindel und Nervenschmerzen ließen ihn nachts nicht mehr schlafen. Ihn ekelte vor allem Essen. Er fiel in tiefe Anfechtungen und Finsternis. Aus diesen Tagen berichtet er selbst, wie das Zagen Jesu in Gethsemane ihn besonders in den Abendstunden befiel: *Wie ist es mir so fühlbar geworden, dass kein Bruder den andern und keiner sich selbst erlösen mag, denn nur der Herr allein.* Er erkannte, dass selbst das fromme Wissen von ›Christus in uns!‹ zum Fallstrick und Trug werden kann. Nicht auf die inneren Krafterfahrungen sollen wir trauen, war sein Rat, sondern auf den Glauben, der auf dem Wort gründet: Lass dir an meiner Gnade genügen, denn meine Kraft ist in den Schwachen mächtig!

Wehe dem Herzen, wenn es nicht den Christus für uns als A und O, Wurzel und Krone von allem hat und erkennen lernt und ergreift.

Noch wenige Jahre vor seinem Tod im Jahr 1877 musste er den Tod seiner jüngsten Tochter miterleben. Beck schrieb: *Um wie viel ist mir die jenseitige Welt wieder näher gekommen und ich ihr. So hat mich der Herr mit dem, was mir für diese Spanne Zeit genommen wurde, am Gewinn der Ewigkeit bereichert. Und es ist mir daraus neue Geduld und Tröstung unter dem, was ich tragen muss, geflossen. Ich empfing Erfrischung und Stärkung namentlich auch für meinen Beruf, dass ich diesen Winter mit freudigem Auftun des Mundes und mit sichtbar verstärktem Eindruck auf die Hörer zeugen könnte von den Geheimnissen des Himmelreiches und aufdecken die trügerischen Gedanken und Wege des gegenwärtigen heidnischen Taumels.*

In dieser Familie, die schon den Tod der Mutter zu beklagen hatte, ereignete sich später eine schreckliche Katastrophe. Ein schwermütiger Verwandter erschoss in einem Anfall von Wahnsinn einen neunjährigen Jungen, das Enkelkind von Beck, und anschließend sich selbst.

Unmittelbar nachdem er die Nachricht erhalten hatte, schrieb Beck an den verzweifelten Schwiegersohn: *Es ist ein tragisches Nachtstück, das auch uns schmerzlich berührt und uns erschüttern müsste, wenn wir nicht Glauben an den Hirten der Seelen hätten, der sich seine Schafe von niemand, auch nicht vom Satan und seiner dämonischen Macht, aus der Hand reißen lässt.*

Ausschließlich und fest gründete Johann Tobias Beck mit seinem ganzen Leben in dem *Wort Gottes, wie es wörtlich in der Bibel steht und mit göttlicher Weisheit bis auf die Worte hinaus für das menschliche Herz geschrieben ist. Nicht, wie es die Menschen umsetzen, umschreiben und verwässern. Das erfuhr ich auch in meiner eigenen Krankheit. Wenn mir alles Menschenwort und aller Menschentrost zum Ekel war, so tröstete mich Gottes Wort. Es ist das siebenmal durchläuterte Gold. Und der Herr Jesus ist auch allein der rechte und wahre Messias, wie ihn das Wort Gottes offenbart und anbietet, nicht wie ihn die Menschen mit ihrem Verstand und ihrer Phantasie anbieten.*

Wenn man solche Erfahrungen mit dem Wort Gottes macht, so ergreift einen ein wahrer Grimm über unsere Federhelden und Aufgeklärten, welche dem Volk das Teuerste entreißen wollen, was allein im Leben und im Sterben tröstet. Das wäre meine Freude, wenn ich das bei Ihnen erreichen könnte, dass Sie nicht erst durch Schaden klug werden, sondern jetzt schon das Wort Gottes ergreifen, das uns zu unserem Heil gegeben ist.

Eine Mutter ringt um ihre Kinder – Beate Paulus
In völlig ausweglosen Stunden nie ohne Hoffnung

Mit der großen Last von unbezahlten Rechnungen stieg Beate Paulus 1826 die Treppen hoch zur obersten Bühne des Pfarrhauses in Talheim bei Tuttlingen. Dann schloss sie die Falltür, kniete nieder und schrie zu Gott.

Ihr Mann hatte sie eben noch im Blick auf die katastrophale finanzielle Not auch verspottet: *Da lies und zahl jetzt mit deinem Glauben!* Der Amtsbote hatte an einem Tag drei große Rechnungen für das Studium der Söhne gebracht. Studiengebühren, Kostgelder und andere Ausgaben aus Tübingen, Nürtingen und Stuttgart. Erregt schrie der Pfarrer auf seine Frau ein: *Ich hab' kein Geld. Woher soll ich es nehmen? So geht's, wenn man ins Blaue auf Gott hinein haust. Jetzt bringst du auch mich mit deinem Eigensinn in Spott und Schande!*

Carl Friedrich Paulus war Pfarrer, aber ganz der Mode der Zeit entsprechend durch einen krassen Vernunftglauben geprägt. Danach durfte bloß gelten, was man mit seinem kritischen Denken nachvollziehen und auch sonst in der Natur für möglich halten konnte. Jesus Christus war ihm Vorbild, Lehrer, aber kein Versöhner und Heiland. So hatte er durch seine wissenschaftlichen Studien den Magistertitel erhalten.

Jetzt aber in der Ehe unter dem Einfluss seiner Frau öffnete er sich mehr und mehr dem Wirken des lebendigen Gottes. Was sie ihm da aber mit den unbezahlten Rechnungen zumutete, das überstieg alles Bisherige. Die wirtschaftlichen Nöte standen auf dem Höhepunkt.

Beate Paulus, seine 1778 geborene Ehefrau, war eine Tochter des berühmten Mathematikers und technischen Erfinders Philipp Matthäus Hahn in Echterdingen. Ihr Großvater war der originelle Pfarrer Flattich in Münchingen.

Zwölf Kinder hat sie geboren, von denen drei schon im Kindesalter gestorben sind. Das war nicht leicht bei der schlechten wirtschaftlichen Versorgung, die besonders in einem Pfarrhaus oft genug ganz kritisch und hoffnungslos war. Damals bestanden die Einkünfte meist aus Naturalien, also aus landwirtschaftlichen Gütern. Die mussten aber erst noch erwirtschaftet werden. Doch gerade da erlebte Beate Paulus, wie Gott immer wieder ihre Gebete erhörte.

Als Mutter hatte sich Beate Paulus in den Kopf gesetzt, unbedingt ihren Söhnen das akademische Studium zu ermöglichen. Wegen der großen Armut in der kinderreichen Pfarrfamilie war an eine solche höhere Ausbildung nicht zu denken. Alle rieten, sie solle sie doch ein Handwerk lernen lassen.

Beate Paulus aber rechnete mit Gott, der spricht: *Mein ist Silber und Gold.* Das erlebte sie auch an jenem Tag, als sie ihr Mann wegen der aufgelaufenen Schuld vom Kostgeld für das Studium ihrer Söhne verspottete: *Da zahl jetzt mit deinem Glauben!* Die ganze Nacht über blieb sie betend auf dem Dachboden.

Erst am Morgen kommt sie voll Ruhe und Frieden im Gesicht herunter. Kaum ist sie da, klopft es an der Tür. Die Magd vom benachbarten Gasthaus steht da: *Der Herr Lindenwirt schickt mich und lässt die Frau Pfarrer bitten, zu ihm in die Linde hinauszukommen.*

Beate Paulus läuft los und trifft den Wirt der Linde schon wartend: *Ich weiß nicht, was das ist, aber ich habe die ganze Nacht wegen Ihnen nicht schlafen können. Ich habe schon länger im Kasten da etliche hundert Gulden liegen. Da trieb es mich die ganze Nacht um, ich solle Ihnen dieses Geld geben. Sie haben es nötig. Wegen der Rückzahlung brauchen Sie sich nicht bekümmern. Wie es Ihnen recht ist.*

Schon im Jahr 1824 hatte Beate Paulus in großer Not unglaubliche Gebetserhörung erlebt. Damals erschreckte sie ganz unerwartet ein Brief von der Kirchenbehörde. Mit der Übernahme der Pfarrstelle von Talheim war dem Stelleninhaber auferlegt worden, jährlich 120 Gulden von den landwirtschaftlichen Erträgen für ärmere Pfarreien abzutreten. Pfarrer Paulus aber hatte damals vor zehn Jahren gleich um Erlass dieser Zahlung nachgesucht, da er mit seiner kinderreichen Familie unmöglich mit dem Restgeld durchkommen konnte. Jetzt aber wandte sich die Kirchenbehörde mit heftigen Vorwürfen an Pfarrer Paulus, er hätte ja nie diese Summe gezahlt. Deshalb müsse er künftig die doppelte Summe von jährlich 240 Gulden abliefern, bis die ganze bisher aufgelaufene Schuld abgetragen sei.

Als dieser niederschmetternde Brief eintraf, gab es keine Hoffnung mehr, die Ausbildung der Kinder zu Ende zu führen. Beate Paulus aber schrieb ratlos und verzweifelt nieder: *Nur eines hält mich noch, dass es Gottes Handlungsweise ist, es auf den höchsten Punkt kommen zu lassen, ehe er mit seiner Hilfe erscheint.*

Zunächst wandte sie sich an den Oberrichter in Tuttlingen, der ihr aber auch nicht helfen konnte. Vor lauter Sorgen wurde sie krank, konnte nachts nicht mehr schlafen. Bloß noch das Beten ließ sie nicht verzweifeln.

Pfarrer Paulus bat um Erlass und wies auf seine bedrängte finanzielle Lage mit den vielen Kindern hin. Ganz überraschend erhielt er nach Monaten zur Antwort, dieses Jahr sei ihm alles erlassen und zusätzlich auch die Hälfte der Restschuld.

Allein die Pfarrersfrau Beate Paulus war realistisch genug, um zu wissen, dass auch diese reduzierte Summe unmöglich erwirtschaftet werden konnte. Jetzt blieb nichts mehr für die Ausbildung der Kinder übrig.

Pfarrer Paulus sagte hart: *Gott lässt um meiner Frau willen kein Geld vom Himmel regnen!* Beate Paulus aber vertraute aufs Beten. Sie schickte trotz der angespannten Finanzlage weitere Kinder in die Ausbildung nach auswärts. Immer dramatischer wurde der finanzielle Engpass im Talheimer Pfarrhaus.

Als dann noch ein Gewitter die ganze Ernte vernichtete, wandte sich Beate Paulus an den Verwalter der Pfarrgüter, ob nicht unter diesen Umständen ein weiterer Nachlass der Schuld erfolgen könne. Der lehnte aber dies mit Blick auf die im letzten Jahr erfolgte Reduzierung der Schuld als völlig unmöglich ab.

Pfarrer Paulus weigerte sich ganz rigoros und endgültig, nochmals an die Kirchenbehörde zu schreiben. Jetzt ließ es Beate Paulus keine Ruhe mehr. Sie schrieb an König Wilhelm von Württemberg. Ohne ihren Mann zu informieren, schickte sie das Gnadengesuch ab. Ganz überraschend schrieb der König auf dieses Bittgesuch: *Ich übernehme die ganze Schuld auf meine Privatkasse!*

Die Nachricht sollte unverzüglich der Frau Pfarrer Paulus in Talheim mitgeteilt werden. So befahl es König Wilhelm I. Die königliche Depesche kam mitten in der Nacht per Express im Oberamt Tuttlingen an. Dem königlichen Eilvermerk entsprechend musste noch mitten in der Nacht der Postillion sein Pferd satteln und nach Talheim hinüber reiten.

Der Morgen war noch nicht angebrochen, als er ins Dorf einritt. Er holte trotz der frühen Stunde sein Horn heraus und blies so laut sein Signal, dass überall die Leute aufwachten und aus dem Fenster schauten. Dann hielt er am Pfarrhaus. Neugierig eilte Beate Paulus vor die Tür und fragte, was er denn bringe.

Als sie den Brief aufriss, rollten ihr die Freudentränen herunter: *Fürwahr, du bist ein verborgener Gott!*

Dann lief sie zu ihrem Mann und erinnerte ihn an seinen Einwand, Gott lasse kein Geld vom Himmel regnen: *Nun kannst du dich* überzeugen, dass er, wenn er will, nicht nur Geld vom Himmel regnen, sondern sogar auch hageln lassen kann.

Unter diesem starken Einfluss seiner Frau wuchs selbst der rationalistisch denkende Pfarrer Carl Friedrich Paulus immer tiefer in dem lebendigen Glauben an Jesus Christus, der im Herzen wurzelt.

Ich war der Verzweiflung nahe, sagte Beate Paulus, als ihr Mann 1828 im Alter von 63 Jahren starb. *Alle menschliche Hoffnung war begraben. Da war es völlige Nacht in meiner Seele. Ich sah kein Sternlein mehr am Himmel und kein Weglein mehr auf Erden. Da richtete ich mein Auge empor zu dem, der bis hierher meine einzige Hilfe und Zuflucht war, und bat ihn, nur einen einzigen Strahl seines ewigen Lichts in mein umnachtetes Herz zu senden, damit ich nicht trostlos dastehen und in Verzagtheit versinken müsste.*

In diesem Augenblick war es ihr, als ob ihr eine Stimme sagen würde: *Sei ruhig und bekümmere dich nicht. Von nun an will Gott allein für deine Kinder und für dich sorgen.*

Für diese neun Kinder hatte sie alles im Glauben gewagt, um ihnen eine wissenschaftliche Ausbildung zu ermöglichen. So war es für sie eine besondere Freude, als ihre Söhne, der Arzt Fritz Paulus und der Apotheker Wilhelm Paulus, sie zu sich nach Korntal holten. Später zog sie dann zu ihrem Sohn Philipp Paulus, der in Ludwigsburg eine Bildungsanstalt für verwahrloste Jugendliche eröffnete. Ihr Sohn Christoph Paulus gehörte zu den maßgeblichen Gründern der Gemeinschaft des *Deutschen Tempels* in Palästina.

Im Januar 1842 ging Beate Paulus geborene Hahn heim und wurde in Kornwestheim beerdigt.

Als Vikar Eduard Wüst aus dem Kirchendienst flog

Neues Leben unter den Siedlern in der Steppe Südrusslands

Manche fragten sich, ob das gut gehen könnte, als 1844 der 26-jährige Vikar Eduard Wüst im württembergischen Rietenau bei Backnang den Dienst bei einem alten Pfarrer mit 80 Jahren antrat.

Eduard Wüst war ein umstrittener junger Mann, ein innerlich zerrissener Mensch. Dass er für ein geistliches Amt geeignet war, konnte man mit Fug und Recht bezweifeln.

Nach seiner bisher gezeigten Lebensführung und seinem ganzen Charakter konnte man ihn nur als schwierigen Menschen bezeichnen, der sich leicht in Gesellschaft schlechter Freunde verführen ließ.

Schon gleich am Anfang seines Studiums der Theologie verfehlte er die Aufnahmeprüfung in das Tübinger Stift und verspielte damit ein gutes Stipendium. Nach einer Unterbrechung seiner Studien schaffte er schließlich das Examen am Ende nur deshalb noch, weil sein Bruder, der Pfarrer war, tüchtig mit ihm paukte. Eduard Wüst erhielt die schlechteste Note, eben ein Ausreichend. Aber richtig interessiert hat er sich für sein Studium eigentlich nie. Letzten Endes war er dazu von seiner frommen Mutter gedrängt worden.

Vermutlich hat Eduard Wüst, der 1818 im württembergischen Murrhardt, einem Kleinstädtchen im Schwäbischen Wald, geboren wurde, sein Vater sehr gefehlt. Der war Gastwirt und Bäckermeister gewesen, aber schon früh gestorben, als sein Sohn gerade sieben Jahre alt war.

So hatte Eduard Wüst studiert, oberflächlich in seinen Gedanken und leichtsinnig in seinem Verhalten. Jahrelang betete er nicht. Mit Gott hatte er selbst nichts erlebt.

Durch seinen schlechten Umgang saß Eduard Wüst mehrfach im Karzer der Universität Strafen ab. Auch mit der Polizei geriet er in Konflikt und war das Sorgenkind seiner Familie.

Sein schlechter Ruf eilte ihm voraus, als er seine zweite Vikarsstelle in Rietenau antrat. Doch dort traf er auf Menschen, die in aller Stille beeindruckend und überzeugend im Glauben lebten. Das machte ihm, einem bisher ganz von überheblicher Vernunft geprägten Mann, ungeheuren Eindruck.

Eigentlich wollte er diese Stundenleute der Michael-Hahnschen-Gemeinschaft spöttisch bekämpfen und verlästern, wie das damals die meisten Theologen taten. Jetzt aber wurde er selbst überführt von der Wahrheit des Evangeliums.

Es war das in der Gemeinschaftsstunde durch Bauern und Handwerker ausgelegte Bibelwort, das Eduard Wüst in seinem Gewissen traf. Auch half die gewinnende Liebe und freundliche Art dieser Christen dazu, dass der Vikar dort die erneuernde Kraft des Evangeliums von Jesus an sich selbst entdeckte und auch begriff, was sich bei ihm ändern musste. Wüst war bis in sein Innerstes aufgewühlt. Schlagartig erkannte er, wie verfehlt und verpfuscht sein bisheriges Leben war.

Konsequent riss er sofort das Steuer herum. Er begriff auf einmal das Wunder, dass Gott ihn *damals nicht hinweggerafft hat, als er der Hölle und dem ewigen Tod verfallen war*. So hat er es selbst später ausgedrückt.

So passierte, was auch heute manche Gemeinden mit unerfahrenen jungen Pastoren erleben können, dass es ausgerechnet die Schafe sind, die ihren Hirten zur Weide führen, weil sie davon mehr begriffen und erkannt haben.

Die Leute im Dorf Rietenau und in der Umgebung des Kirchenbezirks erkannten schnell die Veränderung, die mit dem jungen Vikar geschehen war. Der besuchte nun mit großer Treue und Hingabe die Gemeindeglieder daheim in ihren Häusern. Seine Predigten waren echt und lebendig. Und nicht zuletzt rief Wüst auch in Rietenau ein *Stündle* ins Leben. Um das Krankenbett eines jungen Mannes herum traf man sich zum Bibelstudium.

Kein Wunder, dass bald die Menschen aus Rietenau und weit darüber hinaus in großer Zahl zu den Gottesdiensten des jungen Vikars strömten.

Damit aber begann für Eduard Wüst die Ächtung und Feindschaft, ja ein regelrechter Kampf. Seine Kollegen in der Nachbarschaft waren wahrscheinlich am meisten erbost über den großen Zulauf, den seine Gottesdienste fanden. Sie ärgerten sich aber auch deshalb über Eduard Wüst, weil er sich ausgerechnet den verpönten Gemeinschaftsleuten angeschlossen hatte. Auf keinen Fall wollten sie das hinnehmen und verklagten Wüst deshalb beim württembergischen Konsistorium, der Kirchenbehörde. Mehrfach musste Wüst beim Dekan vorreiten. Nach der Ordnung der Kirche durften Vikare keine Gemeinschaftsstunden in ihrem Haus leiten.

So kam es schließlich zu dem, was die verärgerten Kollegen im Letzten erreichen wollten: Eduard Wüst wurde noch im Vorbereitungsdienst als Vikar amtsenthoben. Besonderes Missfallen hatte erregt, dass er neben Gemeinschaftsleuten auch den von der Landeskirche heftig bekämpften Methodistenpfarrer Müller von Winnenden auf der Suche nach Glaubensgewissheit aufgesucht hatte.

Eine weitere Stelle im württembergischen Kirchendienst wurde Eduard Wüst nicht mehr angeboten. Der Weg zum Pfarramt war ihm damit versperrt. Nicht einmal die Ausbildung durfte er beenden. Er war erledigt. Auch eine Petition der Rietenauer Brüder an den württembergischen König und eine Richtigstellung der falschen Vorwürfe blieb erfolglos. Was sollte er jetzt tun?

Pfarrer in der württembergischen Landeskirche konnte Eduard Wüst nicht mehr werden. So blieb er einfach in Rietenau wohnen und besuchte weiter die Gemeinschaftsstunden im Dorf und in sechs Nachbarorten.

Da bemühte das königliche Konsistorium schließlich sogar die Polizei, um ihn aus dem Oberamt Backnang auszuweisen. Falls er der Anweisung nicht Folge leistete, wurde ihm eine Behandlung nach der damaligen Polizeiverordnung als *Strafbettler* angedroht.

Wohin aber konnte er gehen? Zunächst wandte er sich der im Entstehen begriffenen evangelischen Freikirche der Methodisten zu. Dort wurde er herzlich aufgenommen. Man plante, ihn als Missionar nach Nordamerika zu senden.

War es wirklich Zufall, dass etwa zur gleichen Zeit in der freien Brüdergemeinde in Korntal bei Stuttgart ein Brief der schwäbischen Auswanderer vom Nordufer des Asowschen Meers im Süden Russlands eintraf? Dort lebten seit 1820 treue Bibelchristen, die ihre Heimat in Deutschland im Protest gegen den verbreiteten rationalistischen Unglauben in ihrer Kirche verlassen hatten. Mit gläubigen Laienpredigern wollten sie die Gemeinden betreuen. Aber schon nach kurzer Zeit zeigte sich, wie das geistliche Leben in den Kolonistengemeinden erschlaffte. Die predigenden Brüder waren nicht ausreichend geschult. Deshalb baten sie jetzt die Korntaler Brüdergemeinde, ihnen bei der Suche nach einem biblischen und missionarischen Seelsorger behilflich zu sein.

Die Korntaler wussten um das notvolle und ungewisse Schicksal von Eduard Wüst. So fragten sie bei ihm an, ob er bereit sei, in den riesigen Weiten Südrusslands zu wirken.

Wüst wurde der Abschied vom Vaterland leicht gemacht. Man kann sich heute kaum mehr vorstellen, wie gehässig um 1845 über Pietisten gehetzt wurde. Die Stuttgarter Zeitung, damals *Der Beobachter – Volksblatt aus Württemberg* genannt, lästerte mehrmals in Artikeln gegen das Unwesen des *herumstreunenden Reisepredigers*

145

und Stundenhalters Eduard Wüst unter der sinnigen Überschrift *Kirchliche Verwüstung:*

Dieser Unfug muss von oben herab verboten werden, der so viel Zulauf findet. *Der Reiseprediger schleppt Scharen von Pietisten hinter sich her.* Gemeinden werden *mit Strohfeuer geheizt und mit Gepolter erfüllt, das nur Verblendung, Täuschung, üblen Geruch und Unordnung zurücklässt.* Wüst wurden *Unverschämtheiten und Dummheiten* vorgeworfen, wenn er *als Lieblingsthema von beklagenswerten Gemeinden* sprach. In *kitzelnden Kraftsprüchen* behaupte Wüst, *dass viele zum heiligen Abendmahl gehen, wie die Gänse zum Trog.* Oder *dass der Weg zur Hölle mit lauter untreuen Pfarrern gepflastert sei.* Er gebe sich als russischer Missionar aus, sei aber in Wahrheit ein *entlassener Vikar,* der auf Klagen von mehreren Pfarrämtern wegen *unerlaubten Stundenhaltens* von den staatlichen Stellen *zur Verantwortung und Strafe gezogen worden* sei.

Gerne hätte sich Wüst gegen den unwahren Vorwurf des Spendensammelns zur Wehr gesetzt, aber dann hätte er wegen Ehrverletzung und Verleumdung vor Gericht klagen müssen. Wüst meinte in einem Brief: Er *gehöre zu jenem Verein, in dessen Statuten steht: Segnet, die euch fluchen! Tut wohl denen, die euch hassen! Bittet für die, so euch beleidigen.*

Verhöhnt, verspottet, die kirchlichen Kanzeln ihm versperrt, so brach Eduard Wüst im Sommer 1845 nach Südrussland auf. Vier Wochen dauerte die beschwerliche Reise, bis er in der Hafenstadt Odessa am Schwarzen Meer ankam. In der Siedlung *Neuhoffnung,* die deutsche Siedler gegründet hatten, hielt er im September 1845 seine eindrucksvolle und programmatische Antrittspredigt:

Hier liegt die Bibel vor mir. Ihr werdet an mir keinen besonders gelehrten Pfarrer haben. Ich habe gelernt, dass ein Mensch ohne lebendigen Glauben an den Gekreuzigten ewig verloren und verdammt ist. Jesus ist gekommen, um Sünder selig zu machen, unter welchen ich der schlechteste bin. Ich will euch den Gekreuzigten in seiner blutigen Liebe vor die Augen malen. Ich will ihn euch nachtragen in eure Häuser. Ich will euch aufsuchen bei eurem täglichen Berufsgeschäft. Ich will euch, wenn es not tut, selbst in der Steppe nachgehen. Und immer nichts anderes vorhalten als Jesus, den Gekreuzigten. Rufen und

*schreien will ich, was ich kann, um Menschen aus dem Schlaf aufzu-
schrecken.*

In der Kolonie *Neuhoffnung* und in den drei anderen in der
Nähe liegenden Gemeinden der Kolonisten brach durch die mitreißenden Predigten von Wüst neues geistliches Leben auf. Kennzeich-
nend dafür war, dass Eduard Wüst Sünde jeweils konkret beim
Namen nannte und zur Umkehr rief. In der evangelischen Brüdergemeinde setzte eine große Bußbewegung ein. Es begann eine
strenge Gemeindezucht mit gegenseitigem Ermahnen. Die Trunksucht wurde eingedämmt. Der Aberglaube wurde zurückgedrängt.
Überall entstanden Bibelkreise und Gebetsstunden. Viele kamen
zum Pfarrer in die Seelsorge, bekannten ihre Verfehlungen und
brachten ihr Leben in Ordnung.

In den Familien der Siedler wurden wieder Hausandachten
gehalten, dreimal täglich. Dabei betete der Hausvater frei aus dem
Herzen. Die Liebe zum Werk der Weltmission erwachte durch die
monatliche *Missionsstunde.*

Das durch Wüst geweckte neue Glaubensleben breitete sich
rasch aus und sollte sich später in den vielen hereinbrechenden Nöten
bewähren. Durch die strenge Kirchenzucht hatten die staatlichen
Behörden viele Jahre lang in den deutschen Kolonien überhaupt
keine Strafsachen mehr zu verfolgen.

Soziale Verantwortung zeigten diese Christen in einer Hilfs-
aktion für verarmte Judendörfer in der Nähe, im Verteilen von Saat-
gut unter moslemischen Tataren auf der Krim oder in Getreideliefe-
rungen für die Württemberger nach einer Missernte.

Die schwäbische Gemeinschaftsstunde wurde auch an vielen
anderen Orten Russlands eingeführt und dann *Schtunda* genannt.
Sogar in der alten, ehrwürdigen russisch-orthodoxen Kirche sollte
sie sich rasch ausbreiten. Es waren vor allem einfache ukrainische
Landarbeiter, die mit der Bibel in der Hand an vielen Orten solche
Versammlungen ins Leben riefen.

Dass Gottes Wort im Widerspruch zu einer erstarrten Kirch-
lichkeit Unruhe schafft, das hat bald auch in Russland Polizei und
Kirchenbehörde auf den Plan gerufen. Doch verhindern konnten sie
die rasche Ausbreitung dieser Bibelversammlungen des *Stundismus*

im ganzen riesigen Zarenreich weder durch brutale Verfolgung noch durch Strafmaßnahmen gegen die als *Sektierer* Gebrandmarkten.

Für diese *Stundisten* gab es keine Heimat in der orthodoxen Staatskirche Russlands mit ihren feierlichen Zeremonien und Bräuchen. So wuchsen ihre Gemeinden bald im großen russischen Reich zu stattlichen, unabhängigen örtlichen Freikirchen heran. Sie nannten sich *Evangeliumschristen* und wurden mit ihrer missionarischen Ausstrahlung zusammen mit anderen Freikirchen zum Träger der großen Evangeliumsbewegung im Osten.

Nur 41 Jahre alt wurde Eduard Wüst. In seiner relativ kurzen Wirksamkeit von 14 Jahren hat er als Prediger und Seelsorger in Südrussland tiefe und anhaltende Wirkungen durch die rasch wachsende evangelische Bewegung hervorgerufen.

Im Blick auf die Zukunft hat er neben den Versammlungen der *Stundisten* wahrscheinlich mit am meisten innerhalb der Mennoniten-Gemeinden bewirkt. Diese in der Reformation entstandene Freikirche konnte auf eine lange traditionsreiche Geschichte mit vielen mutigen Blutzeugen für die Wahrheit des Evangeliums zurückblicken. Als Wüst nach Südrussland kam, war jedoch das geistliche Leben dieser einst an Märtyrern so reichen Kirche völlig erstarrt. Man pflegte zwar die Erwachsenentaufe, aber sie war zum Ritual der Gewohnheit geworden. Es galt schon fast als Irrlehre, seines Glaubens persönlich gewiss zu sein. Ein trauriges Bild!

Ein Ältester der Mennoniten, der bei der Antrittspredigt von Eduard Wüst in *Neuhoffnung* dabei war, sorgte schon bald dafür, dass Wüst als Prediger zu großen Versammlungen der Mennoniten eingeladen wurde. Nun kam es auch in den mennonitischen Gemeinden zu geistlichen Aufbrüchen. Unter dem Einfluss von Wüst schlossen sich die bewusst im biblischen Sinn Gläubigen zu neuen freikirchlichen Gemeinden zusammen. Zur Unterscheidung von den traditionellen Mennoniten-Kirchengemeinden nannten sich die neuen reformerischen Gruppen Mennoniten-*Brüdergemeinden*. Wahrscheinlich drückte sich auch in dieser Namensgebung die Verbindung Eduard Wüsts mit der Korntaler Brüdergemeinde aus, die viel von der Herrnhuter Brüdergemeine übernommen hatte.

Diese mennonitischen Brüdergemeinden hatten in Russland eine starke missionarische Ausstrahlung. Durch konsequente Rückbesinnung auf biblische Prinzipien gingen sie bald auch konkrete Schritte in Richtung der damals im Entstehen begriffenen baptistischen Freikirchen. Eduard Wüst war bei allem wohlwollenden Verständnis für solche Wege jedoch bei seinen eigenen Gemeinden noch zurückhaltend.

So wurde Eduard Wüst in den wenigen Jahren seines Wirkens in Südrussland zu einem der großen Wegbereiter der evangelischen Bewegung, die sich trotz grausamster Verfolgung rasch mit unzähligen freikirchlichen Gemeinden im ganzen Zarenreich ausbreitete. Auch die blutige Verfolgung des Kommunismus konnte dieses starke Wachsen der Evangeliums-Bewegung nicht auslöschen, ja nicht einmal aufhalten.

Als Charlotte Reihlen krank und völlig verzweifelt war
Bloß kein Stillstand im tätigen Dienst der Liebe Jesu!

Lang ist die Liste der vielen sozialen und missionarischen Einrichtungen, die Charlotte Reihlen im 19. Jahrhundert in Stuttgart angestoßen oder selbst gegründet hat. Ob Mädchenoberschule, Kinderheime, Diakonissenmutterhaus, Hauswirtschaftsschule, Sonntagsschulen, immerfort wollte Charlotte Reihlen Gutes tun und die Sache des Reiches Gottes vorantreiben. Ihr Motto war: *Das Christentum besteht nicht im Gefühl; getan werden muss etwas!*

Zunächst lebte sie sorglos und unbekümmert in einer wohlhabenden Unternehmerfamilie. 1823 heiratete die damals 18-jährige Pfarrerstochter den 26-jährigen Kaufmann Friedrich Reihlen. Ihre repräsentative Wohnung hatten sie im großen Geschäftshaus in der Marktstraße direkt beim Stuttgarter Rathaus.

Aber schon bei der Geburt ihres ersten Kindes wäre die junge Mutter fast gestorben. Es folgte ein heftiges Nervenfieber. Trotz ihrer Besinnungslosigkeit bekam sie mit, wie ihre Familie am Krankenbett schon über die bevorstehende Beerdigung sprach. Sie jedoch konnte sich nicht rühren und fürchtete schon, als Scheintote bestattet zu werden. Es dauerte noch sehr lange, bis sich ihre angeschlagene Gesundheit wieder erholte.

1828 aber traf sie der schwerste Schlag. Sie lag gerade im Wochenbett mit ihrem dritten Kind. Da erkrankte ihr zweijähriger Sohn Julius an einer Luftröhrenentzündung. Innerhalb weniger Tage erstickte das Kind qualvoll. Unheimlich tief wühlte dieser herbe Verlust Charlotte Reihlen auf. Sie empfand plötzlich, dass ihr bisheriges Leben nicht eindeutig gelebt war und nicht genügen konnte. Sie geriet in tiefe Dunkelheit und große Anfechtungen und machte sich schwere Vorwürfe. Hatte sie etwas falsch gemacht? Wollte Gott sie strafen, weil sie sich so wenig um ihn gekümmert hatte?

Charlotte Reihlen verfiel in schwere Depressionen, dazu plagten sie heftige Nervenschmerzen im Gesicht und im Ohr. In ihrer Not besuchte die junge Mutter im Juni 1830 in der Stuttgarter Leonhardskirche einen Gottesdienst, in dem der biblisch nüchterne Pfarrer Dann predigte. Das Wort Gottes traf sie tief. Sie meinte später, es sei gewesen, als ob die Sonne plötzlich durch die Wolken bricht.

Sie begriff, wie Jesus ihr alle Schuld vergibt und sie annimmt. Darin wurde sie ganz gewiss. Sie selbst nannte es ihren *geistlichen Geburtstag*.

Es lag sicher in der energischen Persönlichkeit von Charlotte Reihlen, dass sie nun mit großem Eifer auf ihren Mann einwirkte, sich zu bekehren.

Damit begannen die schwersten Spannungen ihrer Ehe. Ihr Mann konnte als traditioneller Kirchenchrist diese Art der unmittelbaren persönlichen Frömmigkeit nicht ausstehen. Zuerst drohte er seiner Frau heftig und verlangte, dass sie diese Gottesdienste nicht mehr besuche. Als das nichts half, wollte er sie in eine Irrenanstalt bringen lassen: *Du bist verrückt und bleibst verrückt!* Schließlich aber riss er mitten in der Nacht aus – nach Amerika.

In Württemberg waren viele Menschen vom Geist der Freiheitsbewegung erfasst worden. Nach der Pariser Juli-Revolution 1830 hatte man auch in der Heimat eine politische Wende erhofft. Viele Demokraten hatten sich mit aller Macht dafür eingesetzt, die politischen und sozialen Verhältnisse im Land durchgreifend und umfassend zu ändern. Sie waren aber kläglich gescheitert. Nun lockte der große Traum der Freiheit Amerikas viele Enttäuschte, so auch Friedrich Reihlen.

Charlotte Reihlen blieb nach diesem unvermittelten, heimlichen Aufbruch als allein erziehende Mutter mit ihren vier Kindern zurück.

Friedrich aber musste in Amerika entdecken, dass sich die hohen Ideale der Freiheit und der Menschenwürde im Alltag ganz anders darstellten. Er sah die Unfreiheit und Not, aber auch die rohe Zügellosigkeit vieler Menschen.

In Ann Arber im Staat Michigan traf ihn unter der Predigt eines schwäbischen Missionars das Evangelium ganz neu. Er begriff, dass eine gründliche Bekehrung das einzige Mittel zur Besserung des Volkes ist. Diesen Schritt tat er jetzt ganz bewusst.

Im März 1834 kehrte Friedrich Reihlen wieder heim nach Stuttgart. Zunächst stand er dem Wirken seiner Frau sehr kritisch gegenüber. Da hörte er zufällig, wie im Nebenzimmer der Hauslehrer Friedrich Weidle seinen Kindern Privatunterricht erteilte. Aus Krankheitsgründen konnte Weidle in der Stuttgarter Gewerbeschule nicht voll unterrichten. So verdiente er sich das nötige Geld als Privatlehrer im Haus Reihlen hinzu.

Ausgerechnet dieses Lauschen an der Tür machte aus dem skeptischen Kaufmann einen überzeugten Christen. Und aus dem Privatunterricht der Kinder entstand schließlich eine Hahnsche Gemeinschaftsstunde, die immer mehr Menschen anzog.

Die Wohnungsnot im rasch wachsenden industriellen Stuttgart war unvorstellbar. Viele Kinder waren unterernährt, krank und verwahrlost. Manche arbeiteten in gesundheitsgefährdenden Fabriken bis zu 16 Stunden am Tag. Kinderheime entstanden, damals *Armenkinderanstalten* bezeichnet, die sich der schlimmsten Schicksale annahmen. Charlotte Reihlen half, wo sie nur konnte, ob bei schwachsinnigen, taubstummen oder epileptischen Kindern. Mit einem Erfolg gab sie sich nie zufrieden. Für sie galt: *Stillstand ist Rückgang.*

Jetzt unterstützte Friedrich Reihlen seine Frau bei allen ihren Initiativen. Charlotte Reihlen war unentwegt im Planen und Wirken. Wo sie von einer Not hörte, musste sie handeln. Weil Mädchen damals fast keinen Zugang zur Bildung hatten und nur als Mägde in einem anstrengenden Arbeitstag von zwölf Stunden Geld verdienen konnten, verfolgte sie zielstrebig die Pläne einer einjährigen hauswirtschaftlichen Ausbildung. 1860 konnte diese *Dienstbotenschule* in Stuttgart begonnen werden.

Nach dem Plan ihres Hauslehrers Friedrich Weidle gründete sie eine private höhere Mädchenschule, um hier die Ausbildungschancen für Frauen zu erhöhen. Es war das Evangelische Töchterinstitut, im Volksmund liebevoll *Lämmerstall* genannt, das heutige *Evangelische Mörike-Gymnasium.* Dann folgte ein privates Gymnasium für Jungen.

Charlotte Reihlen unterstützte die Ausgabe eines *Armengesangbuches.* Nur diese billige Ausgabe konnten sich viele Gemeindeglieder leisten. Außerdem ließ sie ein *Christliches Hausbüchlein* mit einer Auswahl an Liedern und Gebeten drucken, um das Glaubensleben in den Familien zu fördern.

Bis in unsere Tage hinein findet sich in vielen Häusern das Bild vom *breiten und schmalen Weg.* Charlotte Reihlen hat es entworfen und durch einen Künstler gestalten lassen. Darin sind wichtige Stationen der Nachfolge Jesu bildhaft dargestellt. Es war ihr wichtig, Menschen ganz praktisch zum Glauben an Jesus und zu einer eindeutigen Haltung in seiner Nachfolge zu helfen. Auch die Liebeswerke der Barmherzigkeit um Jesus willen waren ihr dabei besonders wichtig.

Charlotte Reihlen regte auch einen *Bibelverein* an, der den ärmeren Bevölkerungskreisen den Kauf von preisgünstigen Bibeln ermöglichen sollte.

Aufmerksam verfolgte sie Nachrichten aus Kaiserswerth bei Düsseldorf, wo Theodor Fliedner ein evangelisches Hilfswerk gegründet hatte, um bedürftigen, leidenden und armen Kranken zu helfen. Der Gedanke ließ sie nicht mehr los, auch in Stuttgart eine Diakonissenanstalt zu gründen. 1853 erschien unter der einflussreichen Unterstützung des Prälaten Sixt Carl Kapff der erste Aufruf zum Dienst als Diakonisse in der Zeitung. Zwei Jahre später erfolgte die Verpflichtung der ersten Schwestern.

Eine Sonntagsschule wurde im Haus ihres ältesten Sohnes Adolf Reihlen 1865 eröffnet. Er lud mit seiner Frau Therese geb. Kullen einfach Kinder von der Straße weg in sein Haus ein. Schon am nächsten Sonntag wurde ein größerer Raum benötigt. Weitere Sonntagsschulen entstanden, in denen begabte Jugendleiter, die keine Pfarrer sein mussten, die Leitung hatten. Oft wurden diese Sonntagsschulen von mehreren hundert Kindern besucht.

Von Kindheit an war Charlotte Reihlen von heftigen Migräneanfällen geplagt, die sie auch körperlich schwächten. Außerdem litt sie an Schlaflosigkeit. Später kam noch ein Herzleiden dazu.

Sehr schwer wurde ihr noch die Pflege ihres Mannes, der seit 1866 durch einen Schlaganfall fast völlig gelähmt war und auch nicht mehr sprechen konnte. Wie ein Kleinkind musste er gefüttert und versorgt werden.

Am 21. Januar 1868 nahm Gott, der Herr, Charlotte Reihlen im Alter von 63 Jahren heim in seinen Frieden.

Ohne den Heiland wäre ich der Hölle preisgegeben, schrieb sie in ihren letzten Lebenstagen.

Der baumlange Hofacker plötzlich ein nervenkrankes Wrack

Christus muss es tun – nicht ich!

Großes Aufsehen erregte in der Kirchengemeinde Stetten im Remstal die imponierende, hochgewachsene Erscheinung des Vikars Ludwig Hofacker mit seinen blauen Augen und den bis zum Nacken reichenden Lockenhaaren. Noch mehr aber ließ seine feurige Predigt aufhorchen. Überall, weit über das Dorf Stetten hinaus, wurde über das gesprochen, was man am Sonntag gehört hatte. 22 Jahre war er alt, als er 1820 in den schwäbischen Kirchendienst trat.

Dabei konnte Ludwig Hofacker gar nicht mehr laut reden. Der stattliche junge Mann war schon von schwerer Krankheit gezeichnet.

Kurze Zeit war er auch als Vikar in Plieningen vor den Toren Stuttgarts tätig, dann trat er seinen Dienst in Stuttgarts altehrwürdiger Leonhardskirche an, um in den Jahren 1823 und 1824 seinen kranken Vater zu vertreten, der dort Amtsdekan war.

Jetzt drängten massenhaft Zuhörer zu seinen Gottesdiensten. Viele wanderten auch von weit her. Jeden Sonntag waren es mehrere tausend aufmerksam lauschende Menschen. Die Emporen waren brechend voll. Die Leute standen in den überfüllten Gängen und vor den geöffneten Türen, so weit man die schwache Stimme des kranken Predigers überhaupt vernehmen konnte.

Was war das Geheimnis von Ludwig Hofacker? In seinem ganzen Leben konnte er vielleicht nur 100 Predigten halten. Gerade 30 Jahre alt war er, als er starb. Die meiste Zeit als Pfarrer war er schwer krank. Aber das Wenige, das er tun konnte, wirkt weiter bis heute. Das kann nur Gott schaffen, der dem Nichts ruft, dass es sei.

Hofackers Predigten, die erst kürzlich in 52. Auflage erschienen, werden auch noch in unseren Tagen gelesen. Dazu kommen Übersetzungen in mehrere andere europäische Sprachen. Das Entscheidende im Leben Ludwig Hofackers liegt – wie sicher bei vielen anderen Menschen auch – in seiner Krankheit, die eine Lebenswende bedeutete. Mit ausgesprochen guten Zeugnissen stand der junge Kandidat am Ende seines Studiums, als plötzlich sein Leben in die allertiefste Krise gestürzt wurde. Hofacker wurde so schwer krank, dass seine ganze künftige Tätigkeit als Pfarrer in Frage gestellt wurde.

Es war an einem schwülen Sommertag im August 1820, am Ende seines Studiums, als Hofacker in Tübingen verunglückte. Wahrscheinlich durch einen Sonnenstich verlor er das Bewusstsein. Beim Stürzen verletzte er sich unglücklich am Kopf. Die Folge war eine schwere Gehirnerschütterung, durch die dann ein vermutlich erbliches Nervenleiden aufbrach. Zeitlebens litt er an furchtbaren Kopfschmerzen. Bald nach dem Unfall stellte der Arzt bei ihm eine Wassersucht fest und bald darauf auch noch eine offene Tuberkulose.

Am Krankenbett des jungen Predigers kniete ein Basler Missionar und betete um das Wunder der Krankenheilung. Es war der weit gereiste russische Graf Zaremba. Hofacker aber wurde nicht gesund.

In dieser Ohnmacht und Schwäche der Krankheit, bei rasenden

Kopfschmerzen und gereizten Nerven, überfiel Hofacker ein furchtbarer Schrecken: *Du bist ein siecher Mensch! Du wirst zum alten Eisen geworfen! Du bist zu völliger Untätigkeit verdammt!*

In dieser hoffnungslosen Lage begriff er erstmals richtig, was Gottes Gnade jetzt für ihn, den Kranken, bedeutete: *Gott ist mir das Leben nicht schuldig. Ich kann von Gott nichts fordern. Ich kann mich nur blind an Jesus halten. Ich muss warten, ob es ihm gefällt, mich herauszuführen aus diesem Gefängnis der Krankheit oder nicht. Ich muss es ihm absolut überlassen, ob er das Zünglein an der Waage auf Tod oder Leben hinneigen will. Mein Hadern, meine Gebete, meine Rechthaberei, mein ganzes Ich will ich in seinem Willen begraben, damit ich nicht bloß als ein theoretischer, sondern als ein wirklicher Sünder nichts mehr übrig behalte als seine Gnade. Sie ist in den Schwachen mächtig. Sie ruft das Leben aus dem Tod hervor.*

Hier in seiner tief erlebten Lebenskrise liegt der Schlüssel zum Verständnis der enormen Ausstrahlung dieses bekannten Erweckungspredigers.

Wer seine Predigten liest, wundert sich, wie wenig Illustrationen, Geschichten oder Beispiele Hofacker verwendet. Es gibt keine Tricks und keine Technik, die man von ihm gleichsam lernen oder kopieren könnte. Die entscheidende Frage ist, wie ich selbst vor Gott stehe. Und nur, was persönlich erfahren und durchlebt wurde, kann so verkündigt werden.

Hofacker war nicht nur körperlich ein völliges Wrack. Auch seelisch war er oft am Ende, durch und durch zerbrochen und zerschlagen. Hinzu kamen Sorgen um die Betreuung und das finanzielle Auskommen. Am Ende seines kurzen Lebens, als ihm ein Finger wegen eines bösartigen Tumors amputiert werden musste, schrieb er in einem Brief:

Sie überschätzen mich sehr. Aus Ihrem Brief geht hervor, dass Sie mich für einen rechten Liebhaber Jesu halten, mit Erfahrungen ausgerüstet. Aber dem ist nicht so. Wenn man so wie ich jetzt drei Monate auf dem Sofa dasitzt, an Leib und Seele geschwächt, um mich herum mein geisteskranker Bruder, der fortwährend tobt, dann bekommt man ganz andere Gedanken als im Missionshaus, von Brüdern umgeben, auf der Höhe des göttlichen Wortes.

Ich versichere Ihnen, dass ich mich zum Trost den ganzen Winter über an nichts halten konnte als an die überfließende Gnade Gottes. Ich meine die Gnade, die über alles hinaus auch über Bosheit, Trägheit, Neid, heimlichen Geiz, Zorn, Widerstreben gegen den Willen Gottes, eben seine Gnade bleibt.

Mit anderen Worten: Ich halte mich an den, der die Gottlosen gerecht macht, die Schwerverbrecher, die Lumpen, die Mörder, die Lästerer und dergleichen. Lieber Freund, mit diesen muss ich auch selig werden.

Nicht dass ich immer diesen Blick hätte. Ach nein, da sind oft ganz andere Blicke. Die machen es dann, dass ich wieder zur Gnade blicke. Ich will als ein armer Sünder selig werden, als ein Schächer, dem die blutigen Wunden des Sohnes Gottes die Bahn gebrochen haben.

Diese Zeilen schrieb ein Ludwig Hofacker, zu dem Tausende sonntags oft mehrere Stunden Weg auf sich nahmen, um seine Predigten zu hören. Das blieb auch so, als ihm 1826 für die letzten zwei Jahre seines Lebens die Pfarrstelle Rielingshausen bei Marbach am Neckar übertragen worden war.

Die Bevölkerung von Stuttgart hatte zuvor vergeblich versucht, ihn nach dem Tod seines Vaters als dessen Nachfolger an die Leonhardskirche zu holen. In wenigen Tagen zeichnete ein großer Teil der Bevölkerung die Unterschriftslisten. Die Kirchenleitung aber hatte kategorisch abgelehnt. Sie alle, die sich in seinen Gottesdiensten drängten, zog diese Ehrlichkeit an, mit der Hofacker nicht nur von seiner Schwäche, sondern sogar von seinem Scheitern sprach:

Mein Glaube ist noch sehr klein, schwach und wankend. Er würde, denke ich, durch eine kleine Anfechtung zerbrochen werden.

Oder an anderer Stelle: *Das Schwerste von allem aber ist das innerliche, das geistliche Leiden. Da muss man sich selbst die Schuld geben, dass man nicht so ist, wie man sein könnte. Ich habe hier keinen Ausweg, denn als bankrotter Mann die Gerechtigkeit Christi zu ergreifen. Aber das Herz ist oft sehr blöde und verzagt beim Blick auf sich selbst. Doch man muss es stets wieder wagen auf das freie, ewige Erbarmen. So schleppe ich mich durch und fühle wohl, dass es noch nicht das Rechte ist. Doch Jesus hat's angefangen, er wird's auch vollenden.*

Was meine Predigt betrifft, schrieb Hofacker schon nach einer seiner ersten Predigten an seine Studienfreunde, *so mache ich keine Brühe um die Wahrheit herum. Sie kommt ganz trocken heraus.*

Die Wahrheit war für Hofacker Jesus Christus. So einseitig hatte er es erst erkannt, als sein Leben im strahlend hellen Licht Gottes völlig zerbrochen war. *Herr, gehe nicht ins Gericht mit mir!,* betete Hofacker. Er sah in seinem Leben nur ein einziges großes Elend. Nichts anderes blieb ihm übrig, als sich ganz an den *Überschwang der Gnade Jesu* zu halten.

Ludwig Hofacker hat sich in seinen Anfechtungen immer wieder bis vor das Kreuz Jesu gerettet. Und er erkannte, dass seine Glaubensgewissheit nicht in ihm lag, sondern allein in Jesus Christus, der ihn so festhielt, dass er nicht verloren gehen konnte.

Der Heiland ist's, der alles macht! Das hat Hofacker entdeckt und das hat er verkündigt. *Nur Christus ist's, was uns durchbringt. Sein Leben muss es tun, nicht mein Leben! Seine Liebe, nicht meine Liebe! Seine Geduld, nicht meine Geduld! Sein Gebet tut's, nicht mein Gebet.*

Ich kann mich auf nichts verlassen als auf Jesus! Das war Ludwig Hofackers Vermächtnis. Und er wies dabei auf das Bild des Gekreuzigten mit der Dornenkrone hin. So ist er auch am 18. November 1828 in Rielingshausen gestorben, mit schwacher Stimme die geseufzten Worte *Heiland, Heiland, Heiland!* auf den Lippen.

**Der stotternde Packhofverwalter
Johann Georg Hamann**

Was schwach ist vor der Welt, das hat Gott erwählt

Goethe hat ihn als *den hellsten Kopf seiner Zeit* bezeichnet: Johann Georg Hamann. Doch dieser geniale Denker war in seinem Wirken schwer behindert. Er stotterte. An diesem Sprachfehler hatte er ein Leben lang zu tragen. Dazu kam eine abstoßend vernarbte Glatze auf dem Kopf – Folge einer ansteckenden, eitrigen Jugendkrankheit. Vielleicht war das auch der Grund, warum Johann Georg Hamann sich nichts auf sein Menschsein einbildete. Im Menschen sah er nichts groß Erhabenes, sondern etwas elend Schwaches. Und er meinte im Blick auf die Menschwerdung Gottes in Jesus gar: *Wie tief hat sich*

Gott der Vater gedemütigt, da er einen Erdenkloß nicht nur bildete, son-
dern auch durch seinen Atem beseelte.

Der Vater von Johann Georg Hamann war Bader, wie man früher die Wundärzte und Chirurgen nannte. Im ostpreußischen
Königsberg ist Hamann 1730 geboren. Seine Eltern wollten ihm eine
gute Erziehung geben und ermöglichten ihm Privatunterricht. Völlig
planlos studierte er mit 16 Jahren Theologie und Jura, noch mehr
aber Philosophie, Philologie und verschiedene Naturwissenschaften.
Ohne mit einem Examen abzuschließen, verließ Hamann nach sechs
Studienjahren die Universität und wurde mit seiner angeborenen
pädagogischen Gabe Hauslehrer.

Ihn aber drängte es in die Freiheit, in die Weite der Welt. So fand
man ihn vier Jahre später als Sekretär und literarischen Mitarbeiter
eines Kaufhauses in Riga. Von dort wurde er 1757 mit einer für uns
heute nicht mehr klar erkennbaren kaufmännischen und auch komplizierten diplomatischen Mission nach London geschickt. Aber an
dieser Aufgabe scheiterte der 27-Jährige. Die Reise war ein Fiasko.

Johann Georg Hamann geriet in gefährliche Gesellschaft von
kriminellen Gestalten. Viel Geld ließ er bei einem Pfuscher, der versprochen hatte, ihn von seinem Sprachfehler zu heilen. Sein letztes
Geld gab er einem Lautenspieler, um bei ihm diese musikalische
Kunst zu erlernen. Stattdessen landete er unverhofft in den verrufenen Kneipen und Vergnügungsstätten der Londoner Unterwelt.
Ausgerechnet dieser erniedrigende und beschämende Absturz *in
das Getümmel aller seiner Leidenschaften* wurde für Johann Georg
Hamann aber zum Beginn des neuen Lebens. Geistlich wach geworden hatte er am 31. März 1758 die Freiheit eines Christenmenschen
entdeckt. Johann Georg Hamann erzählt selbst: *Ich irrte planlos und
ziellos in London herum. Ich rannte umsonst. Völlerei und Nachdenken,
Lesen und Büberei, Fleiß und üppiger Müßiggang wurden umsonst abge-
wechselt. Ich änderte in dreiviertel Jahren fast monatlich meinen Aufenthalt, ich fand nirgends Ruhe. Alles war betrügerisch, niederträchtig,
eigennützig Volk.*

In dieser Verzweiflung kaufte er eine Bibel. Er meinte später,
Gott hätte ihm diesen Gedanken eingegeben, weil er den Sinn seines
Lebens nicht mehr finden konnte.

Meine Einsamkeit, die Aussicht eines völligen Mangels und des Bettlerstandes, die Dürre meiner Umstände und die Stärke meines Kummers entzogen mir den Geschmack an meinen Büchern. Sie waren mir leidige Tröster, diese Freunde, die ich nicht glaubte entbehren zu können, für deren Gesellschaft ich so eingenommen war, dass ich sie als einzige Stütze und Zierde des menschlichen Schicksals ansah. Unter dem Getümmel meiner Leidenschaften, die mich überschütteten, dass ich öfters nicht Atem schöpfen konnte, bat ich Gott um einen Freund, um einen weisen, redlichen Freund, dessen Bild ich nicht mehr kannte. Gottlob, ich fand diesen Freund, der sich in mein Herz schlich, da ich die Leere und das Dunkle und das Wüste desselben am meisten fühlte.

Über dem Lesen der Bibel wurde Hamanns Glauben geweckt. Nicht satt konnte er werden beim Lesen, so begierig war er. Dazu entdeckte er Luthers Vorrede zum Römerbrief und zu den Psalmen.

Hamann erkannte auf einmal ganz deutlich die Kraft der Erlösung im Kreuz von Jesus Christus. Da wurde ihm klar, wie alles auf diesen einen Mittelpunkt Jesus Christus hinauslief: die Erlösung des Menschen aus der Sklaverei, Torheit und Blindheit der Sünde. In dieser Erlösung durch Jesus Christus entdeckte er nun nie geahnten Frieden und Trost, unbeschreibliches Glück und Seligkeit. Dieser Blick auf Christus bedeutete für Hamann nie etwas Einengendes, sondern vielmehr die wunderbare Weite des Lebens und der Freude.

Darüber sah er auch sein ganzes Leben neu auf Christus bezogen. Je weiter er beim Lesen des Wortes Gottes kam, *je neuer wurde es mir, je göttlicher erfuhr ich den Inhalt und seine Wirkung. Ich vergaß alle meine Bücher darüber, ich schämte mich, diese jemals gegen das Buch Gottes verglichen, jemals sie demselben zur Seite gesetzt, ja jemals ein anderes demselben vorgezogen zu haben.*

Hamann beschrieb nun sich selbst und sein Leben in rücksichtsloser Offenheit und gab der Schrift den Titel *Höllenfahrt der Selbsterkenntnis.* Er stellte diesen schonungslosen Gedanken über seinen Lebenslauf die Worte voran: *In der Menge meiner Gedanken in mir und über mich selbst ergötzen deine Tröstungen meine Seele. Bis hierher hat der Herr geholfen!*

Die Selbsterkenntnis ist die schwerste und höchste, die leichteste und ekelhafteste Naturgeschichte, Philosophie und Poesie. Später konnte Hamann sagen: *Nichts als die Höllenfahrt der Selbsterkenntnis bahnt uns den Weg zur Vergötterung.*

Nach langem Suchen hatte er endlich selbst seinen tiefen Frieden über dem Gotteswort der Bibel gefunden. Er urteilt über sie: *Die Bibel ist ein Schatz in irdenen Gefäßen.* Und dann vergleicht er die Bibel mit den Lumpen, die einst dem Propheten Jeremia unter die Achseln gelegt wurden, um ihn am Seil aus der Grube zu ziehen. *Lassen Sie mir meine alten Lumpen. Diese alten Lumpen haben mich aus der Grube gerettet. Das macht diese Lumpen so wertvoll: der Dienst, den sie tun.*

Die göttliche Schreibart hat das Alberne, das Seichte und das Unedle erwählt, um die Stärke und die Kunst aller Schreiber zu beschämen. Erkenne darum die Wahrheit und Gnade in der Niedrigkeit, in die sie sich hüllt. Der Buchstabe ist das Schloss des Heiligen Geistes.

Es ist der Geist Gottes, der durch den Mund und den Griffel dieser Männer sich offenbarte, der Geist, der über den Wassern der ungebildeten jungen Erde schwebte, der Maria überschattete, da sein Heiliger geboren wurde; der Geist, der die Tiefen der Gottheit allein zu erforschen und zu entdecken vermag. Mit wie viel Ehrfurcht soll dies uns bewegen, das göttliche Wort zu lesen und zu genießen. Die ganze Schöpfung ist nur ein Vorhof gegen dasjenige, was wir in diesem Wort sehen. Das Buch der Natur und der Geschichte sind nichts als Chiffren, verborgene Zeichen, die eben den Schlüssel nötig haben, der die Heilige Schrift auslegt und die Absicht ihrer Eingebung ist. Das Auge des Menschen ist blind und muss aufgetan werden. Das geschieht in der Herablassung Gottes in Christus.

Mit seiner Glaubenserkenntnis hat Johann Georg Hamann die ganze geistesgeschichtliche Epoche der Aufklärung mit ihrer extremen Vernunftgläubigkeit entscheidend überwunden. In dieser Geistesströmung des Rationalismus setzte man unbegrenzt alle Hoffnungen auf die Vernunft als dem entscheidenden Organ eines Menschen. Die menschliche Vernunft war die alles beherrschende Göttin.

Hamann jedoch schwamm gegen den Strom der Zeit. Die Vernunft konnte für ihn nicht mehr das Maß aller Dinge sein. Er hatte in der Bibel entdeckt, wie gerade auch die menschliche Vernunft von der Sünde verdorben ist. Deshalb hat er dieser überall angebeteten

Vernunft auch das Recht bestritten, sich selbst anmaßend absolut über die göttliche Offenbarung zu stellen. Man drängte ja damals die Offenbarung Gottes in der Bibel immer weiter zurück gegenüber einer sehr dünnen Theologie der Vernunft, die nichts mehr von der Kraft des Evangeliums kannte. So konnte Hamann sagen: *Die Leute reden von der Vernunft, als wenn sie ein wirkliches Wesen wäre, und vom lieben Gott, als wenn er nichts als ein Begriff wäre. Die Vernunft ist unfähig zu wahrer Gotteserkenntnis. Ohne Glauben an Jesus Christus ist es unmöglich, Gott zu erkennen.* Und genauso eindeutig war es für Hamann, *dass ohne Glauben an Gott, den sein Geist wirkt, und das Verdienst des einigen Mittlers es unmöglich ist, uns selbst zu lieben und unseren Nächsten.* Noch mehr bestritt Hamann das Recht, überhaupt Humanität zu leben ohne Glauben an Jesus. Er konnte sagen: *Man muss ein wahrer Christ sein, um ein rechtschaffener Vater, ein guter Bürger, ein rechter Patriot zu sein.* Für Hamann gab es jetzt nichts Gutes mehr ohne Gott. Es gab keinen einzigen Urheber des Guten als den in der Bibel geoffenbarten Gott.

Gott aber lässt sich dazu herab, Mensch zu werden. Schon als Schöpfer erweist Gott seine Menschlichkeit und Erniedrigung ebenso wie im Tod seines Sohnes am Kreuz. *Wie hat sich Gott, der Heilige Geist, erniedrigt, da er ein Geschichtsschreiber der kleinsten, der verächtlichsten Begebenheiten auf der Erde geworden ist, um den Menschen in seiner eigenen Sprache, in seinen eigenen Geschäften, in seinen eigenen Wegen die Ratschlüsse, Geheimnisse und Wege der Gottheit zu offenbaren. Nicht in Opfern und Gelübden, die Gott von dem Menschen fordert, besteht das Geheimnis der christlichen Seligkeit, sondern viel mehr in Verheißungen, Erfüllungen und Aufopferungen, die Gott zum Besten der Menschen getan und geleistet.*

Die *Hamburger Nachrichten* schrieben damals vernichtend über die Schriften Hamanns: *Kein wahnsinniger Schwärmer kann unverständlicheres und unsinnigeres Zeug reden und schreiben.* Matthias Claudius aber sprach anders von der harten Gegensätzlichkeit in der Person Hamanns: *Übrigens hat er sich in ein mitternächtliches Gewand gewickelt, aber die goldenen Sternlein hin und her im Gewande verraten ihn und reizen, dass man sich keine Mühe verdrießen lässt.*

Hamann war ungemein gebildet. Er sprach die biblischen, aber auch die klassischen und die wichtigsten europäischen Sprachen. Er kannte die alte ebenso wie die gesamte zeitgenössische Literatur bestens, ob theologischer, schöngeistiger oder philosophischer Richtung. Auch andere große Denker der damaligen Zeit bewunderten die geistige Denkkraft und die oft erkennbare Schönheit des Stils Hamanns. Es ging Hamann aber bei allen seinen Veröffentlichungen um den Lebensbezug. Darum konnte er auch ironisch reden, wenn er das hohle Denken und Wissen aufdecken musste. Er wollte selbst nicht klug und schön schreiben, sondern das Denken im Leben verwurzeln.

Johann Gottfried Herder nannte sich Schüler Hamanns und blieb ein nahe stehender Freund. Goethe und Lessing zählten ihn zu den Großen der Zeit. Auch Lavater war sein Schüler.

Von seinen Schriften aber konnte Hamann nicht leben. Er war nun 33 Jahre alt und hatte auch noch seinen geisteskranken Bruder zu versorgen. So arbeitete er zunächst als Schreiber auf dem Rathaus, dann in der staatlichen Verwaltung, später in einer Kanzlei. Durch Vermittlung des Philosophen Kant erhielt er schließlich nach mehreren fehlgeschlagenen Versuchen der Arbeitssuche in anderen Städten die Stelle eines Übersetzers in der Königsberger Zollverwaltung. Zuletzt verdiente er sein Geld ganz bescheiden und dürftig als königlich preußischer Packhofverwalter.

Gegensätzlich wie sein ganzer Charakter war auch sein Lebensstil. Dabei nahm er wenig Rücksicht darauf, was andere dazu meinten. Nachdem die Frau, die er zeitlebens liebte, ihm versagt blieb, lebte er mit der Magd seines gelähmten Vaters in ehelicher Gemeinschaft. Sie schenkte ihm vier Kinder. Ganz bewusst verzichtete er auf eine kirchliche Handlung. Warum, das blieb bei diesem widersprüchlichen Mann unklar. Die *blühende Jugend, eichenstarke Gesundheit und mannfeste Unschuld* dieser Frau beeindruckten ihn so stark, dass er zuweilen aus ihrer Nähe floh. Der Trost dieses genialen und doch so schwierigen Denkers blieb: *Gott versteht mich!*

Wirtschaftlich lebte Johann Georg Hamann sehr bedrängt und arm. Auf ihm lagen große Sorgen, wie er mit seinem kleinen Einkommen seine Familie durchbringen könnte. Überwältigt empfand es Hamann als *stärkendes Wunder seines Glaubens und beschämend für seinen Unglauben*, als ganz unerwartet Freunde ihm finanziell unter die Arme griffen. Nach dem Tod von Friedrich dem Großen wurde der kranke Hamann nach drei vergeblich gestellten Anträgen endlich mit einem kümmerlichen Ruhegehalt von seinen Dienstpflichten entbunden. Jetzt, im Alter von 57 Jahren, konnte er Königsberg verlassen. Seine Kraft und Gesundheit waren gebrochen. Eine katholische Fürstin Galitzin, die durch Schriften Hamanns zum Glauben gekommen war, lud ihn nach Münster ein.

Dort in Münster lehrte Hamann diese hochstehende Frau, die lange nach Wahrheit und Vollkommenheit gesucht hatte. Sie lernte ihren Stolz aufzugeben und allein der Gnade Jesu fest zu vertrauen. Die Fürstin hielt kurz und knapp in ihrem Tagebuch das Urteil über den feurigen Geist fest, der sie so anzog: *Himmel wahrer Demut – Kindersinn gegen Gott.*

In Münster starb Hamann wenig später als treuer Lutheraner in einer katholischen Umgebung am 20. Juni 1788.

So bleibt als Größtes von dem Leben des klugen und geistreichen Johann Georg Hamann, was er vom Geheimnis Jesu Christi ganz neu entdeckte. Er konnte sagen:

Wenn wir alles vergessen, so vertritt Jesus, der Gekreuzigte, alle Weisheit und Kraft, alle Vernunft und alle Sinne. Es ist eher möglich, ohne Herz und Kopf zu leben, als ohne ihn. Er ist das Haupt unserer Natur und aller unserer Kräfte und die Quelle der Bewegung, die so wenig in einem Menschen stillstehen kann als der Puls in einem lebenden Menschen. Der Christ allein aber ist ein lebender Mensch, weil er in Gott und mit Gott, ja für Gott lebt, bewegt und da ist.

Dieser eigenwillige Johann Georg Hamann konnte staunen, wie viele Wunder Gott an ihm tun musste, damit er wieder glauben lernte, was er als Kind gewusst hatte. Das war für ihn die tiefe Erkenntnis: *Ohne mich könnt ihr nichts tun!* Aber auch der einzige Trost: *Ich will dich nicht verlassen noch versäumen!*

Hamann wollte mit seinem Leben *herzlich und aufrichtig* Gott Dank sagen für sein Wort der heiligen Schrift. Hamann hat es geprüft und als das *einzige Licht* entdeckt, um zu Gott zu kommen. Es übertrifft alle Schätze der ganzen Natur weit. Darin werden die *tiefsten, erhabensten, wunderbarsten Geheimnisse* Gottes geoffenbart. Dieses göttliche Wort kann ein Mensch weniger entbehren als tägliches Brot. Und dieses Gotteswort wirkt auch heute eben solche Wunder im Herzen eines jeden Christen, gleich ob er gebildet oder ungebildet ist. Das wirkt heute derselbe Geist, der einst die Verfasser der biblischen Bücher getrieben hat.

Auf seinem Grabstein stehen die Worte aus 1. Korinther 1, 23.27: *Den Juden ein Ärgernis und den Griechen eine Torheit, aber was töricht ist vor der Welt, das hat Gott erwählt, damit er die Weisen zu Schanden mache; und was schwach ist vor der Welt, das hat Gott erwählt, damit er zu Schanden mache, was stark ist.* Darunter ebenfalls lateinisch: Johann Georg Hamann, dem Christen.

**Der geniale Mathematiker Blaise Pascal
unter heftigen Schmerzen**

Nicht die Vernunft, sondern das Herz entdeckt und liebt Jesus

Schon als Kleinkind überraschte das 1623 in Clermont in Frankreich geborene Genie Blaise Pascal mit komplizierten geometrischen Entdeckungen. Mit zwölf Jahren entwickelte er, ohne dass ihn jemand angeleitet hätte, die ersten 32 Lehrsätze Euklids. Mit 17 Jahren schrieb er eine Abhandlung über geometrische Kegelschnitte, Ellipse, Parabel und Hyperbel.

Dann aber mit 18 Jahren stand er auf der Höhe des Ruhms. Um seinen Vater, einen hohen Finanzbeamten, von zeitaufreibenden und langweiligen Rechenaufgaben zu entlasten, erfand Pascal eine

Rechenmaschine, die schneller und zuverlässiger arbeitete als das menschliche Gehirn.

Als 1645 das Modell vorgestellt wurde, sahen viele in der Erfindung den Triumph des Geschöpfs über seinen Schöpfer. War jetzt nicht endlich jene Grenze durchbrochen, die es dem Menschen ermöglichte, die Schwächen der Schöpfung Gottes zu verbessern?

Aber Pascal hatte sein Glück noch nicht gefunden. Forschend zog sein Geist durch die unendlichen Weiten des Universums: *Die ewige Stille dieser endlosen Räume erschreckt mich. Ich sehe nichts als Unendlichkeiten an allen Seiten, die mich einschließen wie ein Atom und wie einen Schatten, der unwiederbringlich nur einen Augenblick dauert.*

Er beobachtete, wie andere Menschen sich zerstreuten. Kartenspiel, Jagd, Geselligkeit, auch Wissenschaft, Kunst und Arbeit können das Ziel haben, dieser Stille gegenüber den Unendlichkeiten auszuweichen.

Entscheidend für das weitere Leben von Blaise Pascal war aber ein Nervenleiden, das ihn in seinem 18. Lebensjahr befiel. Oft waren seine Glieder abwärts von der Hüfte wie gelähmt und kalt. Er musste mühsam an Krücken gehen. Schwere Kopfschmerzen setzten ihm übel zu.

Bei zwei freundlichen Ärzten fand er Hilfe. Sie kamen ins Haus der Familie Pascal, um den auf einer eisigen Straße verunglückten Vater medizinisch zu versorgen. Es waren edle Wohltäter, die aus Liebe zu Gott und aus Nächstenliebe anderen helfen wollten.

In seiner schweren Krankheitsnot unterhielt sich Blaise Pascal gerne und ausführlich mit ihnen. Sie erzählten von dem lebendigen Glauben an Christus, vom Gehorsam und der Hingabe an Gott. Schließlich machten ihn die beiden medizinisch erfahrenen Edelleute auf das eben erschienene Buch *Reden über die Neugestaltung des inneren Menschen* aufmerksam.

Beim Lesen dieses Buches, es war im Jahr 1646, begriff Pascal plötzlich, wie die Gnade Gottes ihm galt. Gott hatte ihn gerufen. Er musste das Steuer seines Lebens herumreißen auf den Kurs der Nachfolge Jesu. In einer ersten Bekehrung fiel Blaise Pascal nieder und betete:

Vater im Himmel!
Ich bitte weder um Gesundheit noch um Krankheit,
weder um Leben noch um Tod,
sondern darum,
dass du über meine Gesundheit und meine Krankheit,
über mein Leben und meinen Tod verfügst,
zu deiner Ehre
und zu meinem Heil.
Du allein weißt,
was mir dienlich ist.
Du allein bist der souveräne Herr!
Tu, was du willst.
Ich weiß nur eines:
es ist mir gut, dir zu folgen,
und schädlich, dich zu beleidigen.
Gib mir, nimm mir,
aber mache meinen Willen dem deinen gleich,
dass ich in demütiger, vollkommener Unterwerfung
und heiligem Vertrauen deine Befehle empfange
und gleichermaßen verehre alles,
was mir von dir zukommt.

Von dem Augenblick an glühte Blaise Pascal in der Freude des Glaubens und musste allen von seiner wunderbaren Entdeckung weitererzählen. Zuerst führte er seine Schwester zu Gott. Dann ließ sich der ehrwürdige alte Vater der Familie von den eigenen Kindern im Glauben unterweisen. Es gelang Blaise Pascal, seine ganze Familie *für Gott zu gewinnen.*

Wenig später aber, Mitte 1647, wandte er sich wieder ganz dem zu, was seine späteren Freunde als *Eitelkeiten der Welt* bezeichneten. Er begann als Physiker eine mehrjährige Tätigkeit mit wissenschaftlichen Experimenten, neuen Forschungen und mathematischen Entdeckungen von großer Bedeutung.

Gleichzeitig brach aber seine Krankheit wieder in der ganzen Heftigkeit aus. In tiefer Empfindsamkeit litt er jedoch an der geistlich *dürren Zeit.* Er wollte unbedingt das erloschene Glaubensfeuer wieder erwecken und musste erkennen, dass er das nicht vermochte. *Gott mit dem Herzen, nicht mit dem Verstand empfinden,* das versuchte Pascal. Dabei durfte er entdecken, dass es allein Gottes Gnade ist, die dies neu schenken kann.

Es ist das Herz, das Gott spürt, und nicht die Vernunft. Ausgerechnet dieser leidenschaftliche Denker entdeckte durch das Herz, nicht durch die Vernunft, die Beziehung zum wirklichen Gott seines Lebens.

Man kann einen Brief des Paulus auswendig lernen, aber ein Paulus wird man dadurch nicht! Das Manna, das Himmelsbrot, muss von Gott immer neu gegeben werden, am andern Tag ist es ungenießbar und stinkend.

Der Tod des heiß geliebten Vaters traf ihn schwer. Völlig vereinsamte er, als auch noch seine Lieblingsschwester als Nonne ins Kloster eintrat.

War das der Grund, dass er sich ausgerechnet in das brausende und ausgelassene Leben am königlichen Hof stürzte?

Ludwig XIV. führte als Sonnenkönig Frankreichs die absolute königliche Staatsmacht auf ihren glänzenden Höhepunkt. In den mondänen Salons der französischen Gesellschaft wurde ausschweifend gefeiert.

Auch der begabte Blaise Pascal ließ sich in Paris auf unzähligen Festen des sittenlosen Hofes feiern. Das brausende und elegante Leben zog ihn unwiderstehlich an, so wie viele andere Philosophen, Freidenker und Künstler, elegante und leichtsinnige Damen mit ihren Lebemännern, Staatsbeamte und Äbte. Selbst beim Glücksspiel versuchte sich Blaise Pascal, vielleicht auch nur, um die Gewinnchancen nach den Gesetzen der Wahrscheinlichkeit zu berechnen. Der berühmte Mathematiker wurde, wo er auch hinkam, mit Bewunderung und Anerkennung überhäuft.

Doch befriedigen und erfüllen konnten ihn selbst die reichsten und sinnlichsten Eindrücke dieser Welt nicht. Pascal blieb in dem ausgelassenen Leben des Hofs ein Philosoph, ein Suchender nach Glück und Wahrheit.

Je länger, desto mehr empfand er *eine große Verachtung der Welt und einen fast unerträglichen Abscheu gegen alle, die in ihr leben.*

Alles Unglück der Menschen entstammt einem, nämlich dass sie unfähig sind, in Ruhe allein in ihrem Zimmer bleiben zu können.

Pascal erkannte, wie sehr das Herz des Menschen sich blenden lässt von der vergänglichen Welt, von der eigensüchtigen Liebe und der Gier, alles zu besitzen. Damit aber bleibt das Herz statt mit Gott nur mit dem eigenen überheblichen Ich gefüllt. Der Mensch bleibt blind, in einem Irrgarten gefangen und kann Gottes Liebe nicht erkennen. *Zu Boden mit dem Dünkel des Geistes!*, rief Pascal, damit Gott das Herz berühren kann.

Mitten in dem ausgelassenen Leben um ihn her fühlte er sich von Gott verlassen. Die Leere seines Lebens bedrückte ihn stark. Er empfand, wie unter diesem ausschweifenden Leben sein *Feuer der Liebe und des Glaubens* gleichzeitig erlosch, weil es nicht fortdauernd von der Gnade Gottes erneuert wurde. Nach all dem, was er mit Gott erlebt hatte, litt er schwer unter dieser *dürren Zeit.*

So zog sich Pascal angewidert und enttäuscht aus dem mondänen Leben der Pariser Gesellschaft zurück. Nach zwei Monaten tiefer innerer Erregung schrieb er nach Bibellese und Gebet am 23. November 1654 nieder:

Seit ungefähr 10 ½ abends bis ungefähr 12 ½ Mitternacht.
Feuer – Gott Abrahams, Gott Isaaks, Gott Jakobs,
nicht der Philosophen und Weisen Gott.
Gewissheit, Freude, Gewissheit, Gefühl. Freude. Friede.
Gott Jesu Christi …
Das ist das ewige Leben, dass sie dich erkennen,
der du allein wahrer Gott bist und den du gesandt hast.
Jesus Christus – ich bin vor ihm geflohen, habe ihn verleugnet, gekreuzigt.
Ich habe mich von ihm getrennt.
Dass ich niemals von ihm getrennt werde.
Er kann nur bewahrt werden auf den im Evangelium gelehrten Wegen:
Völlige und innige Entsagung.
Völlige Unterwerfung unter Jesus Christus
und unter meinen geistlichen Führer …

Diese bruchstückhaften Sätze seines *Mémorial* deuten in stammelnder Freude das Erlebnis seiner Gottesbegegnung an. Mit niemand hat Pascal je darüber gesprochen. Er trug aber diesen Bericht über das Erlebte eingenäht in seine Kleider bis zum Tod.

Ohne Jesus Christus wissen wir weder, was unser Leben, noch was unser Tod, noch was Gott, noch was wir selbst sind. Es ist nicht nur unmöglich, es ist auch nutzlos, Gott ohne Jesus Christus zu erkennen.

Blaise Pascals Leben nahm jetzt eine ganz neue Richtung. Nur Gott lieben wollte er von nun an. Deshalb zog er sich als Einsiedler in ein einsames Waldtal unmittelbar beim Kloster Port-Royal zurück. Er betete viel, besuchte Gottesdienste, las die Bibel, fastete und wachte. Er wollte ein Buch schreiben über des Menschen Verlorenheit ohne Gott. Vorbei war es mit den Wissenschaften, weil er jetzt den Menschen verstehen wollte. Da brach über dieser Stille des Klosters ein kirchenpolitischer Kampf der damaligen großen theologischen Strömungen herein. Die Einsiedler mussten fliehen. Besonderer Hass traf dabei Pascal, weil er viele Streitschriften für Glaubensfreiheit verfasst hatte.

Noch einmal befasste sich Pascal mit mathematischen Entdeckungen. Am wichtigsten war ihm aber, Ungläubige zu Gott zu führen. Gleichgültige und Lässige, Gebildete und Träge wollte er aufschrecken, wenn sie meinten, Gottes nicht zu bedürfen. Darum zeigte er das Elend des Menschen auf, seine wahre Lage und Ohnmacht.

So begann sein letztes, vier Jahre dauerndes Siechtum. Seit seinem 20. Lebensjahr hatte er keinen Tag ohne Schmerzen erlebt. Und doch glühte in diesem schwachen und gebrechlichen Körper ein Feuer der Leidenschaft.

Nur als Torso hat uns Pascal seine Gedanken hinterlassen. Nach seinem Tod wurden sie als *Pensées* herausgegeben. Sie gehören zu den bedeutendsten Werken der Weltliteratur, obwohl sie nur Notizen und Fragmente sind, die ohne jede Ordnung in bestimmten Augenblicken niedergeschrieben wurden.

Unerträgliche Kopfschmerzen ließen Pascal oft wochenlang keinen Gedanken mehr fassen. Mit Geduld und Sanftmut ertrug er seine Krankheit. Unentwegt kümmerte er sich um Arme und wollte nicht, dass ihm etwas Besonderes zuteil würde. Er spürte, wie sein Gedächtnis zu versagen begann.

Dass Gott mich niemals verlassen möge, das waren Blaise Pascals letzte Worte. Er starb 39-jährig am 19. August 1662.

**Der predigende Kesselflicker von Bedford –
John Bunyan**

In zwölfjähriger Haft entstand
der weltbekannte Bestseller

Es war am 12. November, einem kalten Sonntagmorgen des Jahres
1660. John Bunyan, ein umherreisender Kesselflicker aus Bedford,
ritt in ein kleines Dorf nördlich von London. Ein Bauer von dort
hatte ihn zum Predigen eingeladen. Gleich als er ankam, empfingen
ihn die Leute aufgeregt mit der Nachricht, der Dorfpolizist sei
beauftragt, die gottesdienstliche Versammlung aufzulösen.

Es war nicht die Art John Bunyans, feige vor den Mächtigen
zurückzuweichen. Er hatte schon überall gepredigt: in Wäldern und
in Scheunen, auf Plätzen und Friedhöfen, manchmal auch in
Kirchen. Meist war er verkleidet und bei Nacht unterwegs.

Nein, der Gottesdienst wird nicht abgesagt!, sagte er entschlossen. Gerade als er nach einigen gemeinsam gesungenen Liedern mit
der Predigt beginnen wollte, klopfte es an der Tür. Es war der Dorfpolizist, der den Haftbefehl schon mitgebracht hatte.

Dass Bunyan das biblische Evangelium der *überströmenden
Gnade* predigen wollte, genügte schon für eine Haftstrafe wegen
Erregung öffentlichen Ärgernisses.

Nachdem unter dem bibelfesten Staatsführer Oliver Cromwell
zum ersten Mal in England Religionsfreiheit geherrscht hatte, wurden nach seinem Tod wieder alle freien und unabhängigen evangelischen Gruppen außerhalb der bischöflichen Staatskirche als unge-
setzlich rücksichtslos verfolgt. Schließlich hatte es in England eine
wirklich grundlegende Reformation nicht gegeben. So mussten sich
die biblischen Reformkräfte in neuen Gruppen eine Heimat schaffen.
Das neue englische Versammlungsgesetz erlaubte aber überhaupt
keine Versammlung mit mehr als fünf Personen neben der offiziellen
Staatskirche. In deren Augen aber war Bunyan ein *Irrgläubiger.*

In das alte Gefängnis von Bedford, das auf der Brücke über dem
Fluss stand, wurde Bunyan eingeliefert. Am meisten machte sich

Bunyan Sorgen um seine Frau, die er erst vor einem Jahr geheiratet hatte. Nachdem seine erste Frau an der Schwindsucht gestorben war, sorgte seine zweite Frau für die vier Kinder. Sie hatten höchstens noch für wenige Tage zu essen. Wie sollten sie durchkommen, wenn er nichts zum Lebensunterhalt verdienen konnte? Schließlich durfte John Bunyan im Gefängnis Häkelarbeiten, Schnüre und Flechtgebinde herstellen und mit Hilfe seiner blinden Tochter verkaufen lassen.

Wenn er versprochen hätte, nicht mehr zu predigen und keine Versammlungen mehr abzuhalten, wäre er sofort frei gelassen worden. Nun aber wurde die Haft immer wieder verlängert. Dies bedrängte Bunyan um so mehr, als er hörte, dass seine Frau sehr schwer erkrankt war. Erst nach zwölf Jahren wurde John Bunyan aus dem Gefängnis entlassen. Die trostlose Kerkerhaft konnte aber trotz aller Leiden seine Willenskraft nicht brechen. Er kämpfte gegen Depression und Niedergeschlagenheit und entdeckte dabei, welch eine unbeschreiblich befreiende Kraft das Evangelium von Jesus gibt. Als einzige Bücher hatte John Bunyan im Gefängnis die Bibel und das Märtyrerbuch von Fox.

In der Einsamkeit der Gefängniszelle entstand das berühmte Erbauungsbuch *Pilgerreise zur seligen Ewigkeit*, das fast so viele Übersetzungen und Auflagen erlebt hat wie die Bibel selbst. Es ist ein Buch der großen Sehnsucht nach dem ewigen Leben, durchzogen von lauter Bildern aus der Bibel, lebensnah und packend, angefüllt mit tiefen biblischen Bezügen. Es stammt aus der Feder eines Mannes, der nie offiziell als Prediger anerkannt wurde und doch wie kein anderer seiner Generation gewaltig und vollmächtig predigte. Trotz seiner mangelhaften Schulbildung hat er 60 christliche Bücher geschrieben. 1628 wurde er in der Nähe von Bedford als Kind eines armen Kesselflickers geboren. Diese Leute nannte man damals, weil sie beim Ausüben ihres Berufs viel herumzogen, abschätzig *Zigeuner*. John Bunyan lebte als ganz einfacher, bescheidener Mann in einem äußerst beengten Rahmen. Sein Leben lang blieb er nichts als ein Kesselflicker und übte diesen Beruf auch bis zu seinem Tod aus. Sein Leben wurde aber weit und bekam großen Einfluss auf unzählige Menschen durch seine Predigt von der konsequenten Nachfolge Jesu.

Bis heute zeigt John Bunyan durch sein seelsorgerliches Buch von der fesselnd geschriebenen *Pilgerreise* unzähligen Menschen den Weg zum Himmel, indem er die tückischen und gefährlichen Irrwege deutlich beim Namen nennt. Eindrücklich weist Bunyan darauf hin, dass es darum geht, sein Leben zu retten. Das ist aber nur durch das unverdiente Geschenk der Gnade Gottes möglich. Man muss aufbrechen aus der Stadt *Verderben*, darf sich nicht auf dem *Markt der Eitelkeiten* aufhalten lassen. Er selbst verstand sein Leben im großen Horizont der Ewigkeit, wo hart und unerbittlich ein geistlicher Kampf durchlitten werden muss.

Was er in seinen Büchern schreibt, ist gesunde Bibellehre, bezogen aus den Büchern bewährter Glaubenszeugen vor ihm, am meisten von Luther. Und Bunyan entdeckte: *Keiner der großen Glaubenszeugen, der auf Gott vertraute, wurde zuschanden. Nimm die Bibel und lies und sieh zu, ob du einen finden kannst, der auf Gott vertraute und zuschanden ward.* Nicht nur in seiner Gefängniszelle, sondern alle Tage lebte er im Licht der Herrlichkeit Gottes. *Deine Gerechtigkeit ist im Himmel!* Das predigte John Bunyan.

Es hatte einst sein Leben entscheidend geprägt und ihn tief bewegt, wie er im englischen Bürgerkrieg als junger Soldat von einem Kameraden bei der Wache vertreten wurde. Als plötzlich die Königlichen angriffen, verlor der Kamerad sein Leben, stellvertretend für John Bunyan. Dieses erschütternde Erlebnis machte ihm das Opfer Jesu erst ganz groß, der für unsere Schuld gestorben ist.

Zunächst hatte seine Frau, die er im Alter von 20 Jahren heiratete, einen beträchtlichen Einfluss auf ihn. Sie war ein armes Waisenmädchen und brachte in die Ehe außer einem Löffel und einer Schüssel nur zwei Bücher aus dem Nachlass ihres gläubigen Vaters mit. Diese Schriften *Des armen Mannes Weg zum Himmel* und *Übung zur Frömmigkeit* wurden für das junge Paar sehr wichtig. Damals kämpfte John Bunyan noch um den Weg, den er einschlagen sollte. Man konnte ihn häufig am Spieltisch in der Wirtschaft finden, ganz selten aber auch wieder im Gottesdienst.

Er selbst erzählt aus seiner Jugend, wie er Gott mit Lügen und Fluchen erzürnte. Sein zart empfindsames Gewissen litt jedoch sehr unter allem Unrecht. Im Schlaf ängstigten ihn *furchtbare Träume* und *grausige Visionen.* Dieses tiefe Empfinden von Schuld, Anfechtung und Leiden unter der schmerzlichen Trennung von Gott hat ihn früh reifen lassen für den Glaubenskampf des Christen und dessen Sieg. Sehnsüchtig harrte er auf eine befreiende Erlösung.

Aber bevor John Bunyan die Gnade ergreifen konnte, musste ihm schwindlig werden vor den unheimlichen Abgründen seines eigenen Lebens, die er nicht bewältigen konnte.

Das erweckte Gewissen spiegelt sich in meisterhaft bildhafter Beschreibung wider in seiner *Pilgerreise zur seligen Ewigkeit.* Man hört dort in den anschaulichen Schilderungen den Schrei des verzweifelt weinenden Mannes mit der unstillbaren Sehnsucht nach Leben: *Was soll ich tun, um gerettet zu werden?*

Und dann beschreibt John Bunyan sich selbst, wie er so überwältigend die befreiende Gnade Gottes am Kreuz Jesu erlebte: *So lief er, bis er zu einer Stätte kam, die ein wenig anstieg. Auf dieser Stätte stand ein Kreuz, und etwas tiefer darunter war ein Grab. Und als Christ zum Kreuz kam, löste sich die Last von seinen Schultern und fiel von seinem Rücken ab und rollte den Hang abwärts – immer weiter abwärts bis in die Öffnung des Grabes in der Tiefe, und seither habe ich nimmermehr etwas von ihr gesehen.*

Wie konnte ein solch schwacher Mann wie John Bunyan in seinem armseligen, mit Verboten, Gefängnis und Leid schwer belasteten Leben so viel mehr wirken als andere? Er berichtet darüber selbst in seinem Buch von der *Überströmenden Gnade:*

Das Wort des Paulus von jenen Mitarbeitern in Korinth, die sich selbst bereitgestellt haben zum Dienst, *brachte mich zur Erkenntnis, dass der Heilige Geist niemals wollte, dass Menschen ihre Gaben und Fähigkeiten in der Erde vergraben, sondern dass er ihnen vielmehr befehle und sie anstachle, ihre Gaben zu gebrauchen. Obwohl ich mich unter allen Gläubigen als den unwürdigsten ansah, begann ich meine Arbeit angesichts meiner eigenen Schwachheit unter großer Furcht und Zittern und wirkte entsprechend meinen Gaben und meinem Glauben. Ich predige das gesegnete Evangelium, welches mir Gott in dem heiligen Wort der Wahrheit gezeigt hatte.*

Zuerst konnte ich aber nicht glauben, dass Gott durch mich zum Herzen irgendeines Menschen sprechen wollte, weil ich mich selbst für unwürdig hielt. Jedoch liebten mich die, die vom Wort Gottes berührt waren und achteten mich. Sie priesen Gott meinetwegen, der ich doch so unwürdig und böse bin, und nannten mich das Werkzeug Gottes, das ihnen den Weg zur Erlösung zeige.

Nach seiner Entlassung aus dem Gefängnis 1672 war John Bunyan rastlos unterwegs, um anderen zu dienen. Er gründete viele Versammlungen von biblisch ernsthaften Christen. Nebenher arbeitete er ganz bescheiden als Kesselflicker weiter. Für die Baptisten in der Gegend um Bedford wurde er der geistliche Leiter. Da man ihnen keine Kirche zugestand, predigte er meist in einer Scheune.

Nochmals sechs Monate kam Bunyan in Haft, weil er ohne Lizenz gepredigt hatte. Aber auch Vertreibung und Krankheit konnten ihn nicht aufhalten. Auf einem weiten Ritt zu einem seelsorgerlichen Gespräch geriet John Bunyan im Jahr 1688 in ein fürchterliches Unwetter. Er bekam hohes Fieber und starb wenige Tage später im Alter von 60 Jahren.

Marie Durand – und das Martyrium der französischen Hugenotten

Lebendig begraben im verriegelten Turm der Standhaftigkeit

In der endlosen, feuchten Ebene der Camargue, dem riesigen Mündungsdelta der Rhone, steht der klobige Kerkerturm von Aigues-Mortes, der alten Königsstadt mitten in der unfruchtbaren Sumpflandschaft. Geschaffen war er einst als Eckturm der wehrhaften Festung, von der im 13. Jahrhundert Ritter zu den Kreuzzügen aufbrachen.

In diesem 34 Meter hohen Verlies von Aigues-Mortes hauste Marie Durand. Mit 15 Jahren musste sie im Juli 1730 die Gefangenschaft antreten. Mit ihr waren 40 weitere Frauen, Mädchen und Kinder eingesperrt. Alle gefangen um ihres Glaubens willen. Durch die vergitterten Schießscharten drang etwas Licht in das Dunkel, aber ebenso auch Kälte, Nebel und Wind.

Fünf Jahre vorher hatten hier 30 hugenottische Männer in monatelanger Arbeit das unglaubliche Werk vollbracht und die fünf Meter dicken Mauern durchbrochen. Unbemerkt von den Wachen ließen sie sich an zusammengeknoteten Bett-Tüchern in die Tiefe und schlugen sich bis in die heimischen Berge durch. Seitdem war das feuchte Gewölbe ein Gefängnis für Frauen. Männer wurden auf die Galeeren geschickt, jeweils zu sechst an die zwölf Meter langen Ruder gekettet.

Marie Durand wollte mit 15 Jahren den Hugenottenprediger Matthieu Serre heiraten. Wegen der Verfolgung der Evangelischen konnte der Ehebund aber weder rechtlich noch kirchlich bestätigt werden.

Vier Monate nach der Eheschließung wurde Marie Durand kahl geschoren und in diesem trostlosen Verlies eingekerkert. Sie hat ihren Mann nie mehr wieder gesehen. Ihr Vater wurde noch im Alter von 70 Jahren auf eine abgelegene Insel im Mittelmeer verbannt. Er bekam zehn Jahre Haft wegen des Bekenntnisses seines Sohnes

Pierre, der rastlos im Dienst der Gemeinden unter dem Kreuz unterwegs war.

Aus dem Gefängnis der Festung Brescou heraus schrieb der alte Vater seiner Tochter noch einen Brief. Er ist adressiert an den königlichen Leutnant von Aigues-Mortes mit der Bitte um Weiterleitung, wurde Marie Durand aber nie ausgehändigt. Darin schreibt der Vater:

Meine Tochter, der Schöpfer der Welt hat es zugelassen, dass ich, solange ich mich erinnern kann, immer in Prüfungen, Leiden und Verfolgungen aller Art gewesen bin, und ich sehe, dass sie von Mal zu Mal zunehmen. Aber Gott sei Dank! Ich bin immer wieder getröstet worden, und ich setze mein Vertrauen auf ihn. Lass dich durch nichts betrüben, vielmehr freue dich am Herrn durch Gebete, Psalmen und Lieder zu jeder Stunde und in jedem Augenblick. Dadurch wird dir der Herr die Kraft und den Mut geben, alle Trübsal, die dich treffen kann, zu ertragen. Du darfst nicht bedauernd an das bequeme Leben denken, das du gehabt hast. Du siehst, dass dein Bruder alles verlassen hat, um im Werk des Herrn zu arbeiten und dass er nicht wagen darf, in der Öffentlichkeit zu erscheinen. Und doch, so glaube ich, verliert er nicht den Mut. Tu du dasselbe!

Nicht weit von Aigues-Mortes, etwa einen halben Tagesmarsch entfernt, liegt die Stadt Montpellier. Dort in der Festung wartete inzwischen ihr Bruder Pierre Durand, ein evangelischer Seelsorger und Prediger, auf sein Todesurteil. Die Zelle wimmelte von Ungeziefer. Seine Sorge galt seiner Frau und den Kindern, die in großer Armut im Ausland lebten.

Als der 32-Jährige am 22. Februar 1732 zum Galgen geführt wurde, versuchten die Soldaten, mit Trommelwirbeln den laut gesungenen 23. Psalm zu übertönen. Es sollte ihnen nicht gelingen. Ein wolkenbruchartiger Regen hatte das Fell der Trommeln aufgeweicht.

Marie Durand aber lebte 38 Jahre im Turm von Aigues-Mortes. Sie tröstete und ermahnte die Schar der inhaftierten Frauen. Sie betete und sang mit ihnen Psalmen. Sie pflegte die von schwerem Rheuma Geplagten auf ihrem Strohlager. Und in den Stein des Bodens zwischen zwei Kerkergewölben kratzte sie mühsam und unbeholfen jenes *RESISTEZ – Leistet Widerstand!* Noch heute kann man es dort in den Stein geritzt sehen, mit dem orthographischen

Fehler, als trotziges Vermächtnis eines Widerstandes, der aus dem Glauben kommt.

Ein einziges Wort hätte die Freiheit gebracht: *J'abjure! – Ich schwöre ab!* Täglich wurden die Frauen von fanatischen Funktionären bedrängt. Sogar die einfache Erklärung hätte genügt: *Ich werde mich im Sinn des Königs jeder äußeren Ausübung der protestantischen Religion enthalten!* Dann wären sie sofort frei gewesen. Aber diese Frauen sagten: *Resistez! – Leistet Widerstand!* Widersteht der teuflischen Versuchung. Gebt nicht nach!

Unter ihnen war auch Isabeau Menet, 1735 bei einem Gottesdienst ihres Mannes verhaftet. Ihn verbannte man auf die Galeere, wo er acht Jahre später starb. Die Frau aber brachte bald nach der Inhaftierung ein Kind zur Welt: *Michel Ange*, ein Engel des Trostes. Sechs Jahre lang lebte der Junge bei der Mutter im trostlosen Verlies. Dann wurde er gewaltsam von ihr getrennt. Sie verlor darüber den Verstand, wurde wahnsinnig. Nach 15 Jahren wurde sie begnadigt. In den Akten steht kurz und bündig: *Irrsinnig geworden ihrem Bruder zurückgegeben.*

27 Jahre lang war dort die zähe Marie Beraud gefangen. Seit ihrem vierten Lebensjahr war sie blind. Noch länger, 40 Jahre, war Anne Gaussain im Kerkerturm lebendig begraben. Marie Frizol schmachtete 41 Jahre im Turm. Hier wurden Kinder geboren, andere starben hoch betagt. Nur einige wenige schworen ab, durch die grauenhaften Bedingungen zerbrochen und schwach geworden.

Als schließlich 1768 der Gouverneur das Gefängnis öffnete, war die jüngste der Frauen 50 Jahre alt. Als ein Kind von acht Jahren hatte man sie um des Glaubens ihrer Mutter willen hier eingesperrt. Von den 25 Frauen, die das Grauen überlebten, waren elf über 60 Jahre, fünf sogar über 75 Jahre alt.

Marie Durand durfte als eine der Letzten den Turm verlassen. Sie kehrte heim in das fast ganz verfallene väterliche Haus, körperlich schwach und gebrochen. Dort betreute sie andere, darunter einen alten Bekenner, einen 73-jährigen früheren Galeerensträfling.

Man könnte Marie Durand und ihre Mitgefangenen wirklich Heldinnen nennen. Sie aber würden sagen, dass sie in ganz besonderer Weise Gottes überwältigende Kraft und die Treue seiner Verheißungen erfahren haben.

Der vereinsamte und verarmte Rembrandt van Rijn

Ich will mich aufmachen und zu meinem Vater gehen!

Auf einem berühmten Bild hat der junge Rembrandt sich mit seiner Frau Saskia gemalt. Es ist ein Bild überschäumender Lebensfreude. Leidenschaftlich liebte Rembrandt seine Frau. Da sieht man den Künstler mit der wallenden Feder auf dem Hut, wie er seine Frau auf dem Schoß hält, ausgelassen lachend. In der andern Hand ein gefülltes Weinglas, den Degen an der Seite. Auf dem Tisch steht eine üppige Mahlzeit, an der Wand hängt die Tafel, an der der Wirt die Zeche ankreidet.

So mag es in den Tagen des irdischen Lebensglücks im Haus Rembrandt in der weltoffenen Handelsstadt Amsterdam zugegangen sein. Rembrandt liebte das Leben und das Schöne. Er freute sich am Glitzern des Goldes, an Farben und schönen Kleidern, an Perlen und Purpur. Prachtvolle Schätze sammelte der gefeierte Künstler für seine geliebte Saskia zusammen: Kostbare Teppiche, teure Seide aus Indien und China, Bilder aus Italien und Griechenland. Mit Edelsteinen schmückte er seine junge Frau, die er 1634 als zweiundzwanzigjährige geheiratet hatte.

Und doch erinnert dieses berühmte Selbstbildnis der ausgelassenen Lebensfreude in nicht wenigen Einzelheiten an Rembrandts Zeichnungen vom verlorenen Sohn, der sein Gut mit Prassen vergeudete. Hat Rembrandt in den Tagen des Glücks sein Leben selbst so gesehen und gedeutet?

Die vornehme Verwandtschaft seiner Frau Saskia hatte bis zum Schluss versucht, die Heirat der beiden glücklich Verliebten zu verhindern. Erschien ihr der Müllersohn oder gar der Maler Rembrandt nicht standesgemäß für die wohlhabende Braut, die ein Vermögen in die Ehe mitbrachte?

Rembrandt hatte aber schon damals viele Bewunderer und war als Lehrer der Malkunst gefragt. Reiche Kaufleute und angesehene Patrizier wollten sich von ihm porträtieren lassen. So kam es zwei Jahre vor der Verheiratung zu dem ehrenvollen Auftrag, ein Gruppenbild von acht Männern zu malen. Genial wie Rembrandt war, schuf er eine völlig neue Form der Gruppierung im Gemälde der Anatomie des Dr. Tulp. Aufmerksam und konzentriert folgen die um die Leiche herum versammelten Männer den Ausführungen des Professors.

Rembrandt stand mit diesem Erfolg auf der Höhe des Glücks. Und er konnte seine Saskia heiraten, die ihm als treue Gehilfin zur Seite stand. Mit großem finanziellen Aufwand sammelte Rembrandt Schmuck und Edelsteine in verschwenderischer Fülle, Kunstwerke, Bilder und unzählige andere Kostbarkeiten, die seine geliebte Saskia erfreuen sollten.

Diese ausgelassenen und glücklichen Tage und Jahre im Haus Rembrandt währten aber nicht lang. Saskia gebar ihm drei Kinder, die alle bald wieder starben. Und nachdem Saskia das vierte Kind, Titus, geboren hatte, wurde sie selbst schwer krank. Die Ärzte standen oft ratlos an ihrem Bett und konnten nicht helfen. Und so ist sie

1642 am Vorabend des 36. Geburtstages von Rembrandt im Alter von gerade 30 Jahren gestorben.

Rembrandt blieb allein mit seinem neun Monate alten Sohn Titus zurück.

Dazu kam im gleichen Jahr ganz plötzlich der erste berufliche Misserfolg und große Konflikt mit der öffentlichen Meinung. Anlass war der Auftrag der Schützengesellschaft des Kapitäns Cocq für ein Gruppenbild. Rembrandt löste das Problem der vielen Gestalten in der genialen Anordnung des Bildes, das als *Nachtwache* berühmt wurde. Saskia hatte das Entstehen des Bildes noch miterlebt und sich daran gefreut. Als aber beim Jubiläum der Schützengilde das Kunstwerk feierlich enthüllt wurde, löste es Widerspruch und Ärger aus. Einige auf dem Bild porträtierten Gildenleute sahen sich selbst offenbar nicht genügend vorteilhaft dargestellt. Andere kritisierten die bewegte Anordnung des Bildes und verlangten ein neues Bild durch einen anderen Künstler.

Rembrandt war tief verwundet. Wie fehlte ihm jetzt seine Saskia! Niemand verstand ihn und seine großartige Kunst so wie sie. Verletzt und enttäuscht zog er sich von den Menschen zurück.

In dieser Einsamkeit malte er viel aus der Bibel. Die Bibel war das einzige Buch, das er besaß. Von Kind auf war er damit vertraut. Seine Mutter hatte ihm viel daraus erzählt. Und so zeichnete er sie auch, mit dem Bibelbuch in der Hand.

Zu einem tieferen Verstehen und Begreifen führte ihn nun das schwere Leid. Wenn den jungen Künstler einst vor allem die dramatischen Geschehnisse der Bibel interessierten wie die bekannten Szenen aus dem Alten Testament und den Apokryphen, so war das seit dem Tod seiner Frau anders. Unter den Bildern findet sich auch die Aufrichtung des Kreuzes Jesu. Seine Hände sind an den Balken genagelt. Und bei denen, die das Kreuz aufrichten, malte Rembrandt sich selbst. Ganz nah bei den blutüberströmten Füßen findet man ihn, den feinsinnigen Künstler.

Auf dem Bild mit den drei Kreuzen fing Rembrandt die ganze unheimliche Dunkelheit ein. Spottende Gaffer, der römische Hauptmann auf dem Pferd, Soldaten mit ihren Lanzen. Und Frauen, die trauernd unter dem Kreuz stehen. Doch über dem gemarterten Jesus bricht das strahlend helle Licht durch die unheimliche Finsternis von Golgatha. Auch über dem Schächer an der Seite von Jesus wird es licht. So malte Rembrandt auch die Weihnachtsgeschichte ganz anders als die Maler vor ihm. Er stellt das Kommen Jesu mit der Korbwiege in einem holländischen Bauernhaus dar, weil Gott unter uns hier in dieser Welt Wohnung machen will. So hat Rembrandt die ganz alltägliche Umgebung mit ihrer Not hineingenommen in die große Freude des Evangeliums.

Zu den großen Bildern Rembrandts gehört auch jene Radierung des Hundertguldenblatts mit seinem starken Kontrast zwischen Licht und Finsternis. Dem Bild zugrunde liegt das 19. Kapitel des Matthäusevangeliums. Da stehen sie, die Satten und Reichen, die Hände verschränkt, und strecken ihren breiten Rücken hin. Sie erscheinen gleichgültig, ja ablehnend. Was Jesus sagt, geht sie nichts an. Man erkennt auch den reichen jungen Mann, der traurig dasitzt und sich nicht zur Nachfolge entschließen kann. Mütter bringen ihre Kinder und werden von den Jüngern abgewiesen. In der Mitte des Bildes, mitten in der Finsternis, steht Jesus. Licht umgibt ihn. Ein endloser Zug von Kranken, Elenden und Zukurzgekommenen aus der Dunkelheit der Nacht kommt auf ihn zu. Hilflose und Bettlägerige werden auf der Schubkarre gefahren. Der helle Schein der Sonne, das strahlende Licht, das von Jesus ausgeht, zieht sie an.

Ein Kunsthändler nahm das Bild von dem mittellosen Rembrandt für 100 Gulden in Zahlung. Daher der Name *Hundertguldenblatt.*

Insgesamt etwa 650 Gemälde, 300 Radierungen und mehr als 1200 Zeichnungen hat Rembrandt geschaffen.

Doch am Ende seines Lebens hatte er viele Schulden. Auch von dem Haus konnte er nur ein Viertel der Kosten mit dem Geld von Saskia bezahlen. Durch seine Sammelleidenschaft für wertvolle Kunst wurden auch alle Erlöse seiner Bilder rasch aufgezehrt. Es folgten Prozesse und gerichtliche Auseinandersetzungen, die schließlich zur Zwangsversteigerung all seines Besitzes führten. Im Streit mit den Gläubigern musste er selbst die Versteigerung all der liebenswerten Schätze beantragen. Welch ein schwerer Weg in die Tiefe des völligen wirtschaftlichen Zusammenbruchs! Von all seinem Erfolg blieb Rembrandt nicht mehr als sein Malgerät und ein paar alte Kleider.

Man hat Rembrandt geächtet, weil er schließlich mit seiner Magd Hendrickje Stoffels zusammenlebte, ohne mit ihr verheiratet zu sein. Die Zinsen aus dem Testament seiner geliebten Saskia standen aber einer zweiten Heirat im Weg. Auf sie konnte Rembrandt nicht verzichten.

Es wurde immer einsamer um ihn. So gefeiert er einst war, so wurde er jetzt gemieden. Ein Jahr vor seinem Tod musste er auch noch seinen einzigen Sohn Titus im Alter von 27 Jahren begraben. Dazu machte sich Rembrandt schwere Schuldvorwürfe wegen des Todes seiner Gefährtin Hendrickje, die schon sechs Jahre vorher viel zu früh gestorben war.

Am 4. Oktober 1669 wurde auch der 63-jährige Rembrandt in Amsterdam abgerufen. Im letzten Jahr seines Lebens malte er noch einmal das Bild von der Heimkehr des verlorenen Sohnes. Schon als 30-jähriger Künstler hatte ihn diese Geschichte gepackt, wie der Vater auf den zerlumpten Sohn wartet und ihm voll Liebe entgegeneilt und ihn aufrichtet. In der Mitte des Bildes sieht man die zarten Vaterhände, die den geschundenen Sohn fassen und ihn bergen und schützen. Es ist Rembrandt selbst, der sich hier gemalt hat, wie er heimkehrt aus einem leidvollen und traurigen Leben in der Welt. Er hat alles verloren. Nichts ist ihm geblieben. Nur die unendliche Liebe Gottes, die den nicht hinausstößt, der zu ihm umkehrt und heimkommt.

Da schlug er in sich. Hier spiegelt sich das ganze Evangelium von der rettenden und bergenden Gnade Gottes, wie er es selbst erlebt hat. In diesem letzten Bild vom verlorenen Sohn, das sich heute in Petersburg befindet, sind die Hände des Vaters am meisten beeindruckend. Sie legen sich auf den gebeugten Rücken der knienden Elendsgestalt mit dem kahlen Kopf und den zerlumpten Kleidern, die heimkehrt. Sie lassen die Liebe des Vaters, sein Verzeihen und seine bergende Güte ahnen.

Ein Leben lang ist Rembrandt mit der Bibel umgegangen und hat mit Gott gerungen. Aber es war Gott selbst, der ihm begegnete und den leidenschaftlich suchenden Rembrandt überwältigt hat.

In unendlich schweren Lebensführungen hat dieses Wort Gottes ihm die Augen geöffnet, dass er erkannte, wie Gottes unendliche Liebe ihn suchte und an sich zog. Es sollte sein *letztes Wort* sein.

Auf seiner Staffelei stand bei seinem Tod noch unvollendet das Bild vom greisen Simeon, mit dem sich Rembrandt selbst in eins setzte. Da hält Simeon Jesus auf den Armen und betet: *Herr, nun lässest du deinen Diener in Frieden fahren, denn meine Augen haben deinen Heiland gesehen!* Die Augen scheinen erloschen zu sein. Und doch kann er jetzt von innen heraus schauen, wonach Rembrandt ein Leben lang verlangte.

Amos Comenius – heimatlos, verfolgt und vertrieben
Voll Zuversicht Neues wirken mitten im 30-jährigen Krieg

Am Anfang stand ein dramatischer Fenstersturz in Prag. Aber erst als unzählige andere weitermachten, sollte das zu jenem unheimlichen 30-jährigen Morden führen: 13 verschiedene Kriege in drei Jahrzehnten haben die Historiker ausgemacht. Mit am schwersten war das deutsche Reich betroffen. Es wurde fast völlig niedergemacht und geplündert. Etwa 40 Prozent der Bevölkerung kamen ums Leben. Viele davon starben unterernährt auf der Flucht durch Pest und Cholera.

Wie hatte das am 23. Mai 1618 angefangen? Es war nicht das erste Mal in der böhmischen Geschichte, dass in der goldenen Stadt Prag Verräter des Vaterlands einfach zum Fenster des Hradschin hinausgeworfen wurden. In diesem speziellen Fall allerdings sollte es für Europa ungeahntes Elend bedeuten.

Dabei kamen damals in der Prager Burg die beiden kaiserlichen Statthalter des absolutistisch regierenden Kaisers Ferdinand II. und ihr Geheimschreiber trotz des 16 Meter tiefen Falls relativ glimpflich davon, weil sie auf einem Misthaufen im Burggraben landeten.

Der Fenstersturz an sich war eigentlich eine originelle und wirksame demonstrative Rebellion gegen die Räte des Kaisers und die unterdrückende katholische Macht. Der Protest richtete sich gegen den mächtigen habsburgischen Kaiser Ferdinand II. in Wien, der zugleich böhmischer Landesherr war. Dieser wollte mit allen Mitteln auch die letzten Reste der evangelischen Reformation ausmerzen. Mit diesem Fenstersturz sagten sich die evangelischen Adelsstände Böhmens von ihm los.

Unter diesem katholischen Kaiser wurde die Gegenreformation der Jesuiten mit neuen Privilegien und Rechten gestärkt, um endlich das noch verbliebene Erbe der tschechischen Reformation von Johann Hus zu überwinden.

Schon zwei Jahre nach diesem spektakulären Fenstersturz hatten die kaiserlich-katholischen Truppen den tschechischen Aufstand niedergeschlagen. Das böhmische Heer der Evangelischen wurde 1620 in der Schlacht am Weißen Berg von der kaiserlich-katholischen Armee vernichtend geschlagen. Wenig später, im Juni 1621, wurde in Prag ein großes Blutgericht abgehalten. 27 Anführer des Aufstandes, Blutzeugen des Evangeliums, wurden öffentlich hingerichtet.

Sonne der Gerechtigkeit, Christus, betete der Graf von Schlick, als er als Erster das Schafott betrat: *Gib, dass ich durch des Todes Tor zu deinem Lichte kommen mag!* Männer mit schwarzen Kappen trugen seinen verstümmelten Leib weg. Die abgehauene Hand und der Kopf wurden später mit anderen Köpfen oben am Brückenturm aufgespießt.

Fünf Stunden lang dauerte das grausame Hinrichtungsritual. 728 Ritter und Großgrundbesitzer verloren alle Güter. Bald darauf wurden alle evangelischen Prediger und Lehrer *für ewige Zeiten* des Landes verwiesen. Das tschechische Volk war völlig entmachtet, die Reformbewegung des Evangeliums mit brutaler Macht unterdrückt.

Wer nicht zum katholischen Glauben übertrat, musste das Land verlassen. Die Gegenreformation der Jesuiten hatte überall, in Schulen und Universitäten, freie Hand. Eine große Massenflucht setzte ein. In einem endlosen Flüchtlingstreck verließen über 100 000 Menschen Böhmen. Diese trostloseste Stunde böhmischer Geschichte war der Augenblick, als Amos Comenius um seines Glaubens willen nur noch in den Untergrund abtauchen konnte.

Vorher war Amos Comenius Pfarrer der *Brüder-Unität* in Fulnek gewesen, einer kleinen Stadt an der mährisch-schlesischen Grenze. Ursprünglich nannte sich die evangelische Kirche, die schon 1457 entstanden war, *Brüder des Gesetzes Christi*. Diese biblischen Kreise, zu denen neben Tschechen auch viele Deutsche gehörten, wollten eine wirklich echte Gemeinde Jesu nach dem Wort Gottes bauen. Sie waren enttäuscht und angewidert von den grausamen soldatischen Heeren, die damals leidenschaftlich den Tod des tschechischen Reformators Johann Hus rächten, der 1415 in Konstanz um seines Bekenntnisses willen als Märtyrer verbrannt worden war.

Aber auch mit den offenkundigen kirchlichen Missständen konnten sie sich nicht abfinden. Nach dem Gesetz Christi wollten sie auf dem Boden der Bibel als Reformgemeinde zusammenleben. Darum gaben sie sich den Namen *Brüder-Unität*.

Nun aber, 160 Jahre später, kurz nach Beginn des 30-jährigen Krieges, waren alle tschechischen Pfarrer vertrieben, gefangen oder umgebracht. Wo noch einzelne evangelische Gemeinden bestanden, wurden die letzten bekennenden Teilnehmer grausam gefoltert. Viele schmachteten in schrecklicher Kerkerhaft.

Amos Comenius blieben nur die Wälder Mährens als Versteck, wenn er nicht eingesperrt werden wollte. Er hatte großes Heimweh nach seiner Familie, besonders nach seiner Frau. Während dieser Jahre dauernden Flucht starben seine Frau und sein Sohn, die in Fulnek zurückgeblieben waren, an der Pest. Auch wurde die Stadt von den feindlichen Heeren der Spanier angezündet. Fast die gesamte Bibliothek von Comenius wurde ein Raub der Flammen.

Nach den entbehrungsreichen Jahren der Flucht durch die weiten mährischen Wälder fand Comenius Zuflucht im Schloss Brandy des treuen Freiherrn von Zierotin. Er litt unter heftigen Depressionen. Bedrängt durch das *Dunkel der Katastrophe und durch unbeschreibliche Bedrängnisse und Versuchungen* schrieb er nach dem Tod seiner Frau und seines Sohnes eine Schrift *über das Verwaistsein*. Es folgte die ergreifende Schrift *Trauern über Trauern – Trost über Trost*. Darin wechseln Klage und Anklage:

Was soll man auf dieser elenden und betrübten Welt anfangen? Wo soll man sich hinwenden? Was soll man für sich nehmen? Ach, wo ist Hilfe? Wo ist Rat? Ach, wenn doch der Tod käme und machte Trübsal, Jammer und Elend endlich ein Ende!

In ganzer Offenheit berichtete Comenius, wie auch die Vernunft und der Glaube die Gefühle der zerknirschten Seele und den Lebensüberdruss des Geistes nicht heilen konnten. *Zuletzt kam Christus und gab der Seele endlich volle Ruhe, Trost und Freude zurück.* Immer wieder hatte Comenius zu kämpfen, bis ihm *Christus wieder zum Sieg verhalf*. Er verfasste den Vers:

Jesus, mein Licht!
Dein Strahl durchbricht,
was in der Seele noch trübe.
Nun kann ich, angestrahlt von Liebe,
tun mein Werk mit heiterem Mute
mir und den Nächsten zugute.

Im Februar 1628 fand Comenius, der auch wieder geheiratet hatte, endlich in der polnischen Stadt Lissa eine sichere Zuflucht und Heimat. Hier wirkte er am längsten. Die Glaubensfreiheit dort war dem polnischen Grafen Raphael Lesczynski zu verdanken. Sie dauerte in der Stadt Lissa auch dann noch an, als sie im übrigen Polen schon wieder völlig abgeschafft war. Etwa tausend weitere Flüchtlinge der böhmisch-mährischen Brüder-Unität waren Comenius gefolgt. Durch den Zuzug der Vertriebenen wuchs die polnische Stadt und blühte auf. Neben den Böhmischen Brüdern fanden auch Lutheraner und Calvinisten in Lissa Zuflucht.

Vor 36 Jahren war Comenius 1592 mit dem tschechischen Namen Jan Komensk in der ostmährischen Stadt Nivnice geboren. Im Alter von zehn Jahren verlor er seinen Vater, einen angesehenen

Bürger der Stadt, ein Jahr später seine Mutter und zwei seiner Schwestern. Als Waisenkind fand er Aufnahme bei einer Tante, die ihn in eine Schule der böhmischen Brüder-Unität schickte. Mit 13 Jahren musste er miterleben, wie sein Wohnort Stráznice überfallen und niedergebrannt wurde. Im Alter von 19 Jahren studierte er in Herborn, später in Heidelberg evangelische Theologie. Für eine Promotion zum Doktor fehlte allerdings das Geld. Seinen Namen passte er in dieser Zeit dem Lateinischen an und nannte sich Johann Comenius, wobei er zusätzlich den Namen Amos annahm.

In seinem späteren Exil im polnischen Lissa litt Comenius an der furchtbaren Zerstörungskraft des nicht endenden Krieges. Wie sehnte er sich nach Frieden! Schon früher hatte er die Ursachen des Unfriedens der Welt beschrieben: *Wer nicht in seinem Gott als in dem Zentrum bleibet, den schleudert's hin und her, bis er daran zerstäubet.* Das sollte später seine Hauptaufgabe werden: durch Erziehung Mensch und Welt zu verbessern und in die gottgewollte Harmonie zu bringen. Die Völker können vom Leben im Reich Gottes nur lernen. Nur durch richtige Erziehung der Jugend kann der Wohlfahrt der Menschheit geholfen werden.

In Lissa fiel es Comenius anfangs schwer, dass er als gelehrter Theologe zur *Schultätigkeit gezwungen wurde, um die Schwierigkeiten des Exils zu bewältigen.* Zunächst musste er den Unterricht kleiner Kinder übernehmen, dann wurde er Rektor der Schule.

Später aber dachte Comenius doch sehr groß von dem Erziehungsdienst an Kindern. Wehe dem, der eins dieser Geringsten ärgert! Er hat dabei herausgestellt, wie Jesus Kinder ernst nahm *als seine lieben Brüderlein und Schwesterlein.* Er erinnerte an Philipp Melanchthon, der beim Betreten von Schulklassen den Hut vor den Kindern herunter nahm und sie als künftige Doktoren, Pastoren, Superintendenten, Bürgermeister, Kanzler und Magister grüßte. Welche Aufgaben werden diese Kinder einmal im Dienst Jesu haben! Auch meinte er, Kinder hätten das Ebenbild Gottes noch bewahrt und seien noch nicht so besudelt wie Ältere.

Im Lauf der Schreckensjahre des 30-jährigen Krieges wurde Comenius eine planmäßige Erziehung zur wirklichen Bildung eines Menschen immer wichtiger. Dazu ist Christus vom Himmel gekommen, um das durch den Sündenfall verdorbene Wesen durch Erziehung so weiterzuentwickeln, dass Christus die ursprünglichen Anlagen des menschlichen Ebenbildes Gottes wiederherstellen kann. *Alle, die als Menschen geboren sind, bedürfen der Unterweisung, eben weil sie Menschen sein sollen und nicht wilde Tiere, rohe Bestien oder unbehauene Blöcke.*

Diese pädagogische Schulbildung wurde von Comenius jetzt für alle verbindlich gemacht, für Reiche und Arme, Jungen und Mädchen – ob in Dörfern oder Gehöften. Die weniger Begabten haben dies um so mehr nötig. *Je träger und schwächlicher einer von Natur aus ist, um so mehr bedarf er der Hilfe. Man findet keine so unglückliche Geistesanlage, dass sie durch Pflege nicht verbessert werden könnte.*

Auch das Alter ist für Comenius Teil dieser umfassenden und zielgerichteten Lebensschule. Das Alter ist *noch kein Grab, kein vollkommenes Aufhören jeder Arbeit, sondern ein Teil des Lebens. Deshalb werden sich die alten Menschen nicht völlig der Arbeit enthalten und sich nicht ganz dem Müßiggang und der Erschlaffung hingeben.* Sie sollen um so eifriger daran arbeiten, um auf das Fest ihres Alters hin sich weiter zu vervollkommnen und zu reifen.

Für Comenius gibt es auch keine Berechtigung, die Mädchen auch nur von einem Bereich der Bildung auszuschließen, weil *sie in gleicher Weise Gottes Ebenbilder sind.* Er wollte für Frauen die gleichen Bildungschancen, da sie sogar *oft mehr als unser Geschlecht mit einem lebhaften und für die Weisheit empfänglichen Geist begabt sind.*

Heftig kritisierte Comenius die *harten Methoden* der damaligen Schule, die zum *Kinderschreck* und zur *Geistesfolter* geworden sind, weil sie Kinder überfordern. Deshalb meinte Comenius, wenn er von Bildung sprach, nicht die Masse einer Wissensfülle, sondern vor allem das Verstehen der Zusammenhänge durch eine natürliche und anschauliche Lehrmethode. *Man muss das Wasser auch nicht zwingen, einen Abhang hinab zu fließen.* Dazu gehört auch die Freude an sich selbst und an seiner Vernunft. In der *Didactica Magna* schuf er eine große und zusammenfassende Erziehungslehre.

Erziehung und Bildung bedeuteten eben für Comenius nicht nur denkerische Schulung des Verstandes, sondern auch die geplante

Anleitung der praktischen Handarbeit wie Schneiden, Binden, Zusammenlegen, aber auch die Förderung der Sprache und Sitten und nicht zuletzt der Frömmigkeit.

Jedes Haus, in dem Kinder sind, soll eine kleine Kirche sein, in der früh und abends gemeinsam gebetet wird, wo das Wort Gottes gelesen und wo fromme Gespräche geführt werden.

In all diesen Entwürfen hat Comenius mitten in den Wirren des Krieges mit seinem furchtbaren Zerstören und Sterben nie die Hoffnung auf eine *ruhmvolle Erneuerung und herrliche Blüte der Kirche, des tschechischen Staates und der ganzen Nation* aufgegeben. Seine Stimme wurde weit in Europa gehört, seine Schriften bald in 16 Sprachen übersetzt.

Von 1641 an reiste der jetzt 49-jährige Comenius auf Einladungen hin durch Europa. Er wunderte sich, wie bekannt er auch in England, Holland oder Schweden war: *Ich kann aber nicht verstehen, dass sie aus mir einen erhabenen Philosophen und Redner machen, zu dem sie den Blick nicht zu erheben wagen.*

1648 kehrte er nach Lissa zurück und wurde zum leitenden Bischof der durch brutale Verfolgung zerschlagenen böhmisch-mährischen Brüder-Unität gewählt. Im gleichen Jahr starb seine zweite Frau nach schwerer Krankheit. Sie hinterließ ihm zwei kleine Kinder im Alter von fünf und zwei Jahren.

Die Sorge um die leidende Frau hatte Comenius sehr belastet. Er wurde selbst schwer krank und heiratete schließlich zum dritten Mal.

Besonders bedrückte Comenius, dass er und seine Landsleute, die so viel für das Evangelium erlitten hatten, auch mit dem Ende des 30-jährigen Krieges nicht zum freien und offenen Bekenntnis des Evangeliums zurückkehren durften. Böhmen blieb auch nach dem Westfälischen Frieden kompromisslos und unduldsam katholisch. Die Flüchtlinge durften auch nicht wieder in ihre alte Heimat zurück.

So schrieb er mit diesem düsteren Blick in die Zukunft 1650 *das Testament oder Vermächtnis der sterbenden Mutter, der Brüder-Unität.* Alle christlichen Kirchen werden darin aufgerufen, *das Streben nach Einmütigkeit, Übereinkommen, Verbundenheit im Glauben und in Liebe zur Einheit des Geistes* als Erbe zu bewahren. Und er sprach seinen Wunsch aus *nach einer wahrhaften Vereinigung innerhalb der Christenheit mit allen, die in Wahrheit den Namen Christi bekennen.*

Trotz der deprimierenden Lage in Böhmen und Mähren ging die Brüder-Unität nicht unter. Auf merkwürdigen Wegen führte viel später im Jahr 1727 der Weg der Böhmischen Brüder zur *Herrnhuter Brüdergemeine.* Und es war ein Enkel von Comenius, der Berliner Hofprediger Jablonski, der die Bischofsweihe der Brüder-Unität auf Graf Zinzendorf übertrug, nachdem dieser in Herrnhut den verfolgten böhmischen Brüdern eine neue Heimat gegeben hatte. Im gleichen Jahr 1650, in dem Comenius das Testament der Brüder-Unität schrieb, folgte er dem Ruf, das Gymnasium in Sárospatak neu aufzubauen. Das war eine Herausforderung für ihn, als Meister der Pädagogik seine umfassenden Reformen endlich umsetzen zu können. Schon nach gut drei Jahren kehrte er aber enttäuscht nach Lissa zurück. Viele seiner großen Ideen konnten nicht verwirklicht werden. Bedeutsam von seinem Wirken in Sárospatak sollte aber sein in aller Welt bekanntes Buch *Die sichtbare Welt in Bildern* werden. Erstmals haben wir hier schon den Typ des modernen Schulbuchs vorliegen, bei dem es ganz wesentlich neben dem Denken um das Schauen geht.

Comenius schrieb: *Meine Methode zielt insgesamt darauf ab, dass die Tretmühle Schule in Spiel und Vergnügen verwandelt wird. Das will hier niemand in den Kopf. Den freien Geist behandeln sie geradezu wie einen Sklaven, sogar beim Adel. Die Lehrer gründen ihre Autorität auf eine strenge, finstere Miene, auf harte Worte und sogar auf Prügel.*

1656 wurde auch die polnische Stadt Lissa beim Rückzug der Schweden im Kampf mit den polnischen Katholiken verbrannt. Beim Untergang des *Ketzernests*, wie die Feinde sagten, verlor Comenius wieder all sein Hab und Gut, konnte nur das nackte Leben von sich und seiner Familie retten. Am schmerzlichsten war für ihn, dass dabei auch seine Bibliothek mit allen Handschriften vernichtet wurde. Darunter war der ihm besonders am Herzen liegende *Tschechische Sprachschatz,* an dem er 44 Jahre gearbeitet hatte. Comenius schrieb: *Diesen Verlust werde ich erst im Tod zu bejammern aufhören.*

Wieder brachen schlimme Verfolgungen gegen die Evangelischen los. Amos Comenius flüchtete nach Amsterdam, wo er 1670 im Alter von 78 Jahren starb. Eine seiner letzten Schriften hatte den Titel *Das einzig Notwendige*. Durch alle seine 250 theologischen, politischen, philosophischen, naturwissenschaftlichen und pädagogischen Schriften zog sich wie ein roter Faden das eine des Evangeliums, das Not ist.

Ja, in deiner Nähe leben –
Bessres kann ich nicht erstreben.
Doch du selbst musst mich erfassen,
Leben in mich fließen lassen.
Ach, ich bitt in deinem Namen:
Lass es doch geschehen! Amen.

Mit dir kann ich sicher schreiten,
auch wenn Schmerzen mich begleiten;
du bewahrst mich allerorten,
führst durch Tod und Höllenpforten.
Nur mit dir, Herr, will ich gehen,
nur mit dir kann ich bestehen;

niemals will ich von dir weichen,
bis ich werd das Ziel erreichen.
Ja, ich bitte dich, Herr, führe
mich durch deine Himmelstüre.

Lebenslang war dieser heimatlos durch die Welt flüchtende Amos Comenius ein Mann der großen Sehnsucht nach der himmlischen Heimat. Das irdische Leben schien ihm nur eine Vorbereitung für das himmlische zu sein, eine *Menschenbildungsstätte*. Er wollte junge Menschen recht erziehen.

Wehmütig dachte er daran, dass, was man in seinen blühenden Jugendjahren versäumt hat, nie mehr zurückkehrt. *Nur eines ist möglich, dass wir die Hilfe, die wir unseren Nachkommen leisten können, wirklich leisten.*

Er schrieb: *Aus der Natur suche ich die Handgriffe hervor, wie das Lehren und Lernen leicht, ohne Mühe und Verdruss, vor sich gehen möge und alles tief in den Verstand eindringe und sich in der Tat als gut erweise.*

Comenius war sich bewusst, dass das, was er vertrat, für andere Denker seiner Zeit fremd und ungewohnt sein musste. Aber er war gewiss: *Ich habe den Hafen gefunden! Schicksal und Zufall, lebt wohl! Ich habe Christus gefunden: Lebt wohl, ihr eitlen Götzen! Ich will die Bibel nehmen und mit Herz und Mund sagen: Ich glaube, was in diesem Buch geschrieben steht. Alles Meinige sei mir verdächtig. Daher fürchte ich mich, auch wenn ich recht tue, und muss demütig ausrufen: Ich bin ein unnützer Knecht! Herr, habe Geduld mit mir!*

> *Herr, auf ewig mir gewähre,*
> *dass ich ganz dir angehöre;*
> *dass kein anderer die Rechte,*
> *die du auf mich hast, anfechte;*
> *dass ich dich voll Hoffnung fasse,*
> *nie von dir mich trennen lasse.*
> *Du bist Burg und Zufluchtsstätte,*
> *sichrer Hafen, Ankerkette.*

**Johann Valentin Andreä – über Nacht
all seinen Besitz verloren**

Mit Gott gewagt – niemals verzagt!

Ein praktisch gelebtes Vertrauen auf Jesus Christus sollte zum wichtigsten Kennzeichen im Leben des Pfarrers Johann Valentin Andreä werden.

Unvorstellbar dunkel war die Zeit, in der er am meisten wirken sollte. Alle alten Ordnungen schienen aufgelöst. Nur der hatte Macht, der brutal mit dem Schwert regierte. Schonungslos und blindwütig wurde das Land zerstört. Grenzenlos war das Elend der Bevölkerung in diesen Jahren.

Doch schon bevor das unbeschreibliche Elend des 30-jährigen Krieges losbrach, hatte Johann Valentin Andreä als wichtigstes Kennzeichen des Christenglaubens immer seine sichtbar gelebten Früchte herausgestellt.

Das predigte der 28-jährige Pfarrer schon, als er im Jahr 1614 in dem schwäbischen Städtchen Vaihingen/Enz seinen Dienst aufnahm. Viele seiner Kollegen beschäftigten sich damals lieber mit endlosen theoretischen Diskussionen und heftigen Streitereien über knifflige theologische Lehrunterschiede. Johann Valentin Andreä aber war entscheidend durch die praktische Glaubenslehre von Johann Arnd geprägt. Mit ihm verband ihn eine enge Freundschaft. Begeistert war er von dessen eben erschienenem Andachtsbuch *Wahres Christentum*. Andreä gab dieses in fünf Büchern aufgeteilte Werk in Auszügen heraus, das über Jahrhunderte hinweg in weiten Kreisen der evangelischen Kirchen zu den am meisten verbreiteten Büchern in deutscher Sprache gehörte. In diesen Erbauungsschriften kämpft Johann Arnd gegen ein heuchlerisches Christentum, das den Glauben zwar im Kopf bewegt, ihn aber nicht in praktischer und tätiger Liebe wirksam werden lässt.

Dieses praktische Christentum war in der Stadt Vaihingen/ Enz schon bald durch eine schreckliche Katastrophe herausgefordert. 1617 brach eine Feuersbrunst aus, die in den engen Gassen der Stadt sich zum Großfeuer ausweitete. 116 Häuser sanken in Schutt und Asche. Ein Jahr später brannte es noch einmal. Jetzt wurden von den damals verschonten Häusern weitere 28 ein Raub der Flammen.

Johann Valentin Andreä erzählte nach dem ersten Großbrand, was da ablief: *Ratlos, händeringend, heulend, verzweifelt sahen die Leute ihre Wohnungen zusammensinken. Alle ihre Habe wurde im Schutt begraben oder von der Glut verzehrt. Die aufgehende Sonne sah auf einen Trümmerhaufen herab, unter dem das Feuer immer noch wütete und da und dort in hellen Flammen aufschlug.*

Bei der zweiten Brandkatastrophe wurde auch die Kirche mit einer sehr kostbaren Orgel und wertvollen Gemälden zerstört.

Jetzt schrieb Andreä: *Mir hat der Anblick dessen, was ich noch übrig behalten habe, gezeigt, dass ich vorher zu viel hatte. Gewiss, wir leben leichter, wenn wir weniger besitzen. Nicht als ob ich je mein Herz daran gehängt hätte, aber auch der Leib hat unter der Bürde zu leiden.*

*Wer Christus hat, kann alles andere leicht entbehren. Wer sich ihm hin-
gibt, erlangt damit alles, was unserer edlen Stellung würdig ist.*

*Und doch wollte Gott mir das meiste lassen, damit ich bei dem
Anblick dessen, was ich habe, daran denken soll, wie bald es in einem
Augenblick in Asche verwandelt werden kann.*

Als der 30-jährige Krieg schon tobte, wurde Johann Valentin
Andreä 1620 als Dekan nach Calw berufen. Ihm war dabei die geistliche Zurüstung der Gemeinde am wichtigsten. Deshalb verfasste er
zur besseren Unterweisung der jungen Leute im Katechismus eine so
genannte *Kinderlehre*, die auch in anderen Gemeinden weite Verbreitung fand.

Gleichzeitig setzte sich Andreä auch tatkräftig für die Einrichtung und den Aufbau einer umfassenden diakonischen Sozialarbeit
ein. Schon in der Reformation hatte es gute Pläne gegeben, wie die
Armen versorgt werden müssten. Leider wurden sie nie in die Praxis
umgesetzt, bis Johann Valentin Andreä damit begann.

Als jetzt im Krieg Scharen von Bettlern das Land überfluteten,
führte er regelmäßige Speisungen der Armen ein. Im Spital wurden
unterernährte Kinder zweimal täglich mit einer warmen Mahlzeit
versorgt. Das dafür nötige Geld wurde wöchentlich in den Bürgerhäusern gesammelt, aber auch bei Freunden in Nürnberg und Straßburg. Wo die Armen das damals verlangte Schulgeld für ihre Kinder
nicht bezahlen konnten, sprang Andreä mit Mitteln aus der Armen-
sammlung ein. Ähnlich half er, wenn von den mittellosen Eltern das
Lehrgeld zur Handwerkerausbildung nicht finanziert werden konnte.

Sein größtes Verdienst sollte die Einrichtung eines Sozialwerks
als Stiftung werden, das so genannte *Färberstift*. Es wurde zum größten Teil von wohlhabenden Färbern in Calw finanziert. Aus den
Zinsen des angesammelten Kapitals half man Witwen und Waisen
sowie verarmten Handwerkern. Aber auch Kranke und Pflegebedürftige, Geisteskranke und Körperbehinderte wurden versorgt,
Waisen, Flüchtlinge und Vertriebene unterstützt. Schließlich wurden
aus diesem Hilfswerk auch die Schulen, Lehrer und Prediger geför-
dert. Sogar eine erste Leihbibliothek konnte eingerichtet werden.

Was Johann Valentin Andreä dort in Calw praktisch verwirklichen konnte, war eine ganz große Leistung. Und das mitten in den

grauenvollen Hungersnöten des 30-jährigen Krieges. Durch diese Stiftung wurden Tausende vor dem sicheren Untergang bewahrt.

Zur großen Katastrophe im 30-jährigen Krieg sollte es aber für Württemberg erst noch kommen. In der verheerenden Schlacht bei Nördlingen waren die mit den evangelischen Schweden verbündeten württembergischen Truppen vernichtend geschlagen worden. Zwei Drittel der württembergischen Soldaten verloren ihr Leben. Die siegreichen kaiserlichen Truppen stürmten durch das wehrlos daliegende Land. Zunächst wurde die Hauptstadt Stuttgart geplündert und gebrandschatzt. Friedliche Städte und Dörfer wurden von marodierenden Soldaten ausgeraubt und eingeäschert. Wehrlose Männer, Frauen und Kinder wurden ermordet, regelrecht massakriert.

Die schrecklichen Nachrichten vom Vorgehen der Feinde, von der Misshandlung der Bevölkerung, lösten in der Stadt Calw eine Massenflucht aus. Wer nur konnte, verließ die Stadt. Alles, was man tragen konnte, wurde weggeschleppt. Die Leute versteckten sich in abgelegenen, unzugänglichen Verstecken im Wald. Schon in der ersten Nacht mussten sie aus der Ferne mit ansehen, wie ihre geliebte Heimatstadt Calw lichterloh brannte.

Eine bayrische Reiterstaffel, aufgestachelt von einer üblen konfessionellen Hetze gegen alles Evangelische, hatte blutige Rache geschworen. Vergeblich hatte ihnen die Bevölkerung noch 6000 Gulden bezahlt, um eine Brandschatzung zu verhindern. Dennoch begann in Calw das grausige Zerstören.

Unbeschreiblich hausten die siegreichen kaiserlichen Soldaten in der Stadt Calw. Durch die grausame Tortur des »Schwedentrunks« wollten sie herausbekommen, wo die Bürger ihr Geld und andere Schätze versteckt hatten. Unzählige Menschen wurden ermordet und Häuser geplündert.

Es sollen Kroaten gewesen sein, die zu spät zum Plündern kamen und deshalb aus Ärger die Stadt anzündeten. Calw wurde regelrecht eingeäschert. Manche der noch in der Stadt Gebliebenen konnten sich über die Mauern retten.

Die vertriebenen Flüchtlinge irrten tagelang frierend durch die herbstlichen Wälder. Johann Valentin Andreäs kranker Sohn Ehrenfried musste die ganze Zeit getragen werden und starb noch unterwegs. Der Vater schrieb: *Der Herr hat mein Söhnlein heimgeholt und also seinen Geist in die Freiheit des Himmels versetzt.*

Als der Dekan Andreä in seine Stadt zurückkam, bot sich ihm ein grausiger Anblick. 450 Häuser waren völlig abgebrannt. Die Stadtkirche, Spitalkirche, Rathaus, Pfarrhäuser und Schulen, Apotheke, Fabriken und Warenlager, alles lag in Trümmern. Es fehlte an allem, besonders an Betten, Kleidung, Wohnraum und Nahrung.

Andreä schrieb in seiner Schrift *Tränen über Calw*: *Da ich mein liebes Calw als Schutt- und Trümmerhaufen sah, so befiel mich ein kalter Schauder. Und als mir meine Gemeindeglieder zwischen lauter Brandstätten entgegenkamen und mir schluchzend und weinend zu meiner Rettung und Rückkehr Glück wünschten, stürzten wir einander in die Arme und ließen den Tränen freien Lauf.*

Auch Andreä hatte alles verloren. Am meisten schmerzte ihn der Verlust der Manuskripte, die er von seinem berühmten Großvater Jakob Andreä geerbt hatte. Der war einst während der Reformation Kanzler der Tübinger Universität gewesen. Als treibende Kraft hatte er bei der Abfassung des Konkordienbuchs, das die Lehre der evangelischen Konfessionen einigen sollte, mitgewirkt.

Auch hatte Jakob Andreä eine Bibliothek mit 3000 Bänden und viele wertvolle Gemälde besessen. Darunter waren Originale von Dürer, Cranach und Holbein.

Andreä schrieb: *Ich habe alles aus einfältigem und unverbrüchlichem Gehorsam in die Hände Gottes gelegt, der es gibt und nimmt. Dabei dachte ich, dass einmal dieses Weltall selbst zu Asche werden soll. Deshalb will ich davon weiter kein Wort mehr sagen.*

Getreu seinem Motto *Deo confisus – numquam confusus – Mit Gott gewagt – niemals verzagt! –* machte er nun den andern Mut: *Wir wollen das Kreuz tragen und unsere Stadt wieder aufbauen. Die himmlische Heimat soll aber das Ziel unserer Wünsche sein!*

Kaum ein anderes deutsches Land hat die Verwüstung so vernichtend erlebt wie damals das Herzogtum Württemberg. Es gab keinen Ort im ganzen Land, der verschont geblieben wäre. Mehr als die Hälfte der Häuser war zerstört. Mehr als ein Drittel der Äcker, Weinberge und Wiesen lag brach. Das Land hatte über zwei Drittel seiner Einwohner verloren. Was die mordenden und brandschatzenden Soldaten übrig ließen, holten sich die Hungersnöte und dann auch noch die Pestseuche. Von den damaligen 450 000 Einwohnern im Herzogtum überlebten keine 100 000 das Jahr 1639. Wer nur konnte, flüchtete ins benachbarte Ausland.

Plünderungen und Räuberei mit Waffengewalt gingen auch nach dem Kriegsende 1648 weiter. Noch 20 Jahre nach der Schlacht von Nördlingen lagen im Herzogtum 36 300 Gebäude in Trümmern.

In dieser chaotischen Lage des völlig zerstörten Herzogtums Württemberg wirkte Johann Valentin Andreä am meisten durch den Wiederaufbau des kirchlichen Lebens. 1639 holte ihn Herzog Eberhard III. als Hofprediger nach Stuttgart. Für Andreä stand die Bildung des Menschen und das Prägen der bestimmenden Werte und Normen im Mittelpunkt. Durch den Krieg waren aber die Sitten im Volk völlig verwildert. Selbst im bittersten Winter wurden Hilflose unbarmherzig auf die Straße gejagt. Wie sollten Verantwortung, Treue, Nächstenliebe und Wahrhaftigkeit wieder im Volk einge-pflanzt werden können? Andreä setzte mit großem Erfolg auf strengere Aufsicht und biblische Kirchenzucht nach den Zehn Geboten in den im Krieg heruntergekommenen Gemeinden. Dazu gehörte auch die Neuordnung des Schulwesens.

Schon früh im 30-jährigen Krieg hatte Andreä diese Vorstellun-gen in der Schrift *Theophilus* entfaltet. Danach sollte ein Kreis von verantwortlichen Bürgern über rechten Glauben, Lebensstil und Fleiß der Mitbürger wachen. Die Vögte sollten etwa auch bei Glücks-spiel, das suchtabhängig macht, sowie bei völlig übertriebenem Aufwand und Luxus bei der Kleidung und bei sinnlich aufreizenden Tänzen und Fressorgien entschlossen einschreiten.

Johann Valentin Andreä konnte in diesen Fragen auf eigene Lebenserfahrungen zurückgreifen. Er selbst hat eine entscheidende Wandlung durchgemacht, wie denn christlicher Glauben gelebt werden sollte.

1586 in Herrenberg geboren, war er ein schwächliches Kind, das die Schule nicht besuchen konnte und deshalb privaten Unterricht benötigte.

Mit 15 Jahren hatte er sein Studium in Tübingen begonnen. Mit großer Begabung lernte er neben den klassischen alten Sprachen und

Syrisch auch noch Spanisch, Französisch, Englisch und Italienisch. Neben der Theologie stürzte er sich begierig auf Mathematik und Geographie, Medizin, Jura und Philosophie. Malerei und Musik waren ihm ebenso wichtig wie handwerkliches Können als Schreiner, Uhrmacher oder Goldschmied. Das hatte ihm neben chemischen Fertigkeiten schon sein Vater beigebracht. Der war Dekan in Herrenberg gewesen, hatte aber all sein Geld bei der Suche nach Gold in seinem alchimistischen Labor verloren.

Auch Johann Valentin Andreä geriet am Ende seines Studiums in schlechte Gesellschaft von Studenten. Wegen eines peinlichen Eklats musste er Tübingen ganz plötzlich verlassen. Erst nach seinem Studium entdeckte er auf ausgedehnten Reisen Genf und die strenge Kirchenzucht, die Calvin dort eingeführt hatte. Dadurch waren in der einst verkommenen und berüchtigten Stadt Genf jene Werte wahrer Menschlichkeit gepflanzt worden, für die sie bis heute berühmt ist. Was Andreä dort in Genf kennen gelernt hatte, sollte nun am Ende seines Lebens einen großen Einfluss auf ihn selbst ausüben. Die *Harmonie der Sitten in der vollkommenen Form des Freistaates* beeindruckten ihn tief. Und mit dem, was er an Kirchenzucht im Erbe Calvins entdeckt hatte, sollte er das Herzogtum Württemberg weit über sein Jahrhundert hinaus prägen.

Nach seiner Berufung als Hofprediger nach Stuttgart baute Andreä als Mitglied der Kirchenleitung sieben Jahre lang die völlig zerrüttete Kirche wieder auf, die von ihren 1046 Pfarrern bis auf 338 alle anderen in den Kriegswirren verloren hatte.

Wie war es überhaupt möglich, mitten in diesen endlosen, chaotischen Kriegsjahren wieder gerechte und sichere Gemeinwesen im Land aufzubauen? Johann Valentin Andreä hatte die Vorstellung einer durch und durch vom Evangelium geprägten öffentlichen Ordnung des Lebens.

Auf uns heute mögen manche dieser Ordnungen wie eine geheimpolizeiliche Überwachung wirken. Andreä dachte aber in der Verantwortung seines Hirtenamtes. Und man muss heute feststellen, dass man anders der sich ausbreitenden Gewalt und Kriminalität nicht entgegentreten konnte.

Sicher wäre es besser gewesen, wenn eine solche Lebensordnung ganz freiwillig und von selbst als echte Frucht lebendigen Glaubens aus der Verkündigung des Evangeliums herausgewachsen wäre. Johann Valentin Andreä aber dachte volkskirchlich und übernahm die Verantwortung. Er wurde zu einem hell strahlenden Licht mitten in einer unheimlich finsteren Zeit.

Unzählige Impulse kamen von Andreä, die er im Lauf seines Lebens in vielen Schriften, etwa in der *Christenstadt*, publizierte: Mehr verständliches Predigen der Pfarrer; weniger lateinische Worte; mehr Trostpredigten als Bußrufe; keine Polemik gegen Andersgläubige; keine übertriebene Kleidung. In den wieder aufzubauenden Schulen sollte der Lehrstoff mehr in lebendiger und bildhafter Anschauung vermittelt werden, dazu auch neue Sprachen und Sport. Frauen sollte bedeutend mehr Zugang zu einer umfassenden Bildung ermöglicht werden. Die allgemeine Schulpflicht wurde gefordert.

Von 1642 an wurden unter dem Einfluss von Andreä Kirchenkonvente einberufen, die 200 Jahre später durch die Kirchengemeinderäte abgelöst wurden. Die geistlichen und weltlichen Verantwortlichen sollten – wenn nötig – wöchentlich zusammenkommen und prüfen, ob *dem Christentum und der Ehrbarkeit zuwider* gehandelt wurde. Diese Kirchenkonvente waren gleichzeitig auch für den Aufbau von Schulen und für die Verwaltung der Armenversorgung verantwortlich.

Mit dem Titel eines Prälaten des Klosters Adelberg wohnte Johann Valentin Andreä in Stuttgart. In dieser Stadt starb er 1654. Seine letzten Worte waren: *Das ist unsere Freude, dass unsere Namen im Himmel geschrieben sind!*

Wie Johannes Calvin seine eigenen Pläne begraben musste

Ach, wäre nur mein Befinden nicht ein ständiger Todeskampf!

Im August 1536 stieg der gelehrte 27-jährige Johannes Calvin auf der Reise von Italien nach Basel in einem Genfer Gasthof für nur eine Nacht ab. Dieser kurze Aufenthalt in Genf aber sollte das Leben des jungen Calvin in eine völlig andere Richtung lenken. Gleichzeitig wurden auch die Geschicke der Stadt Genf für die nächsten Jahrhunderte, ja erst recht der Fortgang der Reformation in Europa durch diese Nacht entscheidend verändert.

Es war der feurige Südfranzose Farel, der vom Eintreffen Calvins gehört hatte. Dieser evangelische Prediger und Reformator der Stadt suchte noch in der Nacht den Gast in seinem Quartier auf.

Farel ließ sich nicht von der blassen, hageren und kränklichen Erscheinung des 20 Jahre jüngeren Calvin abschrecken. *Das ist der Mann!* Farel war sich ganz sicher.

Zwar war es gelungen, das politische und das päpstliche Joch in der Stadt abzustreifen, aber ein wirklich neues Gemeindeleben hatte nicht entstehen können. Die Bürgerschaft war in einem tiefen und gefährlichen Streit zerrissen. Es war, als ob alle Gottlosigkeit der Stadt sich massiv gegen eine Erneuerung verbündet hätte.

Deshalb bestürmte Guillaume Farel in dieser bedeutsamen Nacht den geistreichen Johannes Calvin, in der Stadt Genf zu bleiben. Die Reformation, die ein Jahr zuvor hier eingeführt worden war, müsse endlich siegen. Calvin wehrte ab. Stunde um Stunde zog sich das Gespräch hin. Farel bedrängte den jungen Flüchtling. Calvin aber sah ganz andere Pläne und Aufgaben vor sich. Farel beschwor ihn endlich, sprang auf und rief jene denkwürdigen Sätze, die den jungen Calvin im Tiefsten berührten:

Um deine Ruhe, um deine Lieblingspläne bist du besorgt. Du schützest deine Studien vor, aber im Namen des allmächtigen Gottes, dessen Gebot du widerstrebst, verkündige ich dir: Gottes Fluch wird dich treffen, wenn du seinem Werk die Hilfe versagst und dich mehr suchst als ihn. Auf deinem Arbeiten wird kein Segen liegen; so verdamme Gott deine Ruhe, so verdamme Gott deine Arbeit!

Unter der Wucht dieser Berufung Gottes, gesprochen von einem Prediger, der betend um seine Stadt Genf rang, beugte sich Calvin: *Ich gehorche Gott! Mir war, als ob Gott aus dem Himmel seine gewaltige Hand auf mich gelegt hätte.*

Calvin war auf der Flucht aus seiner heiß geliebten französischen Heimat. Er nannte diesen Weg *bitter* und ein *herbes Schicksal.* Im Norden Frankreichs, in Noyon, war er am 10. Juli 1509 als Jean Cauvin geboren worden. Später veränderte er seinen Namen der Mode nach lateinisch in Calvin. Irgendwann in den Jahren 1533/34 muss er in Paris die entscheidende Lebenswende erfahren haben: *Gott hat durch eine plötzliche Bekehrung mein Herz gebändigt und sich gefügig gemacht. Wie durch einen jähen Lichtstrahl erkannte ich, in welchem Abgrund von Irrtümern, in welchem Wust ich mich befunden hatte.* Calvin beugte sich gehorsam im Glauben unter die Majestät Gottes.

Alle seine gelehrten Gaben stellte er jetzt in den Dienst dieses Gottes. Er verfügte über ein früh trainiertes Gedächtnis, umfassende Bildung, ein geniales theologisches und juristisches Wissen. All das mit einem festen Glauben verbunden, der Gott allein dienen und aller Welt sein Wort verkündigen wollte.

Schon bald wirkte Calvin als kundiger und belesener Prediger der evangelischen Gemeinde von Paris, die sich heimlich traf. Überall, wo Gläubige zusammenkamen, ob in Handwerkstuben, der Universität oder den Dörfern, stärkte er sie.

Doch Hals über Kopf musste er zusammen mit seinem Freund Corp fliehen. Dieser hatte als neuer Rektor der Universität Sorbonne seine Antrittsrede in der französischen Hauptstadt dazu benützt, öffentlich das reformatorische Evangelium zu verkündigen. Das Parlament als oberster Gerichtshof wollte nun beide verhaften und als Ketzer verurteilen. Als die Häscher ihn abholen wollten, verhalfen ihm Freunde durch Bettlaken aus dem Fenster zur Flucht. Der evangelische Glaube sollte kein Heimatrecht in Frankreich haben.

Erst in Basel fand der gehetzte Calvin wieder Ruhe und Stille. Er schrieb den ersten Entwurf für eine umfassend systematische evangelische Glaubenslehre und nannte sie *Institutio religiones Christianae*, also Unterricht in der christlichen Religion. Sie ist dem lutherischen Katechismus ähnlich, aber immer wieder von Calvin neu bearbeitet und erweitert worden. Calvin schrieb diese erste Ausgabe, um den französischen König von seinem grausamen Werk abzuhalten, Henker der evangelischen Gemeinden Frankreichs zu sein.

Mit einem offenen Brief als Vorwort widmete er sie dem König. Darin verteidigte Calvin die kleine Schar seiner Glaubensbrüder in Frankreich, die als politische Aufrührer verfolgt wurden. Viele von ihnen starben auf dem Scheiterhaufen, hingerichtet unter falschen Anklagen. Darunter waren auch manche Freunde aus der Gemeinde in Paris, wie der Arzt Pointet. Weil er unerschrocken das Evangelium bekannte, verhaftete man ihn und verurteilte ihn zum Feuertod. Bevor man ihn langsam zu Tode quälte, wurde ihm noch die Zunge herausgeschnitten.

Im Vorwort schrieb der 26-jährige Calvin:

Ich nehme die Sache Christi selbst in die Hand, die heute so zerfetzt, so zerrissen darniederliegt in Eurem Reich, dass gar kein Hoffnungsschimmer für sie übrig scheinen will. Gewalttat ist es, Bluturteile zu fällen gegen eine Lehre, die man nicht kennt. Da ist es nun Eure Sache, einer so berechtigten Schutzschrift Herz und Ohr nicht zu versagen, wo es sich um so hohe Dinge handelt: Gottes Ehre auf Erden zu wahren und das Reich Christi aufzurichten. Denn wer nicht herrscht, um Gottes Ehre zu dienen, übt nicht Königsherrschaft, sondern Räuberhandwerk!

Wenn die Zuflüsterungen boshafter Menschen Euch so umlagern, dass den Angeklagten keine Möglichkeit zur Verteidigung bleibt, und unsere Feinde fortfahren, durch Kerker, Geißel, Folter, Schwert und Feuer ihre Grausamkeit auszuüben, so werden wir das Äußerste erdulden, unsere Seelen in Geduld zu fassen und auf die starke Hand des Herrn zu harren; denn ohne Zweifel wird er erscheinen zu seiner Zeit in der Rüstung seiner Stärke und den Streit für uns anheben, damit er die Elenden erlöse und die Verderber verderbe, die jetzt so trotzig frohlocken in sicherer Ruhe.

Dann drängte es Calvin weiter. Am Hof der Fürsten von Ferrara in Italien besuchte er die kleine Gemeinde der französischen Flüchtlinge. Er wollte die dort residierende Herzogin Renate, die Schwester des französischen Königs, für die Reformation gewinnen.

Weiter plante er, nach Deutschland zu reisen, um endlich irgendwo als Gelehrter Ruhe zu finden. Am liebsten wäre ihm Straßburg gewesen. Wegen der Kriegswirren musste er den Weg über Genf nehmen. Und auf diesem kurzen Zwischenstopp kam es zu der denkwürdigen Begegnung mit Farel, die das ganze Leben Calvins so total veränderte und das Schicksal Genfs völlig mit dem des Reformators verband.

In der Stadt herrschten im kirchlichen, privaten und öffentlichen Leben schlimme Missstände. Calvin erkannte sofort, dass zunächst das Glaubensbekenntnis für die Stadt zu verfassen war, das von allen Bürgern beschworen und Grundlage des Bürgerrechts werden sollte. Dazu gehörte eine neue Kirchenordnung mit strenger Kirchenzucht, die von den Gemeindeältesten, den Presbytern, ausgeübt wurde. Sie entschieden über die Zulassung zum Abendmahl.

Mit diesen modellhaften Ordnungen hatte Calvin die Rechte von Kirche und Staat entscheidend getrennt, was aber der Rat der Stadt als weltliche Regierung so niemals anerkennen wollte.

Calvin stand mitten in den schlimmen Unruhen vor den liberalen Ratsherren und ihren Bewaffneten und rief ihnen entgegen: *Ihr mögt mich töten, doch zwingt diese Hand nicht, Gottes Brot einem Unwürdigen zu reichen!*

Das Volk lehnte sich in wildem Tumult gegen Calvin auf. Doch der gab nicht auf, weil er Gott allein gehorsam sein wollte: *Will man mich töten, ich bin bereit; will man mich fortjagen, ich bin bereit. Versucht es noch einmal, Genf ohne das Evangelium zu retten!* So rief er der tobenden Meute zu.

Schon bald darauf, 1538, wurden die Reformatoren Farel und Calvin nach heftigen und turbulenten Auseinandersetzungen mit dem Rat der Stadt aus Genf ausgewiesen. Man wollte diese neue radikal biblische Zuchtordnung mit ihren festen Maßstäben nach Gottes Geboten nicht haben.

In einem Brief an die Pfarrer von Zürich schrieb Calvin: *Wollte ich von dem Unglück berichten, das uns während eines Jahres schier zerrieb, ihr würdet mir kaum Glauben schenken. Ich kann bezeugen, dass kein Tag verging, an dem ich nicht zehnmal den Tod ersehnte.*

Über Bern und Zürich flüchtete der verbannte Calvin nach Straßburg, wo es seine Hauptaufgabe war, die französische Flüchtlingsgemeinde zu betreuen. Es war eine erlebnisreiche und fruchtbare Zeit. Hier konnte er seine Pläne eines reformatorischen Gemeindeaufbaus verwirklichen. Sein Gehalt aber war so gering, dass er seine wertvolle Genfer Bibliothek verkaufen musste, um sein Leben fristen zu können.

Hier in Straßburg heiratete Johannes Calvin. Aber auch dieses kurze Eheleben stand im Schatten des Todes. Seine drei Kinder starben bald nach der Geburt. Die Feinde Calvins triumphierten! Ist das nicht ein Beweis des Gerichts Gottes? Seine treue Frau Idelette, die ihn oft gepflegt hatte, wenn sein schwacher Körper zusammenbrechen wollte, blieb nach der Geburt des dritten Kindes krank.

Calvin an einen Freund: *Sie hat ein langwieriges Leiden, von dem ich das Schlimmste befürchte.*

Nach nur neun Jahren Ehe starb sie. *O herrliche Auferstehung!*, war eines ihrer letzten Worte.

Dieser Verlust traf Johannes Calvin unsäglich. Er schrieb einem Freund, wie er dieses Sterben kaum ertragen konnte: *Ich bin von der besten Gefährtin getrennt, welche mit mir gerne Verbannung und Mangel geteilt hätte und in den Tod mit mir gegangen wäre. Während ihres Lebens war sie mir eine treue Gehilfin in meinen Amtsgeschäften.*

Seine Frau hatte den schweren Kampf um eine von der Bibel gestaltete neue Gemeindeordnung in großer Treue mitgetragen, nachdem Calvin 1541 nach turbulenten Wirren wieder nach Genf zurückgerufen worden war. Durch heftige Kämpfe wurden es die aufreibendsten Jahre. In seinem Beharren auf biblischen Wahrheiten und im konsequenten Tun des Willens Gottes blieb der unbequeme Calvin unbeugsam.

Diese sittenlose Stadt forderte die Kraft des leidenschaftlichen Reformators oft bis zum Letzten. Er wollte, dass in der Stadt alles ordentlich und ehrbar zuging. Für ihn war die Bibel einzige Autorität und Maßstab des Lebens, die unbedingten Gehorsam fordert. Kirchenzucht musste ausgeübt werden, weil keine Gemeinschaft ohne Ordnung bestehen kann.

Erst nach fast 20 Jahren Kampf gewannen Calvins Anhänger in den Leitungsgremien der Stadt die Mehrheit. Der Rat der Stadt erließ Ordnungen gegen die schlimmsten Missstände. Ein Sittengericht wachte über das Verhalten der Bürger. Aber auch für die Mildtätigkeit gegenüber den Armen war gesorgt. Selbst die äußere Ordnung der Stadt sollte vom Wort Gottes bestimmt werden.

Die Genfer Akademie, von Calvin gegründet, wurde zur prägenden Hochschule für den theologischen Nachwuchs des Calvinismus und eroberte von Genf aus die Welt.

Rastlos arbeitete der kränkliche Calvin. Durch seine geistvollen und eindeutig klaren Schriften war er der geistliche Vater der reformatorischen evangelischen Bewegung in vielen Ländern geworden. Er predigte fast jeden Tag in überfüllten Kirchen, hielt theologische Vorlesungen, schrieb unzählige Briefe. Dazu kamen Sitzungen,

Audienzen, Haus- und Krankenbesuche ... Nur vier oder fünf Stunden pflegte er zu schlafen.

Während seines Studiums schon hatte er durch ein Übermaß an Arbeit seinen Körper sehr geschwächt und krank gemacht. Sein einsam gewordenes Leben war ein fortwährender Kampf. Er wurde angefeindet, geschmäht, angefochten.

Ach, wäre nur mein Befinden nicht ein ständiger Todeskampf!, schrieb der unermüdlich arbeitende Johannes Calvin. Was er seinen Freunden in Frankreich schrieb, durchlitt er selbst: *Der, in dessen Dienst wir stehen, herrscht inmitten der Feinde. So müssen wir uns gedulden und uns trösten mit der Hoffnung auf das, was nachher kommt: Er zerschmeißt seine Feinde.*

Calvin musste vielerlei Krankheiten und Beschwerden durchleiden: Wechselfieber, Gicht, Magenkrämpfe, Blasensteine, Nierenkoliken, Hämorrhoiden, Migräne und Atemnot. Die Kopfschmerzen steigerten sich durch die unvermeidbare Erregung seines Gemüts ins Unerträgliche. Dennoch arbeitete er weiter, bis er nicht mehr konnte.

Wenn er seine Stimme auf der Kanzel zu sehr strapazierte, musste er Blut spucken. An Weihnachten hatte er bei einem Abendmahlsgottesdienst seine Stimme wieder überanstrengt. Einen Tag später wurde ihm im Rathaus das Bürgerrecht überreicht. Da überfiel ihn auf dem Heimweg ein Hustenanfall. Er musste viel Blut erbrechen.

Der Arzt vermutete eine geborstene Ader. Es war aber Tuberkulose. Nach einer Brustfellentzündung wurde er schon mit 51 Jahren unheilbar schwindsüchtig.

Charlotte de Laval, Ehefrau des französischen Admirals Gaspard de Coligny, dem mutigen Führer der Hugenotten, schrieb an Johannes Calvin: *Es ist gewiss, dass alle Krankheiten uns nicht demütigen sollen, indem sie uns die Gebrechlichkeit unserer Natur vor Augen stellen. Sie sollen uns auch zur inneren Sammlung bewegen, auf dass wir unsere Armseligkeit erkennen, unsere Zuflucht zu Gottes Barmherzigkeit nehmen.*

Diese mutige und treue Admiralsfrau und Mutter von acht Kindern hat später selbst nach der Ermordung ihres Mannes die letzten 25 Jahre ihres Lebens im schrecklichen Kerker zugebracht.

Calvin aber konnte nicht dem Rat der Ärzte folgen und sich Ruhe gönnen. Ihn drängte es wieder in den Hörsaal und auf die Kanzel. Die heftige Atemnot zwang ihn aber bald, seine Vorlesungen einzustellen. In großer Schwachheit ließ er sich noch in die Kirche tragen. Mit dünner, zitternder Stimme sang er, zusammen mit der Gemeinde: *Herr, nun lässest du deinen Diener in Frieden fahren, denn meine Augen haben deinen Heiland gesehen.*

Seinen letzten Brief schrieb er an den hochbetagten Farel, der ihn noch überlebte: *Ich atme nur mit großer Mühe und erwarte von Stunde zu Stunde, dass mir der Atem ausgeht. Es genügt, dass ich in Christus lebe und sterbe, der ein Gewinn für die Seinen ist im Leben und im Tod.*

Am 27. Mai 1564 starb Johannes Calvin in Genf im Alter von 54 Jahren. Sein Nachfolger Beza sagte über den Verstorbenen: *Es hat Gott gefallen, uns an einem einzigen Mann unserer Zeit zu zeigen, wie man wohl leben und wohl sterben mag.*

Schon bald nach seinem Tod wusste niemand mehr den Ort, wo er bestattet war. In seinem Testament hatte Calvin bestimmt, dass kein Stein oder ein anderes Erinnerungszeichen an seinem Grab angebracht werden sollte. Seine Person war ihm so unwichtig, weil es ihm allein um das Werk und die Ehre Gottes ging.

Wie gefesselte Kriegsgefangene ihre Bewacher beeindruckten

Stolze germanische Krieger hören durch Wulfila das Evangelium

Germanische Völkergruppen hatten sich auf den Weg gemacht, um neues Land zu suchen, wo sie überleben könnten. Immer neue europäische Stämme brachen auf und zogen los. Endlose Züge von Menschen, Alten und Jungen, ganze Trecks mit Karren und Wagen, mit Weib und Kind, zu Fuß und mit Tragtieren, waren unterwegs und drängten gegen die befestigten Grenzen des Römerreichs.

Dieser Sturm der Völkerwanderung erschütterte die gefestigte Ordnung Europas bis in die Grundfesten. Das alte Römerreich war im 3. Jahrhundert nach Christus schon im Zerfall begriffen. Diese germanischen Völker versetzten mit ihrem unsteten Wandern dem riesigen Römerreich schließlich den letzten Stoß.

Damals bewegte sich das germanische Volk der Goten in dichten Heerscharen aus Skandinavien, von Südschweden her, südwärts. Sie drängten in den blühenden Südosten Europas am Schwarzen Meer. Dort lockte die Schönheit und Vielfalt der entwickelten Kultur wie auch das einmalig fruchtbare Land mit hohen Ernteerträgen.

So kam es, dass die Germanen schließlich von der Ostsee über die Karpaten bis nach Konstantinopel ein riesiges Reich beherrschten. Und es sollte sich zeigen, dass die römischen Kaiser keine Kraft und auch keinen Willen mehr hatten, sich erfolgreich dieser Gefahr zu erwehren.

271 n. Chr. mussten die Römer mit ihrem Kaiser Aurelian die Provinz Dakien – das heutige Rumänien – aufgeben und den Westgoten überlassen. Die Ostgoten aber siedelten im Gebiet der südlichen Ukraine bis über die Halbinsel Krim hinaus.

In diesen aufregenden kriegerischen Jahrzehnten, als die kämpferischen Wikinger mit ihrer militärischen Macht ganz Europa in Atem hielten, waren es ausgerechnet schwache und wehrlose Kriegsgefangene, die Gott als seine wichtigsten Missionsboten benutzte.

Es muss etwa um das Jahr 264 n. Chr. gewesen sein, als die kriegerischen Goten in Kleinasien große Beutezüge machten. Aus der rauen und unwirtlichen Provinz Kappadokien brachten sie Kriegsgefangene mit, die bekennende Christen waren. Dort im kleinasiatischen Hochland blühte und wuchs das christliche Leben schon seit den Zeiten der Apostel.

Als Kriegsgefangene gingen diese Christen aus Kappadokien auch jetzt als wehrlose Sklaven unter ihren Bedrückern mutig und konsequent ihren Weg mit Jesus. Sie waren wehrlos, aber nicht ehrlos. Das ließen sie auch ihre mächtigen Sieger spüren.

Als Kriegsgefangene hatten sie keine Rechte, keine Freiheit, keinen Einfluss. Sie waren aus ihren blühenden Gemeinden herausgerissen, besaßen keine Kirchen mehr, keine Leiter, auch keine Schriften.

Und doch müssen sie ganz besonderen Eindruck auf ihre militärischen Bewacher gemacht haben. Ohne Waffen, mit gebundenen Händen ließen sie sich nicht niederdrücken durch Schmach und Zwangsarbeit. Sie versuchten nicht, sich bei ihren Bewachern einzuschmeicheln, sondern lebten ihren Glauben so echt und frei, dass ihre Bewacher davon sehr angesprochen waren. Man spürte es ihnen ab, wie sie dem lebendigen Herrn Jesus dienten und seinem Wort folgten.

Sie machten ihre Herren zu Brüdern. Ihr stilles Zeugnis wirkte ungeheuer in den Herzen dieser mutigen und stolzen germanischen Kämpfer. Viele dieser Goten wurden Christen.

Was da an gewaltigen Umwälzungen im Denken dieser kämpferischen Germanen geschah, kann man sich nur schlecht vorstellen. Von alters her lebten sie im gewohnten Kult ihrer nordischen Götterwelt und verehrten in ihren Sagen das Heldische. Jetzt aber war Jesus, der ans Kreuz genagelte Heiland, stärker als die heldischen germanischen Götter.

Unter diesen kappadokischen Kriegsgefangenen war auch der Großvater jenes später so berühmten Missionars der Germanen, Wulfila. In der Walachei, im nördlich der Donau gelegenen Gotenland, muss Wulfila – wohl um 311 – geboren worden sein. Er stammte aus einer Mischehe und sprach schon als Kind zwei Sprachen fließend. Der Vater war Gote, die Mutter aber stammte aus einer dieser kappadokischen Christenfamilien. Welch eine geheimnisvolle Spur des Wirkens Gottes!

Es war für Wulfila von großer Bedeutung, dass schon die kappadokischen Großeltern Jahrzehnte unter den Goten lebten. So konnte er später das Evangelium in die Sprache und die Denkwelt der Germanen übertragen, weil er in den beiden völlig verschiedenen Kulturen aufgewachsen war und sie wirklich kannte.

Wulfila wurde im Alter von 35 Jahren als kirchlicher *Lektor* berufen. In diesem Amt musste er im Gottesdienst aus der Bibel vorlesen. Da es damals keine gotische Bibel gab, musste er aus dem griechischen Text heraus übersetzen. Hier schon muss er die grundlegende Bedeutung des Bibelwortes erkannt haben. Ob damals schon der Plan entstand, die ganze Bibel ins Gotische zu übertragen?

341 nahm Wulfila an einer westgotischen Delegation teil, die beim Konzil in Antiochien in Syrien den römischen Kaiser Konstantius freundschaftlich aufsuchte. Wulfila begegnete dabei führenden Christen im Römerreich, darunter auch dem berühmten Kirchenvater Eusebius von Nikomedien. Der weihte bei dieser Begegnung den damals 30-jährigen Wulfila zum ersten Bischof der Goten und bestimmte ihn zur Mission nördlich der Donau.

Schon wenige Jahre später fanden sich unter den Goten so viele Christen, dass bei einem ihrer Stämme eine grausame Christenverfolgung losbrach. Es war der Gaufürst Athanarich, der die Christen hasste und blutig gegen sie vorging. Die gotischen Christen standen schon so fest, dass sie lieber sterben wollten, als Jesus untreu zu sein. Sie konnten nicht mehr die alten Götter der Goten verehren und ihnen dienen.

Wulfila nannte man den Bekenner – Confessor. In der Christenverfolgung des Gaufürsten Athanarich konnte Wulfila zwar sein Leben retten, aber wie vielen gotischen Christen blieb auch ihm nur noch die Flucht aus der neuen Heimat in das römische Staatsgebiet. Sie siedelten 344 südlich der Donau im nördlichen Balkangebirge bei Nikopolis und wurden fortan Kleingoten genannt. Von dort aus trug diese wirklich kleine Bevölkerungsgruppe von friedfertigen und missionarisch gesinnten Goten das Evangelium zu fast allen germanischen Völkern. Ein alter Geschichtsschreiber sagt: *Jede Nation ihrer Sprache luden sie an allen Orten ein, diesem Glauben zu folgen.*

Es musste diesen Christen wunderbar vorkommen, als plötzlich die Verfolgung durch die heidnischen Goten aufhörte. Schuld daran waren die kämpferischen Hunnen, die die Goten unter Athanarich besiegt hatten.

Sein Missionseifer drängte Wulfila, die Bibel für sein germanisches Volk zu übersetzen. Die Nordgermanen hatten als Schriftzeichen Runen, die Griechen ein Alphabet. Wulfila musste für seine gotische Bibelübersetzung erst ein Alphabet schaffen aus griechischen, lateinischen und germanischen Zeichen. Er prägte schöpferisch und genial neue Worte, mit denen er die Sache des Evangeliums sachgemäß ausdrückte. Viele der von Wulfila geprägten Begriffe wie Glaube, Sünde, Gebet haben aus dem Gotischen den Weg in unsere Sprache gefunden. Es erinnert daran, wie stark wir selbst durch die missionarische Sendung des kleinen Volks der Kleingoten geprägt sind.

Diese gotische Bibelübersetzung Wulfilas war die Voraussetzung dafür, das Evangelium unter den germanischen Völkern ausbreiten zu können. Nur die Königsbücher hat Wulfila nicht übersetzt, weil er fürchtete, die kriegerischen Szenen könnten den Kampfgeist der Germanen wieder neu entzünden.

In 30 Jahren harter Arbeit hat Wulfila die Bibel ins Gotische übersetzt. Als *Codex argenteus* ist ein Bruchstück heute in der Universitätsbibliothek in Uppsala aufbewahrt, also im südlichen Schweden, von wo einst die Germanen bei ihrer Völkerwanderung aufbrachen. Es waren wirklich leidvoll verschlungene Wege, die Gott benutzte, um sein Heil durch Wulfilas Mission diesen Völkern in Europa zwischen Nordsee und Mittelmeer, Atlantik und Schwarzem Meer bekannt zu machen.

Auch nach dem Tod Wulfilas im Alter von 70 Jahren auf einem Konzil in Konstantinopel im Jahr 383 blieb der Missionseifer der gotischen Christen lebendig. Eine Fülle von slawischen, kaukasischen und germanischen Völkern bis hin zu den Hunnen und Wandalen hat das Evangelium so anziehend und voll Liebe vermittelt bekommen, dass sie völlig freiwillig Christen wurden.

Selbst bei der Bekehrung der Burgunder, Langobarden, Alemannen, Bayern, Thüringer und Sachsen findet man noch sehr viel später Spuren des Missionszeugnisses jener kleinen Gruppe der Kleingoten vom Balkan, wie es Wulfila, ihr weltlicher und geistlicher Führer, ihnen eingepflanzt hatte.

Literatur

A. J. Appasamy: Sundar Singh, Basel 1956
Erich Beyreuther: Ludwig Hofacker, Wuppertal 1988
G. v. Bodelschwingh: Friedrich von Bodelschwingh, Berlin 1926
Corrie ten Boom: Weltreisende im Auftrag Gottes, Wuppertal 1961
Corrie ten Boom: Randnotizen aus meinen Tagebüchern, Neuhausen 1996
Corrie ten Boom und J. und E. Sherrill: Corie ten Boom erzählt aus ihrem Leben, Wuppertal 1972
Hans Brandenburg: Ich hatte Durst nach Gott, Aidlingen o. J.
Hans Brandenburg: Christen im Schatten der Macht, Wuppertal 1974
Ernst Bunke: Curt von Knobelsdorff, Gießen und Basel 1940
Johannes Busch: Adam, wo bist du? Wuppertal 1958
Johannes Busch: Ausländer auf Befehl, 1974, 5. Aufl.
Wilhelm Busch: Jesus unser Schicksal, Gladbeck 1967
Wilhelm Busch: Johannes Busch, Wuppertal 1956
Wilhelm Busch: Tante Hanna, Elberfeld 1929, 13. Aufl.
Wilhelm Busch: Plaudereien in meinem Studierzimmer, Gladbeck 1965
John Bunyan: Die Pilgerreise, Konstanz o. J.
Alan Burgess: Die Herberge zur sechsten Glückseligkeit, Stuttgart 1957
Joseph Chambon: Der französische Protestantismus, München 1937
Joseph Chambon: Der Puritanismus, Zollikon-Zürich 1944
Vera Cowie: Bis zum Ende – eine der Unbezwungenen, Neuhausen 1976
Karl Daiber: Charlotte Reihlen, Neuhausen 1997
William Deal: John Bunyan, Marburg 1985
Gerhard Deimling/Harald Seeger: Tante Hanna, Wuppertal und Zürich 1989
Hans-Christian Diedrich: Siedler, Sektierer und Stundisten, Neuhausen 1997
Veit-Jakobus Dieterich: Johann Amos Comenius, Hamburg 1991

Karl-Heinz Ehring, Ulrich Parzany (Hrsg.): Begegnungen mit Wilhelm Busch, Neukirchen 1997

Jörg Erb: Die Wolke der Zeugen, 4 Bände, Kassel 1951 ff.

Fritz Grünzweig: Zu rühmen seinen Ruhm, Wuppertal und Zürich 1988

Evangelisches Lexikon für Thelogie und Gemeinde, Wuppertal und Zürich, 3 Bände, 1992 – 1994

Waldemar Gutsche: Westliche Quellen des russischen Stundismus, Kassel 1956

Magdalene Hahn: Das Geheimnis des Leidens, Salzuflen 1952, 3. Aufl.

Traugott Hahn: Lebenserinnerungen, 1940

Wilhelm Hahn: Der Ruf ist immer neu, Neuhausen 1993

Ulrich von Hassell: Eberhard von Rothkirch, Berlin 1912

Johann Georg Hamann: Entkleidung und Verklärung, Berlin 1963

Manfred Hausmann: Der Mensch vor Gottes Angesicht, Neukirchen-Vluyn 1979

Friedrich Hauss: Väter der Christenheit 1 – 3, Wuppertal 1956 f.

Christine Hunter: Gladys Aylward, Neuhausen 1997

Graf M. M. Korff: Am Zarenhof, Gießen und Basel 1956, 4. Aufl.

Karl Kupisch: Der deutsche CVJM, Kassel-Wilhelmshöhe 1958

Friedrich Laubscher: Rembrandt van Rijn, Stuttgart 1953

Fürstin Sophie Lieven: Eine Saat, die reiche Früchte brachte, Basel 1952

Ernst Modersohn: Menschen, durch die ich gesegnet wurde, Wuppertal 1964

Paul Müller: Unser Leben im Licht der Liebe Gottes, Heilbronn 1985

Paul Müller: Unter Leiden prägt der Meister, Heilbronn 1974

Blaise Pascal: Über die Religion, Heidelberg 1963

Philipp Paulus (Hrsg.): Beate Paulus oder Was eine Mutter kann, Stuttgart 1914

Kurt Pergande: Der Einsame von Bethel, Stuttgart 1958

Werner Raupp: Gelebter Glaube, Metzingen 1993

Bernhard Riggenbach: Johann Tobias Beck, Basel 1888

Alfred Ringwald (Hrsg.): Menschen vor Gott, Band 1 – 4, Stuttgart 1957 – 1968

Alfred Ringwald: Blaise Pascal, Stuttgart 1953

Hans-Martin Rotermund: Rembrandts Handzeichnungen und Radierungen zur Bibel, Lahr und Stuttgart 1963

Rolf Scheffbuch: Lebensbilder württembergischer Frauen, Neuhausen 1997

Rolf Scheffbuch: Ludwig Hofacker, Neuhausen 1998

Margarete Schneider (Hrsg.): Paul Schneider – Der Prediger von Buchenwald, Neuhausen/Stuttgart 1995, 3. Aufl.

Joachim Staedtke: Johannes Calvin, Göttingen, Zürich, Frankfurt 1969

Erika Stöffler (Hrsg.): Initiativen, Stuttgart 1984

Wolfgang Zeller: Johann Valentin Andreä, Stuttgart 1955

Personen

Andreä, Johann Valentin (17. 8. 1586 – 27. 6. 1654)   199
Aylward, Gladys (1902 – 1970)   22
Beck, Johann Tobias (22. 2. 1804 – 27. 12. 1878)   128
Bodelschwingh, Friedrich von (6. 8. 1831 – 2. 4. 1910)   109
Boom, Corrie ten (15. 4. 1892 – 15. 4. 1983)   11
Booth, William (10. 4. 1829 – 20. 8. 1912)   92
Bunyan, John (1628 – 31. 8. 1688)   175
Busch, Johannes (11. 3. 1905 – 14. 4. 1956)   56
Busch, Wilhelm (27. 3. 1897 – 20. 6. 1966)   49
Calvin, Johannes (10. 7. 1509 – 27. 5. 1564)   207
Comenius, Amos (28. 3. 1592 – 15. 11. 1670)   189
Durand, Marie (1715 – 1776)   180
Faust, Johanna (28. 9. 1825 – 16. 12. 1903)   122
Grünzweig, Fritz (5. 11. 1914 – 24. 11. 1989)   35
Hahn, Sophie Rosalie (11. 10. 1850 – 23. 12. 1904)   116
Hamann, Johann Georg (27. 8. 1730 – 21. 6. 1788)   160
Hofacker, Ludwig (15. 4. 1798 – 18. 11. 1828)   155
Jan, Julius von (17. 4. 1897 – 21. 9. 1964)   45
Knobelsdorff, Curt von (31. 1. 1839 – 24. 1. 1904)   99
Lieven, Fürstin Sophie (29. 12. 1880 – 11. 9. 1964)   76
Müller, Paul (22. 7. 1896 – 1983)   40
Pascal, Blaise (11. 6. 1623 – 19. 8. 1662)   168
Paulus, Beate (8. 1. 1778 – 24. 1. 1842)   137
Reihlen, Charlotte (26. 3. 1805 – 21. 1. 1868)   150
Rembrandt van Rijn (15. 7. 1606 – 4. 10. 1669)   183
Rothkirch, Eberhard von (3.8.1852 – 15.12.1911)   104
Schneider, Paul (20. 8. 1897 – 18. 7. 1939)   72
Singh, Sundar (3. 9. 1889 – 1929)   83
Storz, Adolf (20. 10. 1900 – 14. 8. 1956)   63
Vetter, Jakob (23. 11. 1872 – 13. 12. 1918)   89
Viebahn, Christa von (25. 11. 1872 – 2. 1. 1955)   67
Wang, Mingtao (25. 7. 1900 – 28. 7. 1991)   30
Wiens, Georgi P. (4. 8. 1928 – 11. 1. 1998)   18

Wulfila (um 311 – 26. 8. 383)   215
Wüst, Eduard (23. 2. 1818 – 13. 7. 1859)   142

hänssler

Beate & Winrich Scheffbuch

Den Kummer sich vom Herzen singen
So entstanden bekannte Lieder, Band 1

Gb., 320 S., s/w-Illustrationen,
Nr. 392.797, ISBN 3-7751-2797-6

Erfahren Sie die ergreifenden Entstehungsgeschichten von 53 der bekanntesten Lieder: Lieder von Paul Gerhardt, Dietrich Bonhoeffer, Martin Luther u. v. a. Ein ermutigendes Buch und ein wunderbarer Begleiter für alle, die von Herzen gerne singen!

Den Kummer sich vom Herzen singen ist auch als Hörbuch erhältlich, gelesen von Philip Scheppmann:
Vol. 1: **3 CDs**, Nr. 98.341; **3 MCs**, Nr. 96.341
Vol. 2: **3 CDs**, Nr. 98.372; **3 MCs**, Nr. 96.372

Beate & Winrich Scheffbuch

Dennoch fröhlich singen
So entstanden bekannte Lieder, Band 2

Gb., 300 S., s/w-Ill.,
Nr. 393.545, ISBN 3-7751-3545-6

Die Fortsetzung des Bestsellers »Den Kummer sich vom Herzen singen«. In weiteren 50 kurzen Lebensbildern werden die Entstehungsgeschichten bekannter und gern gesungener Lieder erzählt, u. a. von J. A. Bengel, A. H. Francke, F. Crosby, A. Pötzsch, Schütz.

Bitte fragen Sie in Ihrer Buchhandlung nach diesen Büchern!
Oder schreiben Sie an den Hänssler Verlag, D-71087 Holzgerlingen.

hänssler

Winrich Scheffbuch
Wer Jesus hat, hat das Leben
Andachten für jeden Tag

Gb., 10,5 x 16,5 cm, 672 S.,
Nr. 393.014, ISBN 3-7751-3014-4

Mit den Andachten von Winrich Scheffbuch fängt der Tag gleich gut an. In seiner bekannten kernigen Art legt er Kernverse der Bibel aus und macht Mut, täglich neu auf Jesus zu schauen und seinen Sieg im eigenen Leben zu erfahren.

Geschenkbücher — Set mit 4 Titeln

4 Bücher, je Tb., 64 S., zahlreichen s/w-Fotos,
Set-Nr. 392.470

Mit den einfühlsamen Texten, biblischen Zusagen und wohltuenden Liedversen sind diese Bücher immer ein passendes Geschenk! Das Set enthält je ein Buch mit Gedanken zum Geburtstag, zum Trost, für Krankheitstage und zur Anteilnahme.

Alle Titel auch einzeln erhältlich:

Wir haben einen Gott der hilft
Nr. 392.481, ISBN 3-7751-2481-0

... und wird abwischen alle Tränen
Nr. 392.499, ISBN 3-7751-2499-3

Von allen Seiten umgibst du mich
Nr. 392.480, ISBN 3-7751-2480-2

Dies ist der Tag
Nr. 392.479, ISBN 3-7751-2479-9

Bitte fragen Sie in Ihrer Buchhandlung nach diesen Büchern!
Oder schreiben Sie an den Hänssler Verlag, D-71087 Holzgerlingen.